JN439924

시는 달린다

박태일 지음

작가와비평

시는 달린다
시는 달린다

1판 1쇄 인쇄_2010년 12월 01일
1판 1쇄 발행_2010년 12월 10일

지은이_박태일
펴낸이_양정섭
책임편집_김현아
디자인_김미미
기획·마케팅_주재명 노경민
경영지원_조기호 최정임

펴낸곳_작가와비평
등 록_제2010-000013호
주 소_경기도 광명시 소하동 1272번지 우림필유 101-212
블로그_http://kyungjinmunhwa.tistory.com
이메일_wekorea@paran.com

공급처_(주)글로벌콘텐츠출판그룹
대 표_홍정표
주 소_서울특별시 강동구 길동 349-6 정일빌딩 401호
전 화_02-488-3280
팩 스_02-488-3281
홈페이지_www.gcbook.co.kr

값 13,800원
ISBN 978-89-955934-1-7 03810

머리말

문학사회에 나선 지도 적지 않은 세월이 흘렀다. 그 동안 짬짬이 내놓았던 줄글 가운데서 시 창작 경험을 다룬 것을 중심으로 한자리에 묶는다. 많지 않은 글임에도 한편 한편 쓸 무렵 지녔던 감회가 새삼스럽다.

모두 네 매듭을 지었다. 내 시에 두루 걸친 경험을 담은 글은 1부로 올렸다. 개별 작품에 대한 자작시 풀이나 시작 노트에 드는 글은 2부로 넘겼다. 창작 언저리에서 얻은 강연 원고나 이저런 표사·축사와 같은 것은 3부. 4부에는 대담 가운데서 지역문학에 대한 생각을 담은 것 둘을 골라 얹었다.

이즈음 같이 바쁜 세상에 해묵은 글이 무슨 쓸모가 있겠는가. 그렇건만 나같이 시에 마음을 얹은 사람이 멀리 지나쳐 오며 얻은 쓰기 경험과 속살이 결코 뜻 없다고만 못하리라. 펴놓고 보니 부끄러움이 크다. 시로 말미암아 더욱 지치고 시로 말미암아 더욱 아프리라.

2010년 11월

박 태 일

차례

1부 내 시의 속곁

2부 자작시 풀이

차례

3부 바람 뒤적거리기

4부 대담

1부

내 시의 속걸

집과 길 그리고 무덤

— 시 이렇게 쓴다

고향에다 자그만 집을 한 채 마련하고 싶었다. 지붕이 허물어지고 문짝이 달아났다면 어찌어찌 새로 손을 보면 될 터이다. 집안 맏이로서 경인년 전쟁 때 불타 없어진 안채를 반듯하게 되올리는 일을 생시에 이룰 큰 바람으로 여기셨던 아버지도 끝내 그것을 이루지 못하고 돌아가셨다. 그러니 내 생각은 어처구니없는 욕심이기도 하다. 아내는 참으로 모자라고 실없는 잔머리를 굴린다며 나무란다. 어째 그런 집을 마련했다 해도 꾸려 나갈 처지도 아니다. 그저 요령 없고 고단한 심정으로 이렇게 삶이 소모되고 있어도 되느냐고, 나 자신에게 대들라치면 막연하게 머리에 떠오르는 한 생각이 이것이다.

집을 한 채 마련하고 싶었다. 단단한 결 속에서 세월 곰삭은 냄새가 배어나는 대들보와 청마루에 비치는 따뜻한 아침 햇살, 마른 잎 구르는 소리가 앞서 살다 흩어진 사람의 발소리처럼 자잘자잘 들리는 집, 나는 그런 집을 갖고 싶었다. 1950년대 후반인가 어느 때, 버드나무 곧게 이끌던 한길 가 고향 마을, 갓 혼인한 작은아버지는 기름으로 머리를 멋들어지게 빗어 올린 뒤 볏짚가리 뒷길로 슬슬 마을을 빠져 읍내 가는 한길로 나서셨다. 남아 있는 새색시 새어머니 엉덩이를 손가락으로 살살 문지르며 찔러 보며 심심한 하루를 넘겼던 마당집. 보드라운 먼지와 거미줄이 고적하게 바람을 기다리는 고방 한곁으로 숨어 들어가 검지로 조청을 찍어 먹던 은밀한 즐거움으로 짜릿한 죄를 익혔던가. 굴뚝새 투닥 구기자 붉은 열매를 떨어뜨리는 가을 저녁, 소여물 매운 연기는 무거운 머리를 풀어헤친 채 남새밭을 떠돌고, 묘지기도 얻을 수 없어 내버려 둔 고조부 산소는 얼었다 녹았다 되어는 서릿발 탓에 아마 더욱 가라앉고 있을 것이다, 집 한 채.

돋보이게 꾸미고 싶지는 않다. 이저것 너절한 집이란 우정 볼 만하겠지만 속이 부박하기 십상이다. 다들 알루미늄을 치고 바닥을 빛나게 꾸민다 하지만 그럴 궁리는 말자. 다만 이저곳 옛 가마에서 주워다 놓은 사금파리로 한 벽을 바르면 어떨까. 한 가지 가구라도 쓸모를 살려 오래 지니는 즐거움이 새것 얻는 재미에 못지않으리라. 단출한 옷차림이 오히려 마음을 넉넉하게 틀 잡아 주는 것과 같은 이치다. 이저것 붙이고 재주를 부려 무슨 큰 뜻이 가득한 양 부풀려 보아도 사람살이 유별난 게 있을 것인가. 내의 속 맑고 보드랍던 이와 서캐를 찾으려 눈 비비던 지난날을 생각하면 조금 허술한 세간 준비가 격에 맞을 듯싶다. 그러니 따지지 말자. 꿈은 꿈으로 있을 때 제값을 하는 것이니 차라리 집 허무는 새 꿈을 마련하는 것이 오지지 않을까.

허욕. 그래 시는 허욕 많은 이가 꿈꾸는 허욕의 층층집이다. 스스로 허욕이 아니라고 떼를 쓰고 대들고 싶은 허욕. 그래서 시는 위선과 위악에 길들여져 더욱 구업만 더한다. 다른 사람의 고통과 울음을 뜬금없이 노리는 뻔뻔스런 불가사리가 바로 시 아닌가. 그렇잖으면 막무가내 도를 넘겨 버린 술자리다. 그렇다고 쉬 사라질 허욕은 아니다. 새로 고르고 결을 닦아 말못 콕콕 박아 보면 재미도 더할 것이다. 기름 잘 먹은 문종이가 없으면 나랏말 사전이라도 찢어 봉창을 새로 갈면 될 터이다. 측간에 잘 잘라 둔 묵은 신문지도 쓸모가 있겠다. 이제는 볼 수 없게 된 연상의 영화배우와 대통령 하나만을 평생 직장으로 매달렸던 만년 실업자들 얼굴이 가끔가끔 나타나 즐거우리라. 지난날 기억도 능화판 어지러운 무늬로 거들고. 윗대 어른들은 츳츳 한심한 내 짓거리를 꾸짖으시겠지만, 그저 어른들 술자리에 불려 나앉아 있는 아이처럼 낭패한 얼굴로 한길 가에 서 있으면 나를 눈감아 주실 것이라 믿는다.

그렇게 집을 세웠던가. 나날살이 고단한 퇴근길 저녁 어묵장수 김 오르는 골목에 기대서 붉게 이마를 찧는 저녁노을을 건너다보았던가. 하릴없이 눈을 들어 또 그렇게 집을 허물었던가. 웃으며 떠들며 몰려다니지만, 손등을 꼬집어 보면 어느덧 내남없이 우리는 어차피 거리 한쪽 습한 구석에서 쿨럭쿨럭 노란 꽃을 허파꽈리처럼 터뜨리며 말라가고 있는 한 그루 물푸레일 뿐인데.

어느 때는 허물어진 집들이 난장을 펴고 있는 구름마을로 나들이 간다. 이제는 고인이 되어 버린, 그래서 지나온 삶이 더욱 슬퍼 보이는 사람의 방. 그는 크작은 활자 사이에 엎드려 담뱃불을 이어 붙이며 나에게 말한다. 이, 이곳으로 자, 잘못 찾아왔어. 경우 없는 그의 아내가 앞에서 악다구니를 보탠다. 등신, 병신. 밤늦은 시간 마을에서는 개 짖는 소리가 가깝다. 눈 감으면 마을은 이내 무덤이다. 이가 듬성듬성 빠진 자리처럼 늘어서 있는 떼무덤. 그래도 그 사이 잔디 따뜻한 길이 벋어 있고, 길을 따라 더 멀리 나아가면 앞뒤 모르는 유행노래 한 자락도 썩 어울리는 등성이에 이른다. 그곳에 나앉아 해바라기하며 술판을 벌이고 있는 몇몇 사람을 새로 만난다. 그들 얼굴이 밝다가 어둡다. 수전증으로 간단간단 떨리는 손을 숨기려 움츠리는 어깨가 더욱 안쓰럽다. 혼자 떨어져 발톱을 깎고 있는 백석, 직업이 천생 시인이었던 김종삼과 박용래, 밤술로 발등이 늘 부었던 한찬식, 하관이 빠져 만년이 걱정스러웠던 고석규, 죽은 사람들은 독주를 즐기는지 잔이 작다. 어이, 이마가 경쾌한 황동규 시인이 젊은 시인 몇과 함께 슬쩍 술추렴에 끼어든다. 시가 밥이고 말이 국이라면, 그래서 멍석같이 질긴 목숨, 목숨이었으면. 구름마을에는 구름 없는 맑은 날씨다.

눈을 감았다 떠 다시 멀리 본다. 하늘 가장자리로는 어느 옛 저녁에서 왔을 듯한 햇살이 뭉텅뭉텅 떨어져 지워지지 않을 그늘을 만들고 있다. 그 어느 마을, 어느 골짝, 조롱박에 찬물을 나눠 마시며 날에 날을 더해 헛꿈을 꾸는 이들이 모여 목숨 굽혔다 펴는 이야기를 되풀이하고 있을 것이다. 나는 한쪽에 좌판을 깔고 앉아 헛꿈을 팔고 싶다. 이문이 남지 않으면, 그나마 남은 살림을 거덜 내면 그 골짝에 들어가 아예 사글세 들어 비비적대고 싶다. 함석집 새로 올리고 싶다. 곳곳 벽 허물어지고 사람 발걸음 끊긴 마을, 강아지풀 한 꼭지 뜯어 물고 휘파람 섞어 가며 슬슬 잠자리 찾고 싶다. 집과 길 그리고 무덤이 따뜻한…….

(『시와시학』, 1995)

금정 언덕에서 날렸던 시의 화살

부산대학교의 문학 전통은 오래지 않다. 서울 연세대학교나 동국대학교와 같이 나라잃은시기부터 전통을 일구어 온 경우와는 다르다. 광복기와 경인전쟁기 어수선하고 어려웠던 환경 속에서 대학 기틀이 잡혔던 탓이리라. 그런 속에서도 이제까지 부산대학교가 한국문학사 속에서 가꾸어 온 문학 전통은 이채롭고도 풍요롭다.

그리고 그 전통은 부산대학교에 몸을 담았던 많은 문인들, 김용호·한형석·김정한·한로단과 같은 초기 문인뿐 아니라, 부산대학교에서 젊은 시절을 가꾸었던 동문 문인에 의해 한껏 풍요로움을 더한다. 나는 지금도 1974년 3월 부산대학교 들머리 무지개문을 들어서면서, 고석규를 생각하고 그가 공부했던 대학에 다닐 수 있게 된 설렘과 기쁨으로 몸을 떨던 한 젊은 이를 기억한다.

고석규와 그의 '청동 시대'를 완성해 주었던 손경하, 하연승과 같은 벗이 경인전쟁기와 전후 문단에 뿌렸던 검은 피의 열정을 한국문학사는 결코 잊지 않을 것이다. 그 열정의 온기를 맡으며 많은 후배 문학인이 뒤를 따랐다. 부산대학교 문학이 또 한 번 꽃피웠던 시기는 1970년대였다. 창작을 홀대하는 학풍에도 김창근 시인을 처음으로 이달희, 박지열 시인이 잇따라 신춘문예에 당선함으로써 한껏 기세가 올랐던 부산대학교 문단.

국문과의 '귀성동인회'와 범부산대학교 문단이었던 '부대문학회'는 그런 분위기 속에서 활동을 시작했다. 출발 디딤돌이었던 정대영 시인은 병상을 지키며 오래도록 몽매한 시를 깔고 누워 있다. 그리고 길들여지지 않는 말처럼 날뛰었던 '귀성'의 역사도 벌써 스무 해를 넘었다. 시화전과 문학의 밤은 단골로 되풀이한 행사였다. 문학의 밤 행사 연극을 위해 체육과 여학생들을 납치(?)해 효원회관 무대에 세웠던 일도 즐거운 객기였던 셈이다.

1974년 입학했던 해 첫 학기, 굳게 닫힌 교문과 군대를 피해 학기말 과제물을 찻집에서 내놓아야 했을 때부터 대학 생활의 질풍노도와 우리 세대가 떠맡아야 할 문학의 고뇌는 충분히 짐작할 수 있었다. 지금도 나는 1980년 신춘문예에 당선하여 서울 시상식장에 촌닭처럼 올라갔을 때, 이달희·박지열 두 동문 시인이 한 번도 만난 적이 없는 후배였던 나를 격려해 주기 위해 굳이 자리를 지킨 일을 잊을 수 없다.

교육계와 문단에 나선 지 열아홉 해, 죄 많이 지은 셈이다. 그 사이 스승의 꿈과 추억이 망가지는 것도 지켰다. 명민한 동문 문학인이 한 사람 두 사람 문학을 버리고 나날살이 곁으로 조용히 가라앉는 것도 보았다. 금정산 언덕에서 깎아 날렸던 숱한 시의 화살은 다 어디로 날아갔는가. 그날에 품었던 패기와 오기는. 언젠가는 동문 시선집 한 권을 엮어 들고, 고석규 문학비가 세워진 모교 교정을 걸을 수 있으리라.

(『부대신문』, 1999)

인연의 담벼락을 비비적거리며

— 시의 스승

가르쳐 주고 이끌어 준 이는 모두 스승이거나 스승 맞잡이다. 나이 위아래, 배움의 앞뒤는 문제가 아니다. 그러나 스승이 참스승일 수 있는 요건은 스승의 가르침을 잘 따라 스승을 들나게 하는 제자를 둔 경우다. 이러하니 가르쳤다고 다 스승이 아니요, 모시고 받들고자 한들 다 제자일 수는 없는 법이다.

시에 있어서 나는 참스승이라 부를 만한 분이 없다. 그 대신 오래도록 읽어 왔던 우리나라 시인의 숱한 작품 한편 한편이 내 시를 가르치고 꾸짖어 준 스승 몫을 다했다. 소름 끼치는 깨달음을 일깨워 주던 시, 오래 우뚝할 작품, 더 많은 그렇고 그런 시시한 시. 그 가운데서 얻었던 물음 몇몇은 시 연구의 주제가 되기도 했던가. 그리고 살아오면서 만나고 헤어진 문학 마당의 윗분과 또래. 좋았든 싫었든 함께 인연의 담벼락을 비비적거렸던 사람.

'전원문학회'에서 만났던 몇몇 까까머리 또래가 먼저 떠오른다. 내 고교 시절을 치기 가득한 폭풍전야의 날로 이어지게 했던 이들이다. 이미 문학과는 다른 길을 걷는 이가 더 많지만, 내 시 첫머리 어느 구석부터는 그들 웃음소리, 말소리로 소란스럽다. 그리고 그 뒤 더벅머리 재수생 몸으로 어울려 만들었던 '앙뉘' 동인, 임수생 시인이 쓴 긴 시에다 한찬식 시인의 강연을 곁들여 치렀던 '문학의 밤'과 유인본 동인지 한 권. 정진국, 손정란 그리고 남포동 BBS회관에 모였던 사람들.

대학시절 '귀성' 동인이나 '부대문학회'에서 만난 이도 내 시의 젊은 날 즐거운 얼굴로 남아 있다. 김대환, 정대영과 같은 국문과 선배, 독설이 빛났던 독문과의 박설호, 낙제 학점을 별처럼 딸랑딸랑 차고 다녔던 이정주, 문학을 짊어지기에는 다른 짐이 늘 무거웠던 김창식, 시화전을 열고 문집을 낼 때마다 겉멋 든 악동들 성화에 서문을 주시고 시를 주셨던 서림환 교수, 그리고 후배들이 시화전 뒤풀이 술값으로 자신의 첫 시집을 저당 잡혔다고 지금도 노여워하고 있을 김창근 형. 시집 이름부터 『미납편지』였던 게 사단이었지 아마.

내가 신춘문예로 시단에 나설 때 심사를 맡았던 분은 황동규 시인과 김용직 교수였다. 1년에 100편 이상을 써서 그 가운데서 10편 남짓만 추려 발표한다는 말로 첫 만남부터 갓 시단에 나온 나를 주눅 들게 했던 황동규 시인. 꾸준히 격려해 주고 끌어 주신 분이다. 훤한 이마처럼 닦인 지성과 나이답지 않은 감동으로 반짝거리는 눈빛, 그리고 은밀히 살아 숨 쉬는 천재성. 이런 점이 첫 느낌이었던 듯싶다. 누가 그랬더라. 시 읽기에서는 당대 최고의 눈매를 지닌 분이라고. 오연하기만 했던 내 시집 초고에다 볼펜으로 죽죽 줄을 쳐 가며 깨우쳐 주신 일이 지금도 새롭다.

그리고 '열린시' 동인 네 사람. 서로 다른 오각별의 한 끝들. 그래서 우리는 십 년 이상 작품을 앞에 놓고 자주 다투었고 자주 화해했다, 어느새 이십 대와 삼십 대를 훌쩍 넘기면서. 칼끝 같기도 하지만 늘 칼자루를 손에 쥐고 다니는 이윤택. 시가 좋아 사람을 찾으면 시보다 사람에 빠져 들게 만드는 엄국현. 성실한 것이 무슨 업이라고 지금껏 『열린시』 발간에 매달려 있는 강영환. 화선지와 화선지 사이에 쪼그리고 앉아 차를 끓이고 먹물을 뿌리기에는 너무 뜨거운 강선학. 그리 보면 '열린시' 동인이 없었더라면 내 청년기는 참으로 적막강산이었을 듯싶다.

흔치 않게 문학마을을 떠돌면서 만나고 얽혔던 사람의 기억은 언제나 새롭다. 그러나 내 시는 그들보다 더 많이 풀 나무와 바람, 그리고 예사로운 고향 풍경이 키워 주었다. 자연보다 더 많이 이름 없는 이들과 만남이 받쳐 주었다. 그런 점에서 나는 참으로 행복하다. 스승 아닌 것이 없는 삶, 그래서 모든 스승의 배를 가르고 나와야 하는 역천자의 운명. 그 일이야말로 사나운 세월 속에서 내 몫의 사랑과 아름다움을 꼼꼼히 찾아내고 지키는 뿌리라는 사실을 일찍부터 나는 알고 있었던 것인가.

(『부산시인』, 1993)

연구와 창작 사이에서

— 내 강의 시간

우리나라 대학의 한국어문학 전공 편제가 큰 틀을 마련한 때는 1960년대다. 광복기 대학교 증설과 1950년대 정착기를 거친 뒤였다. 오늘날까지 그것은 크게 달라지지 않았다. 대학 바깥의 숨 가쁜 압축적 근대화 과정을 거치면서도 한국어문학 영역의 자기 정당성은 단단했던 셈이다. 대학 안에서 볼 때, 이 일은 초기 교수 세대의 제도화 얼개가 후속 세대에게 단순 재생산한 일에서 멀지 않다.

그러나 대학 공동체는 학문·창작의 전위와 후위 역할을 아울러 도맡는 곳이다. 몸담고 있는 현대문학 자리에서 볼 때 두드러진 인습은 창작 학습에 대한 한결같은 홀대다. 스승들로부터 대학은 학문하는 곳이라는 말을 따갑게 들으면서 대학 시절 습작기를 보낸 나다. 그런 속에서 여태껏 창작을 그치지 않고 학생을 만날 수 있으니, 그나마 다행스런 경우에 든다.

이즈음 들어 대학마다 창작 전공에 대한 요구가 많아졌다.

세상이 달라진 셈이다. 그렇다 쳐도 어문학 학습에서 창작의 중심은 아직까지 학생의 과외·자치 활동 자리에 머물러 있다. 지역 대학에 몸담고 있으면서 마음에 둔 일 가운데 하나가 바로 그것이었다. 지금은 소극적이나마 사회교육 강좌에서 시민 상대 창작 지도를 거듭하면서, 그 자리를 키워 나갈 궁리를 내고 있다.

좀 더 시도적인 강좌에 대한 욕구 또한 적지 않았다. 지역 대학에서는 구성원을 제대로 갖추기 어렵다. 교수 개인이 도맡아야 할 강좌의 너비는 넓을 수밖에 없다. 전공을 중심으로 새 교과를 개발하고, 영역을 넓혀 나가는 쪽 일을 기꺼이 떠맡았다. 한 자리를 파드는 일보다 문학의 실천 영역과 엮인 관심 확대가 창작 현장에 있는 나에게는 자연스러운 걸음걸이었던 셈이다.

먼저 고개를 돌린 쪽이 지역문학 자리다. 지역문학 연구 강좌를 어렵사리 대학원 과정에 마련하고, 전의(?)를 가다듬었던 첫 학기를 아직까지 나는 기억한다. 그 흔적이 경남·부산 지역문학회와 일곱 권의 학회지로 거듭하고 있다. 그러나 성과를 학부 과정에 제도화시킬 수 있는 방법이 현재로는 없다. 함께 공부한 제자들이 쓸모 있는 글을 잇고 있어 다행스러울 따름이다.

그 뒤 학부에서는 문학 작품을 빌려 우리 현대사를 새로 따져 읽고, 영상커뮤니케이션과 대중문화 언저리를 밟기도 했다.

이제는 예술·문화행정 실무 자리를 닦고 있다. 대학원의 응용 문학 쪽까지 자리를 넓혀 강좌의 틀을 짜고 간추려 나오는 데 수월찮은 세월이 걸렸다. 그리고 그 과정에서 내 관심의 가장 자리는 얼추 드러난 셈이다. 이제부터는 펼쳐 놓은 일을 다듬고 다져 나갈 일이 멀리 남았다.

창작인으로서, 연구·교육을 함께 할 수 있음을 나는 늘 고맙게 생각한다. 지난날 어느 퇴임교수가 평생 만족스러운 강의를 두어 번밖에 하지 못했노라고 되새기는 모습을 지켜본 바 있다. 단순한 겸손이 아니다. 강의실에 드나들 때마다 늘 고심했음을 밝힌 일이겠다. 내 강좌에 연을 맺었던 학습자들이 뒷날 곁똑똑이 교수에게 아까운 젊음을 허비했다고 여기지 않기만을 감히 바랄 따름이다.

(『교수신문』, 2003)

장소시학

1

시가 우리 사회에서 맡은 바 몫이 점점 줄어드는 게 아니냐고 호들갑 떠는 이를 흔히 본다. 그러나 시는 어느 시대에서나 스스로 제 할 몫을 찾고 그 몫을 다하기 위해 애써왔다. 시가 필요 없다고 내치는 시대에도 시는 기꺼이 상갓집 개처럼 수모를 받아들이면서, 자신의 필요성을 작품으로 웅변해 왔다. 시가 맡은 몫이 크게 줄었다고 걱정하는 이들은 제 존재 정당성을 스스로 마련해 온 시의 오랜 역사를 잊어버린 탓일 것이다. 아니면 그들은 자신이 이제까지 금과옥조로 믿고 따르던 낯익은 시 유형의 문화적 비중이 줄어드는 데에 놀란 나머지 짐짓 엄살을 부리는 일이기 쉽다.

시는 예나 이제나 제 살길을 스스로 잘 찾아 따르며 살아온 '떠돌이의 노래'였다. 공공의 힘찬 '떠버리 노래'였다. 자긍과 위안 없는 삶 앞에서 잦아들던 눈물과 한숨 소리며, 노여움을 뿜어내고 다스리는 위무의 공간이기도 했다. 시는 예사로운 말과 달리 특별한 말이거나, 놀랄 만한 말인 까닭에 그 숱한 일들을 너끈히 맡아 낼 수 있었다. 시는 무엇보다 말의 울림과 말의 힘에 기대 온 갈래다. '말로써 말 많은' 갈래인 셈이다. 따라서 시는 현실과 나란히, 또는 현실과 다른 쪽에서 현실을 향해 열려 있는 비유거나 새침데기다.

'말로써 말 많은' 까닭에 비롯한 비극적 매혹과 그것이 마련해 주는 다양한 탐색 놀이가 시다. 따라서 시에 거는 기대와 시가 맡아야 할 몫이 시대와 환경에 따라 달라질 것은 뻔한 노릇이다. 이런 점에서 오늘날에 이르러 우리시에서 더욱 필요하고도 강조해야 할 시 영역 가운데 하나가 장소시다. 장소시는 갖가지 장소 경험을 다루거나, 장소 상상력에 바탕을 둔 시를 일컫는다. 장소의 개인적·사회적 동일성과 추억, 장소에 대한 꿈뿐 아니라 장소로 말미암은 갈등·성찰을 그려 내는 시가 장소시다.

현대사회의 장소 환경은 의심할 바 없이 도시다. 20세기는 마침내 도시 시대였다. 사람들이 지닌 생각이나 생활, 그리고 생산 양식을 결정하고 누려 온 커다란 실험실이 도시다. 풍요롭고도 화려한 도시에 대한 기대와 좌절, 사회적 갈등과 참여의 대중 드라마가 현대 도시 모습이다. 그리고 한 거대도시는 그 둘레 장소를 거느리면서 정치·경제·문화·심리적 지배를 거듭해 왔다. 소지역은 망가지고 지역끼리 누린 사회심리적 동질 영역은 다 앗겨 버렸다. 도시 논리는 친밀 공간도 안락한 장소감각도 다 거두어 가 버렸다.

게다가 세계화·정보화는 속도를 크게 더하고 있다. 따라서 그러한 변화를 받아들인 지역과 구성원, 그렇지 못한 지역과 구성원 사이에 격리와 소외를 더욱 재촉한다. 오늘날 장소시는 운명적으로 도시시이거나, 도시 반성의 시다. 향토시, 생태시, 유토피아시를 비롯해 거의 모든 시는 바탕에서부터 도시 장소시며, 그것의 환유적 자리바꿈인 셈이다. 새로운 장소시가 지닐 적극적 측면이다.

2

장소시는 구체성을 지향한다. 현실 속 구체적인 풍경과 구체적인 삶터를 문제 삼는 것이 장소시다. 우리 근대시는 오래도록 너무 사람이나 사람 관계에 초점을 두어 왔다. 그 결과 자유니 사랑이니 추상 관념이 지배하는 몽매 내용주의, 개인의 막연한 내면에 질편하게 빠져 허우적거리는 과잉 서정주의에 치우쳤다. 그러다 보니 삶의 생생한 밑자리에서 자꾸 떨어져 나간 것은 자연스런 순서였다.

이제 시 창작의 초점을 바꾸는 일이 긴요해졌다. 시적 친밀감의 서열을 사람에서 구체적인 장소로 바꾸어야 한다. 근대 성찰, 도시 반성의 큰 줄기 가운데 하나는 장소 문제에서부터 비롯하고, 장소로 수렴하는 까닭이다. 사람과 사회의 문제는 밑뿌리에서부터 장소 문제라는 인식 전환 위에서 새로운 시적 친밀 영역으로서 장소시학이 새삼스럽게 필요한 시점이다. 그리고 그러한 성찰적 기획을 가능하게 해 주는 힘이 구체성에 깃들어 있다. 개인의 어름한 내면을 도취적 정서로 칠갑하는 설부른 언어공간이나, 허황된 사변시로부터 훌쩍 벗어나 이제 장소시는 구체적인 장소 경험을 선택하고 배제해 나가면서 기꺼이 장소의 정치를 떠맡고자 한다.

그런데 장소시가 지닌 구체성이란 묘사나 표현 단위로 확인하는 경험적 구체성만을 뜻하는 것은 아니다. 그것은 독서공간 속에서 생생한 울림을 얻을 때만 이를 수 있을 해석적 구체성을 아울러 뜻한다.

> 미루나무 떼까치 울던 강나루 나룻배 매던 사공이 죽고 술객처럼 찾아와 떠들고 놀던 철새들도 예전처럼 신이 안 난다 빈 목선이 삭고 이제 그리움 때문에 노를 젓지 않아도 된다 여기가 나룻터였나 새들의 족적을 쓸어 모아 백금의 탑을 세우면 저 아름다웠던 백로가 추억을 찾아올 거다 억새꽃 흰 울음 수리가 달 속을 채우고 세상 밖에서 마음 하나 놓아 둘 곳 없이 떠돌다 오늘은 고향 까마귀 반갑게 만나 물오리처럼 떠도는 을숙도를 건져 술안주 삼아 보다 갈대의 맑은 순정보다 화려한 문명의 난삽한 바람소리 들어 보다 따스한 어스름에 앉아 추억할 일만 남은 노인처럼 노을 한 자락 오물오물

씹어 보다 미꾸라지 소금 치고 생인손 피고름 들라고 그렇게 앓았구나 앓던 이 뽑아 파꽃같이 깨끗한 틀니로 바꿔 끼고 하얗게 웃어보다 팔팔한 아픔을 위해 곪은 데 도려내고 터진 살갗을 꿰맨 자리 새살이 들라고 온 몸이 간질간질……

까악까악 파먹은 내 서른 두 개의 이빨을 돌려 다오 제발 하고 부디.

— 박정애, 「사향시초·35—을숙도」

수다스럽게 말에 말꼬리를 물고 늘어지고 있다. 그를 빌려 크게 달라져 버린 '을숙도' 장소 풍경 위에 고향 그리는 마음을 담았다. 시인의 장소 경험을 이끌고 있는 힘은 남다른 열정과 묘사력이다. 그러나 그것이 읽는이의 독서공간 속에서 속속들이 되살아나고 있지는 않다. 수다스럽게 물고 늘어지는 말이 오히려 서로를 누그러뜨리면서 이 시를 말놀이로만 머물게 한다. 을숙도를 바라보면서 느끼는 절실하고도 구체적이었을 마음의 높낮이를 이 시는 효과적으로 담아내지 못했다. 말을 제대로 통제하지 못한 결과다.

"갈대의 맑은 순정보다 화려한", "제발하고도 부디"와 같은 표현, "생인손 피고름 들라고 그렇게 앓았구나 앓던 이 뽑아"와 같은 메타적인 말 주워 담는 버릇에서 그 점을 쉬 알 수 있다. 시의 표현공간을 끌어 잡고 있는 것은 을숙도 풍경에 대한 개별적이고도 구체적인 감각이라기보다는 기존의 양식화한 말마디다. 그러다 보니 특별했을 장소 경험을 읽는이에게 속속들이 되살려 놓는 데는 크게 못 미친다. 이 시인이 고심해야 할 일은 그의 표현공간을 다듬고 가지를 자르는 차갑고도 객관화한 눈길이다. 그런 점에서 앞에 든 시는 손볼 구석이 한두 군데만으로 그치지 않는다. 자신이 지닌 남다른 언어감각과 그 재주를 선부른 발표욕 탓에 헤프게 내돌린 경우다.

3

한 장소는 장소의 동일성, 곧 장소성을 지닌다. 그러한 장소성은 그것을 함께 누리는 이들이 만들어 내는 사회심리적 일체감을 전제로 한다. 장소가 공공의 추억이 살아 숨 쉬는 자리가 되고, 새로운 꿈을 키워갈 수 있는 까닭이 여기에 있다. 장소는 그 장소를 친밀 영역으로 아끼고 사랑하는 이들의 정신까지 담아낸다. 이런 까닭에 장소는 정신의 징표다. 장소시는 모름지기 바람직한 장소의 정신을 담아내고 가꾸어 나가는 데 앞장서는 시여야 한다.

병 없이 앓는,
안동댐 민속촌의 헛제삿밥 같은,
그런 것들을 시랍시고 쓰지는 말자.
강 건너 임청각臨淸閣* 기왓골에는

아직도 북만주의 삭풍이 불고,
한낮에도 무시로 서리가 내린다.

진실은 따뜻한 아랫목이 아니라
성에 낀 창가에나 얼비치는 것,
선열한 육사陸史의 겨울 무지개!

유유히 날던 학 같은 건 이제는 없다.
얼음 박힌 산천山川에 불을 지피며
오늘도 타는 저녁노을 속,

깃털을 곤두세우고
찬 바람 거스르는
솔개 한 마리.

* 임청각臨淸閣은 임정 국무령을 지낸 석주石洲 이상룡 선생의 고택古宅으로 그 집안은 사대에 걸쳐 쓰라린 풍상을 겪었다.

— 김종길, 「솔개」

우리 현대시사에서 유가적 기품을 바탕으로 올곧은 경험적 서정의 한 축을 감당해 오고 있는 김종길 시인 작품이다. 이 시 속에서 시인은 장소가 정신 공간임을 잘 보여 준다. 말할

이는 겨울 어느 날 "안동댐 민속촌"의 이육사 시비 앞에 서서 "강 건너 임청각"을 바라보고 섰다. 안동댐 민속촌은 뭇 사람의 유흥 공간으로 떨어진 지 오래다. 매운 시절을 고통스럽게 지냈던 이육사 시비도 그저 사람들이 지나치며 기웃거리는 하찮은 장식물로 떨어지고 말았다.

안동댐 민속촌 건너 쪽에 있는 '임청각'은 단순한 옛 건물이 아니다. 국권회복기 안동 지역에서 애국계몽 활동을 벌였고, 경술국치 뒤에는 중국 만주로 망명해 광복항쟁에 앞장섰던 석주 이상룡 선생과 당신 집안이 왜로와 맞서 겪은 고초, 순국으로 이어진 나라사랑을 증명하는 정신 공간이다. 시인은 '임청각'을 생각하고, 이육사를 생각하며 "얼음 박힌 산천" 속에서도 얼어붙지 않고 활활 타오르는 '솔개'의 정신을 생각한다. 안동댐 유흥 공간을 훌쩍 솟구쳐 올라 솔개의 눈길로 안동 유림이 지녔을 정신적 가열함을 대변하는 당당한 목소리를 내고 있는 것이다. 한 개 장소시가 정신을 표상해 내는 모습을 잘 보여 준다. 단순히 사람의 일대기 단편을 끌어들인 인물시나 부스러기 사건시로써는 표현할 수 없을 정신의 높이를 이 시는 안동댐 유역 장소 경험을 빌려 보여 주고 있는 셈이다.

4

장소시는 또한 지명의 시, 명명의 시다. 장소시는 구체적인 지명의 추억과 상상에 기댄다. 지명은 그것을 이름으로 갖고 있는 장소와 지역이 지닌 인문지리적 동일성뿐 아니라, 사회심리적 동일성의 표지다. 상호작용적인 공공 장소가 지명인 셈이다. 우리의 근대 산업사회가 저질러 온 장소 파괴는 어떻게 보면 오래도록 친근하고도 다양하게 이어져 온 지명 파괴, 지명 왜곡과 맞물린다. 땅이름을 행정적, 경제적 경계에 따라 망가뜨리고 고쳐 나가면서 산업공간의 생산과 재생산에 골몰해 온 것이 근대의 주요한 장소 경험이었다. 따라서 시에 등장하는 지명의 구체성은 지각의 구체성뿐 아니라, 장소 파괴와 새로운 생성에 대한 대응적인 뜻까지 아울러 지닌다.

그런데 고유 지명이 시에 담길 경우, 읽는이 쪽에서 보면 공감적 유대가 느슨해지면서 시읽기의 어려움을 더하게 할 수 있다. 그러나 그러한 어려움이야말로 오히려 읽는이를 구체적 장소 현장으로 이끌어 들일 수도 있다. 장소를 선택하고 배제해 가는 역동적인 모습뿐 아니라, 읽는이를 장소에 가두는 힘을 지명은 지닌다. 시가 시로서 살아온 고유한 방식 가운데 하나가 읽기의 지연, 거듭 읽기라고 볼 때, 구체 지명은 읽는이를 끌어당기는 표현공간으로서 지닌 바 구심력이 크다.

땅이름이야말로 시에서 공공 영역의 가능성과 존재를 더욱 확연하게 해 주는 중요 도구다. 다양한 풍경과 그것을 끌어 잡아 주는 구체 지명, 그리고 그에 담긴 지역성이야말로 무엇보다 뚜렷한 공공적 동일성을 일깨운다. 장소를 가꾸는 일은 곧 지명을 가꾸는 일이기도 하다. 지역적, 향토적 감각에 기대는 시가 지명에 두드러지게 집착하는 까닭이다.

기나긴 긴허리의 길을 다 지낸 뒤에는
외마대의 골작이 되는 큰고리로 들어라,
그러고는 웃뚝 섯는 놉흔 영嶺의 달바위재를
한 거름, 한 거름 숨차게 올나서면은,
하얀바다, 넓기도 하여라,
이는 나의 고향故鄕의, 황포黃浦의 바다!

주. 긴허리長腰, 큰고리大谷, 달바위재月岩嶺와 황포黃浦는 다 지명地名

— 김억, 「황포黃浦의 바다」

대암산 약초 몇 뿌리 바구니 담아 이고
종강나루 건너서 이 장터 나온 까닭
구리실 시집간 큰딸 소식 듣고 싶어서

— 김해석, 「남정강 42—샘실댁」 가운데서

앞선 시는 1920년대에 쓰인 김억의 것이다. 평북 정주 출신인 그는 짧은 여섯 줄 시 속에 모두 다섯이나 되는 지명을 끌어들이고 있다. 시읽기가 쉽지 않다. 그럼에도 읽는이가 만나는 것은 '황포'가 바라뵈는 평북 정주 어느 지역 고갯마루의 구체적인 풍광이다. 우리 근대시 형성의 물꼬를 잡아 나가기 위해 갖가지 드라마를 펼치고 있었던 시기가 1920년대였다. 이 무렵 김억은 비록 빼앗겼으나, 잃어버릴 수 없는 고향에 대한 사랑을 거듭하는 땅이름만으로 담아낼 수 있었다. 구체적인 지명의 울림이 빠져 나오기 힘든 풍경의 구체성으로 읽는 이를 사로잡는다.

두 번째 시는 이즈음에 발표한 김해석 시인의 작품이다. 남정강은 합천 황강 줄기 가운데서도 합천읍을 중심으로 돌아내리는 자리를 일컫는 이름이다. 그 이름이 널리 알려지지 않은 변두리 소지역의 장소 경험을 담은 셈이다. "대암산", "종강나루", "구리실"에다 "이 장터"로 표현하고 있는 합천 장터나 남정강을 겪어 보지 못한 이들은 울림 큰 느그림을 떠올리기가 쉽지 않을 것이다. 그럼에도 이 시는 합천 남정강 물가의 문화지를 보여주는 데에는 모자람이 없다. 한 편 뜻있는 시의 창작과 발표는 당대 현실독자뿐 아니라, 잠재독자들을 위한 장기 행위이기도 하다. 먼 뒷날 남정강은 김해석 시인의 시를 빌려 자기 존재를 크게 웅변하게 될지도 모른다. 문제는 작품으로서 지닌 성공도이지, 작품 속에 쓰인 낯선 땅이름의 잦은 빈도가 아니다.

5

장소시는 지역이 지닌 고유한 지역성과 향토성을 겨냥한다. 장소시는 도시적 피폐와 장소 상실에 대한 성찰적 반어 공간으로 열려 있다. 말하자면 장소시는 근대 반성의 지역적, 공동체적 사회공간을 앞세운 개념이며 바람직한 지역의 앞날을 가꾸어 나가는 새로운 시를 뜻한다. 친밀감과 안정감, 생태 귀속을 가능하게 해 주는, 장소 파괴와 지역성 왜곡에 대한 성찰 문맥 안에 장소시가 가꿀 몫이 놓인다.

그러므로 장소시는 경험의 양이 아니라, 경험의 새로움과 효율을 앞세운다. 희망의 속살을 늘어놓기보다는 희망의 실천을 위해 기꺼이 도구가 된다. 안온한 장소 경험, 사람 대접 주받으며 사람답게 살고 있다고 느끼는 행복한 장소성이 무엇보다 문제다. 환금 가치에 따라 규격화, 등급화한 토지 개념에서 벗어나, 삶의 현상에 보다 충실한 질적 장소라는 문제가 장소시에 도사리고 있는 셈이다.

구름 보내고 돌아선 골짝
둘러 가는 길 쉬어 가는 길
밤자갈 하나에도 걸음이 처져
넘어진 등걸에 마음 자주 주었다
세상살이 사납다 불영 골짝 기어들어
산다화 속속닢 힐금거리며
바람 잔걸음 물낯을 건너는 소리
빙빙 된여울에 무릎 함께 적셨다
죽고 사는 인연법은 내 몰라도

몸이야 버리면 다시 못 볼 닫집
욕되지 않을 그리움은 남는 법이어서
하얀 감자꽃은 비구니 등줄기처럼 시리고
세상 많은 절집 소리 그 가운데
불영사 마당 늦은 독경 이제
몸공부 마음공부 다 내려놓은 부처님은
발등에 묻은 불영지 물기를 닦으시는데
다음 달 오늘은 부처님 오신 날
불영사 감자밭 고랑에 물끄러미 서서
서쪽 서쪽 왕생길 홀로 보다가
노을에 올라선 부처님 나라
새로 지은 불영사 길
다시 떠난다.

— 박태일, 「불영사 가는 길」

불영사라는 절집 경관을 다룬 시다. 이 시를 빌려 만인의 만인에 대한 투쟁으로 얼룩진 탐욕 현실 속에서 위안의 순간을 얻기는 힘들지 모른다. 그러나 그 결과와는 관계없이 특정 장소인 불영사로 들어서는 행위 과정을, 속된 현실 속에서 마음을 다스려 나가는 과정과 나란히 놓아 외연 확장을 이루고자 했다. 대수롭지 않은 한 장소 경험이 읽는이 마음속에서 계기적으로 신성을 깨우쳐 가는 마음의 움직임과 맞물리도록 시상을 이끈 셈이다.

6

시에 있어서 장소 경험, 장소 상상력은 오래도록 이어져 내려온 시적 관습 가운데 하나였다. 영사시니 죽지사, 그리고 많은 수의 풍물시와 산수시는 일찍부터 장소시의 둘레를 맴돌았던 유형이다. 게다가 한국 근대시 경험 가운데서도 장소시는 중요한 전통을 이루어 왔다. 토건산업 공간이 길과 마을을 뒤덮고, 자본과 화폐 권력이 세상의 경관과 장소를 손아귀에 넣으면서 절대적인 힘을 휘두르고 있는 오늘날, 바람직하고 뜻있는 장소는 망가지고 밀려나면서 그다운 장소성을 잃어버린 지 오래다. 게다가 오늘날 도시문화의 보편화와 폭발하는 전자독재는 장소의 획일화, 시·공간의 인위적 변형을 극단으로 이끌고 있어 바람직한 재장소화를 가로막고 있다. 이런 속에서 장소시가 맡아야 할 몫은 더욱 크다.

그러나 장소시에도 함정이 없는 것은 아니다. 장소에 대한 관심이 강박이나 중독에 떨어져서는 안 될 일이다. 왜냐하면 장소에 대한 지나친 집착은 사람과 사람의 관계, 세계에 대한 절망에서 말미암은 것일 수도 있기 때문이다. 절망과 회의가 풍경과 장소로 끌어내리게 할 가능성은 늘 있다. 새롭고 유연한 장소 상상력을 꽃피우되, 그것이 허무의 수사학으로 넘어가지 않도록 애쓸 일이다.

이제 장소 상상력은 시·공간 실천을 위한 주요 방법으로 열려 있다. 장소시는 목숨과 영성의 시, 새로운 변화의 길로 나아갈 것이다. 억눌린 삶의 뿌리와 값어치를 되살리고, 바람직한 장소성을 되살리고 만들어 나가는 이타적 공간으로 장소시는 자리 잡을 것이다. 사람이 누리고 있는 끝 모를 오만과 자기도취의 유희공간 앞에서 장소시는 우주적 겸손과 나날살이의 구체성을 아울러 겨냥하는 새로운 가능성이다. 그리고 그 일을 뒷받침해 주는 궁극 힘은 무엇보다 작품에 있다. 작품의 뛰어남이야말로 새로운 장소시의 운명을 결정짓는 문지방인 셈이다.

(『오늘의 문예비평』, 1999)

시와 풍경

1

마디진 우실 줄기가 농아학교 담벼락 쪽으로 말라 있다. 우실 뿌리로 빚은 검은 단술을 즐겨 마신 어린 때가 있었다. 할머니가 거두어 주셨던 그 옛날 나. 남과 나뉘는 나란 무엇인가? 서양 사람 미드에 따르면 내가 남의 역할을 취하고, 남이 나에게 행동하듯 자신에게 행동할 때 이루어지는 사회적 의사소통 과정이 나다. 주체아 곧 I와 객체아 곧 me라는 두 국면이 그것이다.

주체아는 남의 태도에 대한 유기체의 비교적 자유롭고, 자발적인 반응으로 구성된다. 그와 달리 객체아는 내 스스로가 가정하는, 한 묶음 남의 태도로 구성된다. 주체아가 생물학적이며 주관적인 나라면, 객체아는 객관적이고 습관적인 나다. 생각하고 행동하는 과정이 주체아며, 일반화한 타자로서 반성적 과정이 객체아인 셈이다. 사람은 남의 태도를 취함으로써 객체아를 도입하게 되고, 그 객체아에 대해 주체아로서 반응한다.

주체아와 객체아는 서로 제약하며 인과 관계로 기댄다.

이러한 미드의 생각을 시의 소통에 끌어들이는 일은 재미있다. 시인은 '시인—독자'라는 이분법 양태의 기능을 스스로 수행할 수 있는 인지 능력을 제 안에 가지고 있다는 점을 일깨워 주는 까닭이다. 실제시인에다 내포시인도 주요한 시의 주체다. 내포시인은 문학제도 안에서 실제독자에게 각인되어 있으리라고 믿어지는 명성이나 평판이다. 실제시인은 주체아에, 내포시인은 객체아에 맞물린다. 그리고 시인이 전제하고 있는 최초·최소의 내포독자는 바로 자신이다. 말하자면 운명적으로 실제시인 안쪽에 존재하는 남, 곧 내포시인에게 말하는 일이 시쓰기인 셈이다.

시인은 독자의 모습에 비친 나, 또는 나에 비친 읽는이의 모습과 같은 인지 반영을 자기 안쪽에서 겪는다. 내가 쓴 글을 독자 입장에서 읽어 본다든가 내가 읽는이라면 하는 식의 인지 역전은 누구나 겪는다. 시인이 쓴다는 것은 제 안에 있는 주체아적 경험 공간과 객체아적 경험 공간 사이 의사소통일 따름이다. 그렇다면 독자와 이루는 행복한 소통이란 착각이며, 모든 시의 소통은 거짓 소통이 아닌가.

2

일찍이 나를 세우려는 의도를 지녔던 때가 있었다. 나답게 세상을 보고 언어 구축을 빌려 다시 세상에 오롯이 한자리 마련해 보고 싶었다. 나다운 인식 가치를 꿈꾸었던 셈이다. 자연스러운 시도며, 젊은이다운 기획이라 할 만하다. 그러나 나란 내 속에 있는 남의 반응을 전제로 한 나일 뿐이다. 나와 나 아닌 남 사이 상호작용인 것이다. 나는 내 속에 갇혀 있는 남이었다. 나의 구축은 헛된 바람으로 흘러 흘러갔다.

나다운 나를 줄이고 더 보편적인 풍경 속에 몸을 담그는 넉넉한 꿈이 새로 눈뜬 방향이다. 풍경의 심리학이 아니라, 풍경의 현상학에 머물게 된 까닭이었을까. 그리고 그 가장 먼 자리에 민요와 같은 상태가 있었다. 의식이 온전히 풍경에 눌어붙은, 시간의 석화가 완벽하게 이루어지는 자리다. 그러나 풍경이란 것도 이데올로기임을 깨닫기까지 나는 오래 소박하고 고집 센 전통주의자로 머물렀다.

그리움이 사람을 못 쓰게 만든다.
달산 높은 길,
사랑은 작은 번민의 새 새끼들을 길러서 시도 때도 없이
넓은 산하에 휘두루 날린다.

—「영덕 일지」 가운데서

연산 가파른 길 산으로 오르면
집들도 처마를 이어 산을 오르고
얼부푼 빨래가 바람맞는 저녁
수정상회도 김해쌀집도 문을 닫아서

구겨질 듯 가볍게 펄럭이는 동리
6동회 언덕배기 7동회 벼랑까지
사사건건 떠오르는 창.

—「창」

산을 열고 들어서니
산은 없고
가뭇가뭇 눈길 끝
절집 아궁이
뉘 집 홀며느리가 새 공양주로 들었나
솔가리 한 짐
연기 한 줄기.

—「화악산」

내가 기웃거린 풍경의 모서리가 얼핏 드러나는 시줄이다. 풍경이란 다층 다종한 것이고, 사회·역사적일 뿐 아니라, 무엇보다 이데올로기 구성물이다. 돌보아 줄 이 없이 잊힌 풍경이라고, 공동의 전통 심성에 닿아 있으리라고 믿었던 풍경은 실상 왜곡되고, 일그러지고 비틀린 말의 부스러기일 뿐이었다. 나를 지워 더 너른 시간 지평 안에서 한 풍경으로 남는다는 생각은 지나친 것이다. 그것은 나답게 세상을 보겠다는, 세상에 나를 세우겠다는 알량한 백일몽의 또 다른 바꿔치기라는 사실을 받아들여야만 했다.

한편 한편 작품은 이미 나와 무관한 것, 그 혼자 떨어져 나간 낯선 남의 언어다. 그것이 읽는이 마음속에서 온전하게 되살 것이라는 생각은 얼마나 소박한가. 남아 있는 길은 둘, 그 하나는 구체적인 묘사와 번잡한 요설을 따르는 쪽이었다. 나와 세상의 소통이 어렵다고 느끼면서도 소통을 그치지 않고, 거듭하는 꼼꼼한 설득적 기획의 결과다. 그리고 그러한 세밀 묘사와 구체성이 마련하는 다채로운 표현 장치는 현대시가 이미 오래 훈련을 거쳐 왔던 주류 방식이기도 했다.

다른 쪽이 압축·생략, 묵언의 길이었다. 상세한 언어의 성찬을 피한다. 많은 말도, 꼼꼼한 덧붙임도 꾸밈새일 따름이다. 굳이 개별적인 표현을 빌려 맥락화하지 않아도 이해되고, 수용되리라는 믿음을 가진 쪽이다. 세계 이해의 공감대나 마음의 동질성에 대한 확신이 있는 시간이나 정황에 쉬 몸을 기댈 수 있었다. 내가 더 자주 기웃거리고자 했던 쪽이다. 그리고 그 쪽은 내 말에 내가 더욱 갇히는 데로 가는 길이기도 했다.

3

시인은 읽는이와 떨어져 자신 속에 갇힌 과정 존재일 뿐이다. 그가 남겨 놓은 풍경 또한 이데올로기에 의해 선별되고, 찢겨진 말글 부스러기다. 이제 시쓰기란 한 자위 방식에 그치는 일이라는 사실을 받아들이자. 그리고 그 풍경 탐색의 속살과

법식도 완연히 바뀌었다. 현실의 재현 풍경이 아니라, 전자매체가 만들어 놓은 가상 영상이 세상을 밑뿌리부터 바꾸고 있다. 이 가운데서 새로운 창작의 눈은 무엇일까? 복고적인 뽕짝에 기대어 미련스런 자위만을 거듭할 것인가? 아니면 화려한 정보 사막에서 새 자폭을 꿈꿀 것인가?

그래도 시는 달라지기 위한 변화 학습이며, 자유롭기 위한 중요 드라마라는 사실을 잊지 않기로 한다. 고치고 다듬고 다르게 말하는 흔한 놀이 방식 가운데 하나지만, 시가 지닌 힘은 각별하다. 옴짝달싹할 수 없는 전자 감옥사회 안에서도 사람이 스스로 버틸 수 있는 힘으로 시가 열려 있을 것을 믿는다. 그 안에서 위로 받고, 즐거움을 얻고자 하는 이들을 시는 버리지 않을 것이다. 몰려다니는 시 애호가의 언어 난타 또한 흥겹게 받아들일 일이다.

이제 낯익은 규칙·관례가 문제 되는 시기는 지났다. 시의 생명 연장이 문제다. 그리고 그 해결은 새로운 시의 기능 발전에 있다고 믿는다. 낯익은 시들은 더 망가지고 더 넘쳐나며 문화죽으로 뒤섞일 것이다. 그리고 우리시가 지닌 새로운 기능성과 필요성은 가장자리에서 겨울 풀처럼 새로 돋을 것이다. 초등학교 적부터 만나 함께 운동을 하곤 했던 집 앞 배화학교 농아들은 벌써 자라 고등학생이다. 거뭇거뭇한 턱으로 하는 의젓한 인사가 반갑다. 내년 봄에 그들은 더욱 자랄 것이다.

(『시평』, 2000)

시와 건축

— 시의 주제

1

한 시인이 시를 빌려 다루는 삶의 경험은 여럿이다. 그것은 단계를 밟아 변화해 가는 것도 아니다. 우연으로 얽혀 있을 뿐 아니라, 의식과 잠재의식에 함께 걸려 있다. 그런 까닭에 코를 제대로 잡아내기란 불가능한 일이다.

그러나 시도 문화 관습 가운데 하나다. 언제나 나름의 창조 목표와 방법을 지니지 않을 수 없다. 앞선 세대 미 규범이든, 떠도는 유행이든, 먼 뒷날을 내다본 현실이든, 시인은 그들과 길항하고 힘 겨루는 일을 기꺼이 받아들여야 할 마련이다.

좋은 시인이란 그 일을 한결같이 되풀이하면서 창조에 대한 나름의 자의식을 든든하게 일구어 가는 사람이다. 한 시인의 문학 생애를 끌어 잡은 주제니 틀거리를 말하는 일이 불가능한 것만은 아닌 셈이다.

그러나 정작 내 시를 두고서는 허둥대지 않을 수 없다. 모름지기 내 시가 널리 주제를 내놓고 말할 만큼 한결같고 굳건한 창조적 자의식에서 말미암았는가라는 물음에는 답하기가 쉽지 않다. 다만 이 자리에서는 시와 건축 공간 사이 유추를 따라가면서 짧게 질문을 비켜 갈 도리밖에 없을 듯싶다.

2

사람은 시간 존재다. 마침내 죽을 수밖에 없는 존재임과 아울러 죽음을 내다보며 살아가는 존재라는 뜻이다. 죽음이라는 타자를 빌려 사람은 보다 사람다워질 수 있다. 시간의 질적 양상이 다름 아닌 의식이다. 죽음이란 의식의 소멸을 일컫는다.

모든 문학은 바로 의식의 소멸에 공간으로 맞서려는 의지, 곧 언어 건축이라는 특성을 지닌다. 글자와 책이라는 공간 형태가 잘 보여 주는 바다. 문학 가운데서도 시야말로 그 점을 섬세하고도 힘차게 보여 주는 갈래다. 시, 소멸과 맞서기 위한 집짓기 또는 흘러 흘러가는 의식의 우울한 묘비명.

내 경우 그것은 몇 가지 됨됨이로 모아볼 수 있겠다. 첫째, 터 잡을 최소 장소를 마련하기 위한 움직임이다. 그것은 예사 시인이 그러하듯 어릴 적 기억이나 친족 상상력에 기대어 이루어 내는 자기 인식, 대상과 나 사이 문을 틔우기 위한 특유한 눈길 갖추기, 그 두 방법에 많이 빚지고 있다.

쓴 지 오래인 「선동 저수지」가 그 점을 잘 보여 준다. "이냥 작아지는 무덤으로 차례 누워" "아버지 마시던 물을 아들이 마시고/그 물에 고인 할아버지를 손자가 찰방이는" 삶과 죽음의 하얀 반죽 놀이가 그것이다.

선동은 푸른 동리
버들 숲 푸른 물가로 물방개 빙빙 돌고
찔레꽃 골담초 사래 아래
고령 박가 내 사촌들 발을 씻는 곳
발을 씻다 흘러가는 닭털을 건지고 우는
두 돌나기 조카 저수지 안기슭에 지붕 올린
고모 작은아버지 볼우물 이쁜 작은어머니
선동 오르는 길 올랐다 물줄기로 떠돌면
이제는 고인 물 하얗게 물때 낀 사금파리
길을 이루어 물자새 새끼들 물가로 오르고
방기 당기 물수제비 잠기는 사이사이
강갈매기 발 접어 하늘 건너
어디로 가나 고여 지새는 일가
이냥 작아지는 무덤으로 차례 누워
배롱나무 배롱꽃 흩는 버릇을
어쩔까 아버지 마시던 물을 아들이 마시고
그 물에 고인 할아버지를 손자가 찰방이는 바닥
날갯짓 요란하게 솟는 까마귀 한 마리
오후 내 선동 물가에 가서

꿈같이 한세월이 다시 일가를 이루어
저들의 마을로 돌아가는 것을
점점이 햇살이 찍어 대는 물살 뒤로 바라보며
내 아들과 이별한다.

—「선동 저수지—죽지사 3」

둘째, 깊고 너른 집터 마련을 위한 움직임이다. 새로이 땅의 시간을 켜켜로 확인하는 일이 그것이다. 그 자리에는 소박한 지역 생활사가 깔렸고, 더 깊이 잊힌 옛일이 운모처럼 박혔다. 「구형왕에게」는 바로 네나라시기 가야 마지막 임금 구형이 신라에 쫓겨 함양 땅에서 구차한 목숨을 이어나가고 있을 무렵을 떠올려 본 시다.

구형왕 밑에 있었을 한 신하가 영주, 곧 오늘날 제주도로 흘러가서 창녕 싸움터에서 왕과 겪었던 일을 되살리며 그에게 올리는 편지이자, 독백 꼴로 엮었다. 그 땅 밑 어딘가에는 눈먼 채 백제에서 쫓겨 온 도미 내외가 발꿈치로 일으키는 아지랑이도 보이고, 왜구가 때 없이 몰려들어 누이를 능욕하는 풍경이 비 젖은 책장처럼 펄럭이기도 한다.

안녕하신지 여쭙습니다 가락 기원 사백 년 당신의 귀밑머리 모래바람 불고 낙강 깊숙이 말을 몰아 그리운 산과 들을 세웠지만 안녕하신지 여쭙습니다 집과 집짐승들은 화왕산 높은 벼랑에서 굴러 떨어지는 돌에 가슴을 다치고 안개 솟는 그 억새 숲에서 다시 며칠을 보낸 뒤 당신이 뿌린 말의 피와 고기로 삶을 모의하던 목마 성채 잣나무 가지들은 무고한지 여쭙습니다 기러기 따라 건너온 영주 먼 물가에서 북창을 열어 두고 편지 올립니다 저 여기 남아 새로 아이들을 가르치고 그릇을 굽겠습니다 다시 책력을 엮어 고기를 잡고 말리겠습니다 틈나면 뵈러 가겠습니다 시혹 저 죽은 뒤라도 제 자식들이 아들을 길러 당신의 여자를 취하고 자식을 낳아 손손으로 끊이지 않는 인연을 이루겠습니다 안녕히 계시기를 빌어드립니다.

—「구형왕에게—죽지사 10」

셋째, 집 안팎에서 더불어 시간을 나누고 싶은 이들 모습이다. 내 시는 그들에게 예의를 갖추는 한 방식이다. 남을 편하게 해 주는 것이 예의의 바탕이다. 사람 일은 제쳐 둔 채 사사로이 패거리와 어울려 잡기에 골몰하는 꼴은 내가 눈 줄 바 아니다.

「젯밥」은 내가 짓고자 하는 집이 한껏 솟은 공회당이거나 세상에 투정 부리기 위해 꾸민 아기자기한 술집이 아닐 뿐더러, 들머리 뻔뻔한 도시 관공서는 더욱 아니라는 점을 보여 주기에 모자람이 없다. 섣부른 해탈을 지껄이기보다는 소박한 반영론에서 늘 배울 바가 많은 법이다.

어머니 향불 사르시고 엎드린 깃동정 실밥이 하얗고 하얗습니다 멀리 갈치논 반짝반짝 널린 산자드락 첫차에서 내리시는 모습 뵙고부터 저 눈물 쏟았습니다 여름 산길이라 쐐기풀 발목을 찌르고 땡볕이 발등을 밟아 떼떼떼떼 앞서는 방아깨비조차 달갑지 않으셨을 텐데 청도 화악산도 높은 적천사 어머니 가슴에 제가 무슨 억한 불씨로 묻혔길래 어김없이 이날 이때면 찾아주시는지

넉넉하게 무쳐 오신 미나리 고사리 숙주 어느 것 없이 혀에 올라붙어 가슴 절로 미어집니다 길가 비명횡사 찢어져 널브러졌던 스물둘 제 몸이야 향물로 닦지도 못한 채 재 되어 흩어진 뒤 십 년 어머니 닦아 주시는 사진틀 먼지로 시린 제 혼은 어머니 너른 품에 이끌려 이 절방에 깃들였으니 고맙습니다 고맙습니다 어머니 시방삼세 너른 들판에 놀다 내년 이맘때 다시 뵈러 오겠습니다

아침 풀비린내 어머니 베적삼 속내인 양 맡으면서
두근두근 시냇물로 흘러 흘러서 어머니.

—「젯밥」

넷째, 집 뼈대는 널리 써 왔던 감에 기대는 버릇이 있다. 겉보기 좋은 감은 허약하기 쉽고, 새것이란 깔닥깔닥 한눈 팔 거

리로 머물기 십상이다. 편지글, 제문, 굿노래, 민요, 상량노래와 같은 양식은 요즘 들어 가장자리로 썩 밀려 나간 것이어서 부려 쓰기 힘든 부분이 많지만 각별한 즐거움이 늘 함께 한다.

아무리 가학家學이 무너지고, 나라학國學이 끊어져 배울 거리는 물론 배울 곳마저 없다 해도 섬나라 오랑캐 총칼 모아 두듯 아무 감이나 끌어 쓸 수는 없는 노릇이다. 한누리 제 집 없이 떠도는 이가 쌔고 쌘 터에 양택이든 음택이든 어디 장난삼아 지을 일인가. 「광음이 흐르는 물과 같이」는 시집간 누이가 오라버니에게 올리는 편지글투를 빈 시다.

광음이 흐르는 물과 같아 못 뵈온 지 벌써 여러 해 짧게라도 전해 올린 봉서 없사오니 어찌 동기간 알뜰한 정이라 하오리까 물 설고 사람마저 낯선 땅에서 남의 어버이 섬기고 남의 동기 따르는 아녀자 옛법이 원망스럽습니다 아지 못할 새꽃 피고 새 우는 봄 날씨에 어머니 만강하옵시며 오라버니 오라버니댁 질아 두 오누이 두루 무탈하온지 알고 접습니다 아버지 환중이실 때 이리 구완 저리 구완 쓰라렸을 일들 차마 저에게 보이지 않으려 하시던 마음쓰심이 해를 건너 눈물 더하게 합니다 민물장어국이 오지다 하여 끼때 맞추어 올리시던 오라버니댁 손길이 더욱더욱 도타왔습니다 오라버니 한번 친정 걸음 매양 어렵더니 이제금 용기를 내었습니다 다가오는 청명 한식 아버지 산일 때는 기별 주시오소서 하로라도

열흘처럼 기다릴까 합니다 남은 말씀은 뵈온 뒤로 미루옵고 이만

동생 총총.

—「광음이 흐르는 물과 같이」

다섯째, 집의 흙벽을 될 수 있는 대로 토박이말로 칠해 올리는 데 익은 지도 꽤 된 성부르다. 삶이란 되풀이 말을 나누는 일이기도 하다. 그러니 바른 말법이라 처음부터 딱 부러지는 격식을 마련해 두는 버릇은 잘못이다. 그렇다고 우리 말법이 나아가야 할 마땅한 자리마저 없는 것은 아니다.

왜풍 한자말로 더듬거리지 않을 수 없을 무지를 '깊은 철학'이니 '존재'니 부풀려 대는 인습을 거쳐, 웅얼웅얼 제 입 속으로만 씹어 돌리는 벌말을 '세련된 내면 형상화'로 떠들고 치켜세우는 데까지 나아가는 일이 문학사회에는 다반사다. 양회장수의 집안사람과는 멀리 떨어져 거래를 트지 않는 게 상책이다. 시인이란 모름지기 제 스스로 말 겨루기, 말다툼에 나선 이이니 편벽되다는 핀잔에 쉬 흔들릴 필요는 없을 터.

자갈돌에 섞여 누운 가슴이 춥지나 않을란지 익은 감 벌써 지고 까치밥 간들거리는 오늘은 작은설 오두마니 나앉아 님자를 생각하네 공회당 문 앞에서 김 씨 이 씨 댁 며느리들 명

절 배급 고기근이나 제대로 챙겨 받기 위해 나란나란 줄을 서는데 혹 뒤질까 붙어 선 발목이 님자 한창때 그나마 근력 있던 그 발목인가 싶어 고개 돌리고 말았네

님자 묻힌 뒤 십 년 용호 가파른 산비알 짠 바닷바람이 몰매로 밀려왔다 밀려가고 헐벗은 자갈무덤 더 키를 낮추었지만 내 잊은 적 없네 님자 묻힌 그 자리 묵은 닭똥 냄새 봄 겨울 없이 뒤덮고 줄 이은 홰틀 위 애닭들 밤 도와 잘긴 물찌똥에 우리 눈물은 또 얼마나 섞였던 것인가

입술로 잇몸으로 피고름 함께 뱉던 그 바람이사 옛적이나 이적이나 예사로운데 예사롭게 자란 님자 손자들은 학교를 돌아오고 젊은 아낙들은 물알 따로 넘언 마을 저자로 팔러 나서지만 사람도 물알같이 껍질이 까져서야 어디 사람 대접 받을 수 있었던가 그래도 님자야 늘그막에 천주당을 배워 뫼터나마 쓸 수 있었으니 천주 사랑 고맙고 고맙지

세상은 그새 몇 번 더 난리를 치고 이제는 열가 사람들 때없이 몰려와 갯바위 낚시로 날을 넘기는데 그 물밑 환하게 박혀 있을 우리 곡상이들 뼛조각을 알기나 할지 새 세상 차도 늘고 길고 넓혔지만 살아 오가지 못하던 걸음이라 남아 늙음이 또 짐일까 닭집 건너 등성 돌아 몇 걸음인데 내 차마

자주 가 보지 못하니 밉보지 않기를

자갈돌 험한 묘자리나마 상기 더 누웠노라면 어느 겨를 해달 또 구르고 미끄러져 흘러 오륙도 앞바다 살결 고운 감싱이로 함께 떠돌 날 있겠지 생각하고 생각해도 죽어 설움 살아 걱정 우리 두 내외 앞날 시름만 겹겹인데 보풀보풀 작은설 저녁 하얀 눈치레가 우찌 당키나 한가.

—「용호농장 1—김아내지묘」

3

예사롭게 누구나 이룰 수 있을 일을 되풀이 하는 삶은 창조하는 삶이라 부르기 어렵다. 창조란 무엇보다 남달리 공력을 기울이고, 참고 견뎌 낸 결과에 붙일 이름이다. 격이 갖추어질 뿐 아니라 본볼 만한 값어치가 매겨지는 법이다.

의식의 소멸에 맞서기 위해 마련하는 단단한 공간 건축인 시도 창조물로서 모자람 없는 격을 지니고 있다. 볼 만한 꾸미개와 단단한 정도, 풍기는 훈향과 같은 자질이 그 높낮이를 결정한다.

그러나 잘 다듬은 정원, 돌기둥이며 빗돌조차도 뒷날 낡고 금이 가고 삭아 거듭 소멸을 겪지 않을 수 없다. 사람 마음처럼 재빠르게 일어나든, 무생물 경우와 같이 느리게 일어나든 그러한 변화야말로 모든 물상이 지닌 본디 모습이다. 어렵사리 마련하는 시적 건축도 마침내 더 큰 우주적 죽음을 받아들이기 위한 작은 절차에 지나지 않음을 알겠다.

팔월 바닷가에서 땀 흘리며 열심히 모래집을 다 만든 아이가 먼 물금을 흡족하게 바라본 뒤, 조용히 그러나 단호하게 그것을 짓밟아 버리고 돌아서듯. 그렇다, 이제 시는 허무에 휘둘리지 않으면서 제 몫의 사랑과 겸손, 신생을 가르쳐 주는 작은 교실.

(『현대시』, 1997)

책과 무덤

1

중학교 삼 학년 때였던가 싶다. 학교 공부에는 별 뜻 없이 시니 문학이니 해서 쏘다니는 '못된 아들'을 보다 못한 아버지셨다. 어느 날 호된 꾸지람과 함께 책꽂이에 꽂혀 있던, 학과 학습과 관계없는 책들을 찢어 연탄불 아궁이에 던져 넣으셨다. 나는 울면서 매달렸지만 아버지 노여움을 가라앉힐 수는 없었다.

책 몇 권이 애꿎게 불타 사라졌고, 몇 권은 다행히 건져 낼 수 있었다. 스무 해에 몇 해를 더 내려간 옛 일이다. 그때 아궁이에서 건져내 찢어진 부분을 접착테이프로 붙이고 불탄 모서리를 칼로 도려내어 간수한 몇 권이 지금도 집 어느 구석에 꽂혀 있다.

지난해 1991년 겨울 아버지께서는 몇 달 동안 병고를 겪으시다 돌아가셨다. 병석을 지키면서 평소와 달리 이저런 말씀을 많이 받들 수 있었던 일이 지금도 새삼스럽다. 나로서는 어느새 잊은 일이었는데, 지난날 찢어 불태우셨던 책에 대한 말씀도 빠뜨리지 않으셨다. 눈물을 훌쩍거리며 방 한구석에서 찢어진 책을 이저리 맞추고 앉은 어처구니없는 아들이 마음에 끼이셨던 탓이리라.

어느덧 내 둘레는 책이며 활자가 벽을 이루었다. 두드리면 콩자갈 마냥 부딪쳐 보스락거리는 홑소리, 닿소리. 빛빛깔 활자로 채워진 종이 널이 나를 둘러싸고 있다. 그때 아궁이 속에서 건져 낸 책은 어느 자리 어느 것일까. 그러나 그 일을 기억해 주실 아버지는 고향 땅 참나무 숲 자리에 한 풍경이 되어 누워 계신다. 한평생 자식들에게까지도 등을 보이지 않으려 하셨던 아버지. "좌우지간 글 쓰는 놈들은……"이라 하시던 아버지 염려 섞인 말씀은 어느 별밭으로 내려앉았는지, 오늘밤 하늘이 유난스럽게 밝다.

2

요즘은 뜸해졌지만, 오래도록 이저곳 헌책방을 버릇삼아 기웃거리곤 했다. 그러다 보니 여러 책방과 여러 주인을 거쳤다. 멀리 갈 것도 없이 내가 살고 있는 부산 한쪽 남구나 동래구, 금정구 쪽만 보더라도 요즘 열일곱 개 크작은 헌책방이 문을 열고 있다. 이른바 고서에 드는 책(내려 잡아 1950년 경인년 전쟁 앞까지 것들이다)을 다루는 일로 집집의 됨됨이를 살피면 재미가 있다.

‘디딤돌서점’ 주인은 옛책 값어치에는 큰 관심이 없어 보인다. 매긴 값도 마땅하거나 싸다는 느낌을 준다. 흔히 다루는 책은 학생용 참고서나 부교재라 학기철이 가장 바쁘다. 눈이 환해질 만한 책이 나오지는 않지만 쏠쏠한 재미가 있다. 이른바 헌책방으로서 자기 밑자리는 분명히 하는 구멍가게다.

이와 조금 달리 오래도록 헌책을 다룬 덕에 옛책을 보는 안목도 적지 않게 갖추었지만, 그 값은 예상과 달리 싸게 매기는 ‘장전서점’ 주인도 있다. 부지런해서 많은 책을 거두어들일 뿐 아니라 싸게 파니, 늘 손님이 들끓는다. 첫째 아내와 나뉜 뒤, 오래 혼자 살고 있다. 게다가 군대에서 다친 발목이 자주 탈을 낸다. 그래서 그런지 너무 술을 즐긴다.

옛책에 대한 안목을 제대로 갖추고 있지도 못하면서 다른 데보다 비싸게 올려 받는 책방이 있다. 옛책만을 따로 구석에 추려 놓고 특정 손님을 기다린다. 게다가 손님 눈치를 보아 가며 값을 올리거나 내리려 하는 통에 드나들기가 피곤하다. 용호동에 하나 남은 ‘용호서점’이 그곳이다. 세상 흐름도 잘 읽어, 요새는 새 책을 에누리해 파는 책방으로 슬쩍 바꾸었다. 그러다 보니 걸음할 일이 없다.

이보다 더 심한 곳이 ‘금성서점’이다. 보수동 책방골목에서 머물지 못하고 밀려난 처지인 주인이다. 그럼에도 이른바 옛책이라고 불릴 만한 것을 손에 넣었다 하면 막말로 팔자 고치려 든다. 지난날 비싸게 팔아 재미를 본 책을 잘 기억해 두었다가 손님에게 틈틈이 떠벌리는 나쁜 버릇까지 있다. 내 집에서 오 분 거리에 있지만 몇 번 드나들다 영 걸음을 끊었다.

요사이 문을 연 한 곳은 더욱 맹랑하다. 부동산업을 해서 돈을 많이 벌었고, 틈틈이 번 돈으로 헌책을 사들인 모양이다. 부동산이 세월없어 뵈는 요즘 들어 그 책으로 가게를 내었다. 책방 문이 닫혀 있기가 일쑤다. 책값이 비쌀 뿐더러 꽂힌 책 가운데서 쓸 만한 것을 집으면 자신이 지닐 책이라며 오히려 수선을 피운다.

들리는 말로는 책을 넣어 둘 만한 자리도 마련하고, 헌책도 쉽게 사들이기 위해 심심풀이로 냈다 한다. 애서가나 호서가를 비껴가서 아예 수집광이거나 편집증 환자처럼 보인다. 명목가치뿐인 종이돈과 명목가치뿐인 종이 책, 어찌 보면 닮은 데가 있는 것 같기도 하다. 두 번 걸음한 뒤 뒤돌아볼 일이 없어진 책방이다.

3

해운대 뒤쪽에 장산이라는 곳이 있다. 나라잃은시기에는 동래 쪽 젊은이가 왜로에게 쫓겨 숨어들기도 했고, 광복기에는 동래·기장 쪽 빨치산이 넘나들기도 한 깊은 산이다. 그 앞자락이 바다 쪽으로 펴지면서 내려앉은 드넓은 터가 해운대 좌동이다. 이곳에는 요즈음 신시가지 공사가 한창이다. 이태 앞만 하더라도 군사 지역으로 일반인 드나듦이 어려운 곳이었다.

지금은 붉게 파헤쳐져 날로 된 흙비린내가 낭자한 참혹한 땅으로 바뀌었다.

이곳 언저리에 놀랍게도 구석기 유물이 발굴되고 있다 해서 찾아보았다. 굴착기가 마구 헤쳐 놓은 한 옆때기에서 금줄을 쳐 두고 서둘러 일을 끝마치려는 듯이 박물관 일꾼들이 발굴에 힘을 쏟고 있었다. 기일이 못 박힌 일이라 마음이 조급할 것이다. 발굴 보고서 한 권이 묶여 나오고, 기록할 만한 몇 군데에 오르고 나면 20층 새 아파트의 기억 먼 아래 단단히 묻혀 버릴 유적.

가까운 등성에 널려 있는 조선 시대 민묘들도 파헤쳐질 날을 기다리고 있었다. 이미 날이 잡혀 딴 데로 옮겼거나 유골을 끄집어내 태워 버린 무덤은 벌겋게 입을 벌리고 마저 파 뒤집어 줄 굴착기를 기다린다. 후손이 끊긴 탓인지 번호판을 꽂고 아직까지 봉분을 지키며 남아 있는 무덤은 얼마동안 더 버티다 속을 내보이지도 못한 채 밀려 버릴 것이다. 1970년대 새마을 새마을 하며 요란스러웠던 파괴에도 견뎌 냈던 당집은 풀썩 허물어졌다. 큰 못도 물둑을 헐고 물을 빼 버려 까맣게 바닥이 볼썽사납게 드러난 채 바다 쪽으로 엎어져 있었다.

어찌 보면 요즈음 이루어지고 있는 문화재 발굴이란 개발과 발전 논리를 내세워 버젓이 저질러지는 문화재 파괴 행위다. 아니면 그러한 파괴 행위에 면죄부를 주기 위해 치르는 절차로 여겨질 정도다. 택지 사업이니 신시가지니 해서 오랜 유적을 마구

잡이로 주저앉힌다. 산 사람이 누릴 짧은 이익을 위하여 죽은 것의 묵은 삶을 망설임 없이 망가뜨린다. 산 사람이 지닌 이 이기심, 이 횡포. 이쯤 되니 도굴과 발굴이 한 뱃속이다. 몸담은 시대가 그 유물을 엄정하게 다루고 이해할 수 있을 힘이나 배움을 갖추고 있는가 없는가는 생각지도 않는 독선이다.

4

지역신문을 보니 "경남 김해군 주촌면 양동리 미발굴 고분군이 최근 무차별 도굴되어 문화재 관리에 허점을 드러냈다"는 기사가 눈에 띄었다. 지난해 겨울까지 대학박물관에서 두 해에 걸쳐 이천 점이 넘는 유물을 발굴했다. 가야 묘제로는 특이하게 북방문화와 연결되고 있음을 알려 주는 무덤이 드러난 곳이다. 야트막한 산 하나가 죄 옛무덤 무리를 이루고 있어 겉보기로도 큰 유적에 든다.

신문 기사는 "최근 무차별 도굴되"었다고 적고 있으나, 이곳은 이미 오래 앞서부터 왜로 오랑캐와 그들에 빌붙은 도굴꾼 손을 탔다. 가까이 1970년대 초반에도 크게 도굴을 당한 바 있다. 요즈음 발굴한 것은 도굴로 헝클어진 유물층을 다시 간추리고 용케 도굴되지 않은 무덤을 건진 것에 지나지 않는다. '관리'라고 해야 기껏 도굴 구덩이나 나뒹구는 사금파리를 동네 사람들이 힘을 모아 묻어버린 정도다.

그런데 이곳 양동 옛무덤 무리는 나와는 묵은 인연이 있다.

왜냐하면 1970년대 초반 이곳으로 표토 채집을 나섰다가 만난 한 소녀에 얽힌 기억 때문이다. 하늘거리는 부들 대궁이 위로 잠자리가 날아오르던 이른 가을날, 나는 마을 들머리 우물에서 그 소녀를 만났다. 지금은 누군가 좋은 아내가 되어 아이 속옷을 빨고 있을 소녀. 몇 개 시줄로 남아 버린 그녀는 양동에서 국도로 몇 분을 더 들어가야 하는 마을에 살았다.

마산 일터로 가기 위해 남해고속도로를 따르자면, 김해를 지나 장유 못미처 양동마을이 보인다. 한때는 솔숲이었다가 과수원이었다가 이젠 오랜 발굴 뒤끝에 벌거벗은 몸으로 버려져 있는 유적. 얼마 지나지 않아 그곳에는 계획대로 공장이 들어서고 산등성이는 사라지게 되리라. 한 풍경이 사라지고 새로운 풍경이 자리를 잡는 동안 나도 많이 달라졌다. 나이를 깨닫기 시작한 탓인지, 내놓고 세월을 입에 올리고 있다니.

5

책과 무덤 사이를 서성거린다. 마음이 가 묻힌 책, 몸이 가 묻힌 무덤, 서로 다른 두 주검 사이에 갖가지 사람 길이 열리고 터가 잡히고, 풍경이 빛난다. 숨소리 말소리 섞여 빛난다. 그 가운데서 어떤 것은 시로 올라서 제 맛을 널리 뽐내기도 하는데, 두 입 재미는 있다.

(『현대시』, 1993)

내 시 속의 섬과 장소 상상력

강이 끝나는 곳에서 바다는 시작합니다. 그래서 그런지, 갯가에서 바라보는 바다는 일찍 일찍 저물었습니다. 사람 사는 마을은 갯가에만 있는 것도 아니었습니다. 웅성거리며 떠도는 어두운 나불 위에서도, 이리저리 제 길을 좇아가는 고깃배 불빛 속에서도 소란소란 마을이 빛났습니다. 제 시 속에서 바다는 늘 강이 끝나는 물끝이거나 갯기슭, 그리고 바다도 기껏 남녘 든바다일 경우였습니다. 섬이 들어설 자리는 많지 않았습니다. 그래도 찬찬히 살펴보니, 어린 딸이 눌러 찍어둔 연한 연필 자국처럼 띄엄띄엄 제 시 이곳저곳 섬은 저다운 장소 상상력을 들내고 있습니다.

섬 또는 경관공간

한때 바다가 허무의 책갈피로 느껴진 때가 있었습니다. 넘실넘실 복잡다단한 삶을 가볍게 묶어 주는 단호한 죽음과 막막함 또 두려움. 그러나 그 속에서도 섬은 문득 꽃피어 빛 다른 경관을 마련해 주곤 했습니다.

가슴에 섬을 품은 이는
울릉군 나리분지
당귀 약꽃더미에 마음 붐빈다

왕들짬 멀리서 밀려오는 갈매기
물가자미 덕장에는 물가자미 지린내가 독하고
문득 떠내려 오는 섬과 눈맞춰
구멍 숭숭 돌이 된 사람들

그 옆으로 찾아 핀
개동백 한 그루.

—「개동백」

십 년도 훨씬 더 지난 옛, 처음 가 본 울릉도는 땅이라면 너무 새로운 땅이었습니다. 바다라면 너무 놀라운 바다였습니다.

그런 경관 앞에서 질려 더듬거렸을 그때 제 모습이 새삼스럽습니다. 하얀 "당귀 약꽃더미"와 빨간 "개동백 한 그루"에 마음 붐빈다는 표현으론 턱없이 모자란 재주였던 셈입니다. 그래도 동해를 저들 안방인 양 넘나들며 왜인이 쓰고 있는 '대화퇴大和堆'라는 이름을 버리고, '왕들짬'이라는 우리 뱃사람의 토박이말을 붙잡아 두는 것으로 만족했던 듯싶습니다. 동해 물밑, 너르고 풍요로운 물고기 풀밭인 왕들짬. 그러나 먼 울릉도와 달리, 섬들 동네 마당 같은 남녘바다에서 보는 거제섬은 훨씬 경쾌했습니다.

계룡도 거제 계룡엔
환한 꽃그늘 많지
고샅 깊고 아래 두덩 알맞게 벌어
사흘 꼬박 태풍이 문제인가
대전 계룡 황룡 수놈이면
거제 계룡 청룡 암놈이니
물 좋은 치맛자락 남정네 들끓는 묵은 이치
암내 숫내 비린 개짐내 어울려
가끔 바다도 낯을 붉혀 적조로 들어앉지만
거제섬 물 맑은 기슭에는
민어 미끈한 맨살에 개불 불주머니 제격이지
말 마라 경인년 난리 한둘만 치렀던가

피난민에 포로에 양코 누린내까지

옥포 신현 배라 배 이어 띄우는 이즈음 일복도

거제 계룡 오지랖 넓은 덕이지

오냐 건들건들 선걸음으로 거제 계룡 들어서

하룻낮 하룻밤 머물고 보면

이물에 밟히는

푸른 물살 흰 물살

가글가글 따라오는

검은 몽돌 흰 약돌

구름길 질러 나는 괭이갈매기.

—「거제 계룡산」

거제섬 풍수 경관을 읊어 본 시입니다. 우리나라 땅에 계룡산이 두 곳 있습니다. 거제섬 계룡산도 그 가운데 한 곳입니다. 거제 계룡은 대전 계룡과 달리 암놈입니다. 그 산 언저리로 갖가지 수놈이 몰려드는 것은 당연한 노릇입니다. "구름길 질러 나는 괭이갈매기" 소리처럼 거제섬이 요란하게 겪었을 이즈음 변화를, 성애와 관련시켜 우스꽝스럽게 그려 보인 셈입니다. 그러나 거제섬도 저에겐 한결같이 바라보는 경관일 뿐, 섬살이의 깊은 속내를 들여다보기엔 힘이 부쳤던가 싶습니다.

섬에 대한 역사지리

섬은 소박한 경관공간이 아닙니다. 쉬임없이 밀려왔다 밀려가는 파도처럼 되풀이하는 삶의 간난을 켜켜로 채운 삶자리입니다. 그러나 삶에 대한 원체험이 산골짝과 강이었던 저로서는 그것에 깊이 공감하기란 어려운 일이었습니다. 그런 속에서도 특정 섬이 겪었을 법한 역사지리를 꿈꾸는 쪽은 제가 손쉽게 다가설 수 있었던 자리였습니다.

안녕하신지 여쭙습니다 가락 기원 사백 년 당신의 귀밑머리 모래바람 불고 낙강 깊숙이 말을 몰아 그리운 산과 들을 세웠지만 안녕하신지 여쭙습니다 집과 집짐승들은 화왕산 높은 벼랑에서 굴러 떨어지는 돌에 가슴을 다치고 안개 솟는 그 억새 숲에서 다시 며칠을 보낸 뒤 당신이 뿌린 말의 피와 고기로 삶을 모의하던 목마 성채 잣나무 가지들은 무고한지 여쭙습니다 기러기 따라 건너온 영주 먼 물가에서 북창을 열어 두고 편지 올립니다 저 여기 남아 새로 아이들을 가르치고 그릇을 굽겠습니다 다시 책력을 엮어 고기를 잡고 말리겠습니다 틈나면 뵈러 가겠습니다 시혹 저 죽은 뒤라도 제 자식들이 아들을 길러 당신의 여자를 취하고 자식을 낳아 손손으로 끊이지 않는 인연을 이루겠습니다 안녕히 계시기를 빌어드립니다.

—「구형왕에게—죽지사 10」

'구형왕'은 가야나라 마지막 임금입니다. 이 시는 신하된 이가 구형왕에게 편지꼴로 올리는 맵시를 갖추었습니다. 그는 한때 구형왕과 함께 신라 병정과 여러 곳에서 싸우다 마침내 창녕 싸움에서 진 뒤, 일족을 거느리고 먼 곳 영주—곧 제주도 옛 일컬음으로 신선들이 사는 섬이라는 뜻입니다.—로 몸을 피한 처지입니다. 편지시라는 형식을 빌려 역사에 대한 상상의 한 자리를 마련해 본 셈입니다. 이때 제주도는 말할이가 머물고 있는 위치장소입니다. 싸움과 패배의 현실을 벗어난 자리면서, 먼 뒷날을 새로이 다짐하는 든든한 믿음의 첫자리이기도 합니다. 그러나 멀리 거슬러 올라간 옛 시기 역사란 흔히 막연하기가 일쑤였습니다. 그런 점은 가야 시기에서 신라며 고려로 내려선다 한들 크게 바뀌기 어려웠습니다.

섬들이 흩어져 비를 피했다.
방풍림의 낮은 키 너머
남도식 발성으로 뒤집혔다 되짚어 가는 파도
사내들은 배를 띄워 먼 바닥으로 떠나고
사내가 빈 마을, 갯가 마을에는
바다가 쳐들어와 오래 머물다 갔다.
허기가 지면 푸른 허기
뭍으로 나가는 산길에는

슬픈 여자들의 치마끈이 마구 밟혔다.

—「가락기 8—가덕섬」

이 시에서 가덕섬은 오랜 시기 거듭 왜구의 노략질과 분탕질이 저질러졌던 장소로 각인되어 있습니다. 그러나 우리 옛 할머니들이 그 속에서 겪었을 고통과 절망은 마구 밟히는 "슬픈 여자들의 치마끈"으로 암시될 뿐, 아직까지 먼 그림으로 나앉아 있습니다. 남녘바다 갯마을이며 섬들이 오랜 세월 숱하게 겪어 왔을 욕스럽고도 분한 역사를 표상하는 장소로, 읽는이에게 가덕섬을 떠올려 주기에는 모자람이 많아 보입니다. 그리고 아래 시.

폐왕성에서 폐왕을 기다린다
사람 드나지 않으니 폐왕은 나날살이를 잊고
도란도란 엎드린 거제 옥 씨 둥근 무덤
모난 빗돌에 발이 끌린다

제대로 비늘 단 물고기
눈감고 죽는 일 없다는 걸 알고부터
세월 없어도 왕은 왕이다 숲은 폐왕을 받들고
날짐승 외로 떼로 폐왕 좇아 떠돈다

바위도 봄볕 타서 피가 도는지
바깥 성턱엔 성난 담쟁이
우물우물 오른 길을 우물거리는 흑염소 떼

폐왕은 경주로 옮겼다
개성 궁성 못미처 피를 토했다고들 하지만
솔가지 흔들어 구름 띄우고
송진 끓이며 기력 돋운다

처녀 속내처럼 바뀌는 남녘 물빛 위로
징검징검 내려앉은 푸른 섬
폐왕 홀로 견내량 봄바다를 감당한다.

* 경남 거제군 둔덕면 거림리 산꼭대기에는 폐왕성이 있다. 고려 왕 의종이 칼잡이들에게 쫓겨 칠 년을 몸담았던 성이다. 아래 기슭으로는 옥 씨들 무덤이 널려 있어 눈길을 끈다. 의종 떠난 뒤 그 일족이 왕자 성씨에 스스로 흠집을 낸 뒤 거제 옥 씨로 주저앉았을 성 싶다는 이야기가 떠돈다.

—「폐왕을 위하여 2」

거제섬이 지닌 역사지리적 상상력의 한 자리를 내보인 시입니다. 그러나 실제 작품 속에서는 '폐왕성' 기행의 즐거움과 봄날 폐왕성에서 내려다본 "견내량 봄바다" 막연한 아름다움에 더 마음을 주고 있었던 것은 아니었는지 모를 일입니다. 고려에서 조선 시기로 더 내려서 역사와 마주치고자 한 섬시도 있습니다.

어부가 한철을 나니 굴비 한 두름 엮어 둘 만하고 선비가 행세할 만하니 어부사시가 한 자락 남길 만도 하여 완도군 보길섬 부용동 앞기슭에 숨어들었더니 거기 시절을 피해 고산이 노닐던 집터가 있고 마소 양병하고 화살을 매며 아끼던 말 두 무릎을 잘라 충성을 보였다는 말무덤 세연정 정원이 있어 동대 서대 양대로 입술 엷은 계집들은 수시로 뭍에서 실려 와 한삼 물고 굴껍지처럼 연명하더니 지국총 지국총 살치기로 한 점을 두고 지국총 지국총 다섯 순배로 수련을 꺾어 물속에 환한 세상 마련하였다니 동호 서호 어디를 돌아보아도 세상 돛 달아 지칠 곱다란 명분 없어 내 다시 가만히 둘러보니 어느 해 봄 먼 빛으로 눈발 내리고 마파람 한차례에 집이며 세간이며 나랏님 계신 북으로 북으로 넘어지고 깨어지고 다시 그 기와 조각이 언덕을 이루었다 하니 세상 어딜 가나 행세할 만한 사람들은 이야기를 만들고 거기 노래를 붙이고 가락을 고르니 무릇 어부사시가란 마음과 몸을 아울러 다친 사람들이 부른 노래로 그 가운데 오랜 노래라는 것을 여름 내내 세연정 죽은 못물에 새끼를 치고 사는 모기 일가가 갖초갖초 귀띔해 주었다.

—「어부사시가」

보길섬 여행에서 겪었던 생각과 느낌을 다룬 시입니다. 윤선도가 보길섬에서 겼었을 삶과 그가 남긴 「어부사시가」를 뛰어나다고 보는 굳어진 생각에서 비켜섰습니다. 「어부사시가」란 마침내 나랏님 눈치나 보며 지역에 터 잡아 "행세할 만한" 이가 떠벌린 놀이 노래, 곧 "마음과 몸을 아울러 다친 사람들이 부른 노래"가 아닌가 하고 읊조려 본 것입니다. 이 시에서도 보길섬이라 하면 흔히 떠올리게 되는 대표 역사 표지인 고산 유적을 문제 삼고 있습니다. 보길섬이 구체적인 삶자리로서 겪었을 법한 개별 체험을 읽는 데까지 꼼꼼한 눈길을 보여 주지는 못했습니다.

섬의 현실과 사회적 상상력

제 시 속에 섬이 빚는 현실에 대해 구체적인 관심을 보이고 있는 자리는 드문 쪽입니다. 그것도 이즈음에 이르러서야 높아졌다 하겠습니다. 이런 경향은 저에게 있어 바다 체험이 그 바탕에서부터 늘 강 들머리와 갯가 체험이었다는 점과 무관하지 않을 성싶습니다. 그만큼 섬은 아직까지 저에게 풍경으로 달아날 위험이 많은 동기였던 셈입니다. 그러한 섬이 어느 정도 명료한 현실로 떠오르기 시작한 때는 '소록섬'과 '한산섬'에 대한 체험을 거치면서였던가 봅니다.

고향 옛 강가 문촌 열두 집
우는 아이 집난 아이 손톱 발톱을 뽑고
술을 담가 그믐밤 약으로 마신다는 사람들
곳간 흙담 밑에 묻혔을 술독을 생각하며
멀리 논둑길 돌아 지났던
종종 걸음발 그 어린 날도 흘러가고

어느젠가 요새처럼 지역 자치니 뭐니
돈과 힘을 새로 나누어 놀아 보고 싶었을 세상
민의원 선거에 나섰던 아버지 여느 후보와 달리
그 마을로 들어가 손도 잡고 술잔도 돌려
문촌 몰표를 얻으셨단 이야기 곁귀로 들었던
까까머리 그날들도 스무 해나 더 지나

오늘 사슴섬에서 사슴을 찾는다
날뿌리 십자봉 어디에도 사슴 없는
사슴나라

진보정당 진보적인 사람 틈에도 끼이지 못하고
기층민중 인민대중 그 어느 말품에도 들지 못하지만
텔레비전 있는 방과 없는 방
어찌어찌 잘 통하는 사람과 통하지 않는 사람이 살고

이 예수 저 부처 나라 안 어느 땅보다
섬기는 집들만은 많은 곳

세상은 어느덧 새로 바뀌어
북녘 땅을 오갈 수 있는 이와 없는 이
먼 에움길로 그 땅 콧등까지
무리지어 올랐다 오는 이,
오갈 수 있는 사람 없는 사람으로
나날살이 길길이 나뉘었는데

남녘바다 물길은 늘 따뜻해
사람과 사람 사이 가라앉은 섬
사슴섬 모래톱

곡상이 하얀 붕대를 감고
날아오르는 갈매기.

—「사슴섬 2」

사슴섬이란 오늘날 '소록섬'으로 알려진 섬입니다. 한문 이름 그대로 노루섬이라야 옳을 터이지만, 한센병 환자를 중심으로 이루어진 그곳 사람들은 저들 사는 데를 사슴섬이라 부릅니다. 아마 이승에서 겪고 있는 고통의 무게를 조금이나마 덜어 보려는 심사겠습니다. 이 사슴섬 사람들이 뭍과 세상으로부터 철저하게 버림받고 있음에도, 그들끼리 예사 세상 사람처럼 애증을 나누고 다투며 엮고 있는 모습을 읽고자 했습니다. 그러나 세상에서 잊히고 고통 속에 버려진 채 "사람과 사람 사이 가라앉은 섬"이 어디 사슴섬 하나뿐이겠습니까.

그 먼 나라를 아시는지 여쭙습니다
젓쟁이 노랑쟁이 나생이 잔다꾸
사람 없고 사람 닮은 풀들만
파도밭을 담장으로 삼고 사는 나라
예순 아들이 여든 어머니 점심상을 차리고
예순 젊은이가 열 살 버릇대로
대소사 상다리 이고 지는 마을
사람만 봐도 개는 굼실 집안으로 내빼
이름 잊혀진 채 그저 풀로만 불리는
강바랭이 씀바구 광대쟁이 독새기
이장 댁 한산 할배 마을회관 마룻바닥에
소금 절은 양 등줄 꺼지게 누운 마을
토광 옆 마늘 종다리는 무슨 힘으로
아침저녁 울컥벌컥 잘도 돋는데
한때 마흔 이젠 스무 집 어른들
집집 다 버리고 마을회관 두 방

문지방 내외하며 자고 먹는 풀나라
굴 양식 뜰것이 아침마다 허옇게
저승길 종이꽃처럼 피는 바다
그 먼 나라를 아시는지 여쭙습니다.

—「풀나라」

오늘날 바다 현실은 그대로 섬의 현실입니다. 섬의 현실은 바로 우리 삶의 축도이기도 합니다. 더는 잡을 고기도 사라지고, 기력 좋게 고기를 잡을 배도 젊은이도 떠나 버렸습니다. "이름 잊혀진 채 그저 풀로만 불리는" 갖가지 풀처럼 이제는 한가지 모습으로 참혹하게 망가지고 버려진 섬살이입니다. 그런 모습이야말로 우리 현실을 무엇보다 환하고도 비극적으로 들내 주고 있다 하겠습니다.

마무리

저에게 섬은 아직까지 뭍을 그리워하고, 무테 삶을 잠시 되새겨 보기 위한 한 과정장소이기 쉬웠습니다. 그러니 갯기슭을 발바닥으로 그리며 오래 떠돌거나, 물안개 머리 두는 뭍 쪽으로 눈길을 주기도 합니다.

발바닥으로 그린 바다
파도밭 고랑마다 봄멸치 들고
물안개 머리 둔 뭍 쪽에서는 장닭 울음소리 여물었겠다.

—「사슴섬 4」

바다는 잔돌이 밟히고 두렁콩이 파랗게 이랑 고랑을 이루는 '파도밭', 곧 뭍과 다를 바 없는 삶터이기도 합니다. 섬은 그 '밭'을 일구고 돌아오는 뭍사람의 집처럼, 삶의 친밀장소로, 중심으로서 제 앞에 열려 있습니다.

갯쑥이 웃자란 모래 두둑을 따라
길은 산뿌리까지 가서 끝을 둘로 갈랐다
말똥게 구멍이 머금은 건 날물인가
굴쩍에 올라 앉은 볕살이 희다

보리누름 자란바다 감싱이* 들고

푸른빛 단청 하늘엔
상날상날 배추나비

배 끊긴 솔섬에선
때 아닌 울닭 소리.

*감성돔의 지역말.

—「솔섬」

섬은 무테 사람 논리와는 다른, 바닷사람 논리가 살아 있는 자리이기도 합니다. 무테 사람은 땅을 차지하고 넓히고 빼앗으며, 땅주인으로서 행세합니다. 그러나 바닷사람은 바다가 모든 소유로부터 벗어나 있다는 사실을 누구보다 잘 압니다. 왜냐하면 뭍은 가르고 나누기에 알맞지만, 바다는 그 요소가 부드러운 물이며 또한 드넓기 때문입니다. 이 탓에 바다는 반항하는 자유의 항해 공간이기도 합니다. 배가 한 번 지나가면 바다가 그 자국을 깨끗하게 지워 버린다는 사실을 바닷사람은 결코 잊지 않습니다.

이제 섬은 무한 자유의 한가운데에 놓인 한 상징이라 일컬음을 받을 만합니다. 이저리 흩어져 여름 장맛비를 피하고 있는 남녘 바다 섬들. 섬은 새로운 현실 개방과 자유로운 복숨에 대한 전망이 비롯하는 첫자리가 될 터입니다. 그래서 우리나라 모든 섬의 포구는 오늘도 그리 설레는 아침 뱃길을, 아침 물살을 마련하고 있는가 싶습니다.

(『제9차 제주국제협의회 학술대회 발표문집』, 1998)

낙동강 들품에서

낙동강이 망가졌다 하셨습니다. 더 위쪽에 공단이 들어설 예정이어서 더욱 망가질 일만 남았다 이르셨습니다. 그러나 낙동강은 예부터 망가져 있었습니다. 너른 한길을 따라 남으로 남으로, 기관총을 진 아버지가 쫓겨 가셨을 때에도, 마른버짐 허옇던 어린 벗이 항문을 열어 놓고 얼굴을 물밑에 묻은 채 팅팅 불어 떠올랐을 때도 낙동강은 그 깊은 데부터 다치지 않은 데가 없었습니다.

그 아침 아버지와 함께 현풍 외가에 드나들었던 어릴 적 기억이 새삼스럽습니다. 어질머리 낙동강 돌벼랑을 돌아 드디어 적포나루에 닿았을 때는 하루해도 이마 위로 떠오르고 난 뒤였습니다. 그리고 한 자 키 잉어가 버들가지에 아가미를 꿰인 채 그 먼 길을 글썽글썽 따라와 주었을 때에도, 외갓집 아궁이를 나선 비린 잉엇국 냄새가 저녁 늦도록 탱자나무 삽짝까지 적셔 댈 때에도 낙동강은 망가져 있었습니다.

제 시 첫머리부터 낙동강은 모자람 없이 큰물로 넘쳐나면서 벌써 망가져 있었습니다. 등단 작품인 「미성년의 강」이 일찌감치 강의 죽음을 노래하고, 허무를 말했던 일은 청년기의 막연한 슬픔 탓만은 아니었습니다.

산과 들이 한가지 모습으로
무덤을 이루어 있는 강안에 서면
우주의 능선에 달이 뜨고
까칠한 욕망의 투구를 흔들면서
나는 빛나는 스물의 갈대밭, 또는

—「미성년의 강」 가운데서

이라 중얼거렸을 때, 저는 영락없이 구포거나 하단까지 밀려 내려왔어도 낙동강 큰 줄기 속에서 제자리를 잡지 못해 빙빙 떠돌았던 황강 줄기였습니다. 하나로 모이고 나뉘면서 흘러온 천삼백 리 모진 물길 곁에서, 저는 도시의 밤 불빛을 등으로 받으며 가라앉았다 떠올랐다 쿨럭거리던 갈대밭이었습니다.

기다려도 오지 않는다, 강에는
누울 자리가 많아 생각이 잦고
아들 자랑 손자 자랑 어쩌자고 키만 자라는 갈대밭 어귀
키운 자식 모래무지처럼 물밑에 묻고 난 애비가

하릴없이 그물코 사이로 물비늘을 뜨고 있다.

—「투망」

세월없이 「투망」을 되풀이하고 있었던 명지 끝자리도 이제 허물어지고 망가져 버린 풍경만 스산하게 되풀이하고 있습니다. 털게의 지름길, 개개비 움막이었던 「명지 물끝」이 이제 한 장 흑백 슬라이드로 저녁노을 속에 걸리고 있습니다. 그 깊은 뒤쪽에서부터 바람은 신라에게 나라를 빼앗기고 물러섰던 가야나라 마지막 구형왕의 쓰린 숨소리를 흉내 내고 있습니다.

새벽녘 물가에는 태어나지 못한 아이들을 앞세운 채 나무관세음보살 나무관세음보살 전생의 탑돌이를 마저 떠나는 어머니도 한 무리 이른다 하셨습니다. 「가락기」를 좇아 떠돌면 낙동강은 커다란 똬리를 푼 채 소금빛 땡볕에 뜨겁게 말라 가는 기왓골 능구렁이었습니다.

어느덧 낙동강 들품 그 끝자락에 머문 지도 서른 해를 훌쩍 넘었습니다. 「김해군 주촌면 내삼 관동댁」이 아적 내내 떠돌았을 칠산 들도 다시 한여름을 준비하고 있을 터입니다.

배 떠난 녹산나루
기름꽃 뜨고
먹장어 붕장어 한 소쿠리
어머니 대목장 바삐 가신 뒤

나만 보면 옆걸음 치는 똥게들 따라
부부 불며 온다 갈대밭
하얀 풍선껌.

—「설대목」

지난 해 「설대목」에 뵈었던 어머니 어두운 눈 밑에도 낙동강 파꽃 같은 맑은 행복이 머물 자리는 있다 여기겠습니다. 오늘도 갈대꽃 부드러운 솜가슴을 두근두근거리며 누이들은 낙동강 들품을 버리지 않았다 믿겠습니다.

맑은 날의 하늘과 푸른 언덕 가까이 한 번의 사랑으로 잃어버린 마음이 그리워 하루 내내 하루 내내 물매암 도는 소금쟁이의 동리가 있다.

—「문림리」 가운데서

굽이굽이 낙동강을 거슬러 오르면 닿을 고향 「문림리」에 아직도 길 잃은 그리움이 남았는지 궁금하다 하셨습니다. 어느새 큰 용서보다 작은 배신을 거듭할 수밖에 없을 가소로운 마흔 나이. 어쩌자고 낙동강은 모든 세상으로 나서는 첫길이며, 또 마지막 길이고자 하는지 궁금하다 이르신 줄 알겠습니다.

(『문학도시』, 1998)

시인이 되고 싶은 청소년에게

문학은 세상을 다르게 말하는 말글 양식입니다. 뒤집어 내놓고, 비틀어 말하고, 새롭게 보는 일입니다. 문학은 그 일을 빌려 사람들이 놓쳤거나, 잊어버렸거나, 숨기고 있는 참을 찾아내고 되살려 우리에게 모자람 없이 일깨워 줍니다. 그리고 그 과정에서 자연스럽게 전통과 관습을 이룩합니다. 문학을 바람직스럽게 즐기기 위해서는 그것을 먼저 익힐 필요가 있습니다.

문학은 세상 속에 글쓴이를 굳건히 세우는 일이기도 합니다. 사람이 지닌 가장 큰 한계는 유한한 시공간 존재, 곧 언젠가는 마음이 흐름을 그치고 몸이 분해될 수밖에 없을 존재라는 데 있습니다. 그에 맞서 이길 수 있는 여러 길을 사람들은 오래도록 생각해 냈습니다. 문학 창작도 그 가운데 하나입니다. 작품이나 그것으로 엮은 책이란 오래 사라지지 않도록 마음을 붙박아 둔 집이라 하겠습니다.

그러니 그 집이 늘 삶이란 무엇인가, 어떻게 살아야 하는가라는 물음과 답으로 채워지게 되는 것은 당연한 일입니다. 시는 그러한 물음이나 답을 여러 문학 갈래 가운데서도 상대적으로 압축하고 줄여서 말하는 특성을 지닌 갈래입니다. 시시콜콜 다 말하지 않으면서 하고픈 뜻은 더 드러내겠다는 모순된 언어가 시인 셈입니다. 소설과 달리, 그 말하지 않은 자리를 머그림(상상력)을 빌려 채우고 늘여 가는 일이 시를 읽는 첫걸음이 되는 까닭이 이에 있습니다.

먼 예부터 시는 개인에게나 집단에게나 예언이었습니다. 승리를 기리는 송가였으며, 패배를 받아들이기 위한 비가였습니다. 향기로운 삶에 도취하는 찬가였고, 절망하는 신음소리기도 했습니다. 시는 세상을 조절하고 정화하는 도구였다 하겠습니다. 오랜 역사를 거치면서 겉모습이 크게 바뀌었음에도, 시가 지닌 큰 뜻은 결코 줄어들지 않았습니다.

게다가 젊은 시절, 취미로 즐기는 시창작도 중요한 뜻을 지닙니다. 왜냐하면 시는 불안정하고 막연한 세상과 맞서고 화해해 가면서 겪는, 생생한 배움과 깨달음의 자리이기 때문입니다. 모름지기 시쓰기는 세상을 이해하고 세상에 적응해 가는 계기며, 이음매가 된다 해서 틀리지 않을 것입니다. 변화에 대한 믿음과 창조하는 자유는 오히려 덤으로 얻게 되는 즐거움이라 하겠습니다.

세상에 높낮이가 없다면 물은 소리를 내지 않을 것입니다.

마찬가지로 이 세상의 삶이 평등하고 평화롭다면 다양한 시의 목소리가 세상을 울리지 않을 것입니다. 힘껏 가꾸어 나갈 아름다움이 우리 속에 있고, 공들여 이르러야 할 가치의 세계가 우리 앞에 있는 한, 시는 숨결과 숨소리를 그치지 않을 것입니다. 여러분, 귀한 삶의 긴 여정을 시와 더불어 시인이 되어 나누지 않으시렵니까?

(1997)

『열린시』

『열린시』가 발족한 때는 1980년 3월이었다. 그 앞서부터 알고 있었던 터라 이윤택·강영환·엄국현·박태일 네 사람이 뜻을 같이해 동인지 『열린시』 1집을 내는 데는 그리 오랜 시일이 걸리지 않았다. 물론 동인 서로 진지하게 가능성을 꼬나본 뒤였다. 2집부터 연락이 닿았던 강유정을 맞이하여 다섯 사람이 여태까지 세 해 동안 동인지 7집, 총 250편을 넘는 시와 의욕적인 장시, 논문을 실었다. 적지 않은 양이다. 그러나 많은 동인지가 양적 확대를 유행으로 삼고 있는 터라 우리가 지닌 자세는 우직스런 점이 있다. 폐쇄적이라는 비난에도 동인 수에 있어서 2집 뒤부터 한결같을 수 있었던 점도 우리가 지닌 느긋함과 우직스런 단면을 보이는 일이다.

적지 않은 시를 내놓으면서 우리는 서로서로 닮아 갈 수 있을 위험을 늘 조심했다. 말하자면 이른바 에꼴이라고 말하는 바깥의 단세포적인 바람을 의식적으로 배신해 오고 있었던 셈이다. 이 점을 이윤택은 '묘한 부조화'로 쓰고 있다. 이러한 부조화 현상이야말로 다양성이라는 적극적 가능성을 위한 한 디딤돌로 뜻을 같이했던 점이다. 열림이란 닫힘이라는 상대 개념을 준비한 말이다. 우리는 당대 한국시뿐만 아니라 동인 서로에게까지 열려 있고자 했다. 그래서 1집 「동인의 말」에서 이렇게 썼다.

> 민감한 정신의 성감대를 지닌 시인들의 자유로운 예술 공간을 위하여 우리는 한 시대에 갇혀 있기를 거부한다. 각각 다른 개성의 빛깔은 하나의 에꼴을 지향하기에는 어려운 점이 있으나 시정신의 변증법적인 발전을 도모하기에는 좋은 것이라 생각되었다. 열린시는 그러므로 다양성과 모순의 도가니에서 솟아오르는 시를 의미하게 될 것이다.

이러한 생각은 2집 「동인의 말」에서 속살을 더해 "열린시는 이러한 시의 다양성에서 사물을 보는 방식을 새롭게 눈뜨고자 하는 것"이라 한 다음, "다양성이 안고 있는 모순을 해결하여 시의 질서로 종합하는 힘을 변증법적 상상력"이라 이름 붙였다. 이때 '사물'이란 많은 내포를 지닌다. 이렇듯 복합적인 뜻그물을 준비한 데는 우리 삶이 단순할 수 없듯 시가 단순할 수 없다는 자각의 결과였다. 이러한 자각은 3집 「동인의 말」에서 짚은 의식의 '자유', 4집에서 밝힌 "삶에 대한 시적 탄성"이라는 우회 표현을 거치면서 반성을 거듭하였다. 이 점은 7집에서 엄국현이 책임 발언으로 밝힌 바와 같이 오늘날 동인지들이 나아가는 길을 "전체주의자의 시로 진단"하면서 "열린시는 시의 민주주의를 부르짖는 소집단 운동의 성격"을 지닌다는 점을 빌려 더욱 뚜렷이 했다.

이러한 여러 단언은 『열린시』를 "닫힌 사회 속에서" 나아갈 "하나의 유토피아"라는 잠정적 가능성에 묶어둘 수밖에 없는 우리의 고민을 드러내는 한 방식이다. 정직하다는 뜻은 자신이 지닌 전망 안에서 오롯이 '보고'하고 '표출'한다는 것이다. 모두를 보고 모두를 이야기하는 일은 불가능하다.

우리는 시인이 참여자가 아니라 참여관찰자라는 점을 놓치지 않는다. 그리하여 이 시대 여러 시적 전망의 건실한 폭발을 꿈꾸고 있다. 말하자면 '열린시'를 쓰고 있는 것이 아니라 '열린' 시라야 한다는 드높은 기대 수준으로 열정을 열어 놓고 있는 셈이다. 부조화 사제가 아닌 부조화한 울림의 고통스런 공명과 절망. 동인 낱낱이 정직한 시적 울림 공간을 넓고 깊게 하리라는 믿음은 오랜 만남을 더욱 뜻깊게 한다.

강영환이 보여 주는 시는 건강하다. 시의 건강함은 삶에 대한 강한 긍정을 전제로 삼는다. 그에게 있어서 적은 늘 뚜렷하다. 그리고 그는 그의 적, 그만의 적이 아니라 참되게 살려는 모든 사람의 적에게 날카롭고도 당당하게 맞선다.

옆으로 누워 드는 잠은
무너지기 쉽다.
엎어져 버리거나 뒤집어져 버리거나
잠이 끝날 때까지는
자주자주 목이 마른다.
이웃의 어깨 너머로 보이는 이웃들의
엎어지지 않고 뒤집어지지 않고
용케 드는 잠
이웃과 이웃의 어깨에 부딪혀
끈끈한 위무 속으로 나른다.

—「칼잠」 가운데서

삶의 위안을 꿈꾸는 단단한 풍유를 그의 시에서 읽으면서 우리시가 나아가야 할 한 자세를 확인한다.

엄국현은 차거운 지식인이 되고자 한다. 그에게 있어 지식은 반성적 자아와 이상적 자아 사이 폭넓은 갈등 공간을 뜻한다. 그 속에서 그는 허수아비가 되지 않기 위해 노래한다. 사상의 자유가 없는 한 '열린시'를 쓸 수 없다는 자각이 그의 시에서 민감한 상처로 드러나는 까닭이다. 그리고 그 상처는 아름답다.

울타리를 치겠습니다. 그냥 가면 잘 가라고, 잡을 수도 없지만……스쳐가는 자, 잘못 사는 자들

…(줄임)…

그대를 위해 삽짝을 만들겠습니다. 소리 없이 열고 나를 만나러 오십시오. 내 손바닥을 보여 드리겠습니다.

—「독자에게」 가운데서

강유정은 드문 시인이다. 깨달음에 대한 철저한 미분과 그 높이는 그가 지닌 희귀함을 더욱 눈여겨보게 만든다. 그는 불과 물을 한 순간에 묶을 수 있을 눈매를 갖추었다. 그런 힘이 그로 하여금 단순한 경귀나 들먹이는 시인들과 나뉘게 만드는 새로움이다.

남쪽 별자리가 바뀐 뒤에
한 잔에 꽃 하나를 피우려 할 뿐인
술 취한 밤이면
내 뱃속의 개울들이 바자원 이승이 되어
문득 시린 무릎으로 앞산이 망연하다.
기제사인 어느 집에서 연기가 오르고
그 연기가 겹쳐 저승을 이루는
창연한 별자리를 꽂인 듯 본다.

—「산방일기 19」

이윤택이 노리는 것은 부권 사회의 모순 인식과 그 거부다.

그것은 이미 망가지고 다친 이의 '탈'을 끌어들여 절규라 할 만큼 섬뜩함을 극화한다. 그는 좌충우돌 벤다. 시가 가야할 길이 그곳이라면 그곳마저 밀어 버린다.

> 끝없이 푸른 담배연기 속으로 잠입하는 얼굴 한쪽 소리없이 갈라진다. 절개된 틈 사이 열리는 밤 풍경. 그는 검을 닦아내고 있다. 칼 끝 세워 알전등 불빛에 비춰 보면서 적의의 강도를 확인한 후, 끝없이 푸른 담배연기 속으로 잠입했던 얼굴 한쪽 소리없이 닫혀진다.
>
> —「끝없이 푸른 담배연기 속으로」 가운데서

박태일은 화해의 감수성을 바탕으로 농촌 회귀적 삶에 대한 앎을 목록화하는 일을 보여 준다. 이러한 태도는 삶의 모멸과 애증으로 말미암은 싸움을 먼 거리에서 받아들이겠다는 자기 절제 노력으로 이어진다. 말하자면 그는 은밀한 자세의 미학을 꾀하는 셈이다.

> 떠밀린 가지 너더댓
> 다른 가지에 기대어
> 몸을 턴다
> 거룻배가 물어 올리는 강폭
> 발치로 산 하나 다시 넘기며

아내와 자식들

배경으로 날아가는 기러기

—「월동집」 가운데서

동인의 맵시가 그런대로 쉽게 드러나는 시줄들을 짧게 옮겨 보았다. 이러한 방법이 『열린시』 동인의 다양함과 그 다양함 속에 녹아 있는 정신의 너비를 잘 드러내지 않을까 싶었던 까닭이다.

『열린시』는 시의 민주주의, 이 시대정신의 화해와 불화를 아울러 겨냥한다. 우리는 낱낱으로 하나씩 동인지를 갖고 있는 셈이다. 『열린시』에서 시류적 에꼴을 찾으려 해도 뜻있는 일일 것이다. 그 일이야말로 우리시의 가능성을 반성, 투시하는 노력이라는 값진 성과를 약속하리라. 『열린시』는 소극적으로 당대적이나 적극적으로 미래의 동인이다.

(『문예중앙』, 1983)

홍게가 끌고 다니는 바다 밑 달빛 길

지난 두 봄을 거치는 동안 여러 모로 바빴다. 그러면서 한쪽으로는 마음이 느슨해져 있었다. 세 번째 시집 『약쑥 개쑥』*을 내놓은 뒤라 숨을 좀 골랐으면 했으나, 평소답지 않게 여러 일에 부대낄 기회는 더 잦았다.

1995년 5월부터 1996년 4월까지 내놓았던 신작시는 아래와 같이 열 편이다. 「우포」(『신동아』 8월치), 「광음이 흐르는 물과 같이」·「양산천」(『동서문학』 가을치), 「무척산 1」·「무척산 2」·「무척산 3」(『현대시』 11월치), 「이밥풀」·「눈먼 그대」·「봄치레」(『시와 시학』 겨울치), 「무척산 4」(『샘이깊은물』 12월치).

---

* 몇 군데 서평에서 다루어 주었다. 구모룡, 「삶의 가락, 서정의 깊이」, 26회 국제문예광장, 국제신문사, 1995. 6. 29; 진창영, 「전통과 서민적 정서의 총체적 감각화」, 『열린시』 8월치 ; 전정구, 「마음의 풍경」, 『창작과비평』 가을치; 홍용희, 「꽃의 산조」, 『문학과사회』 가을치 ; 최영호, 「견고한 말의 심연」, 『시와시학』 가을치.

타고 목포 걸어 우포
사람들은 우포를 이미 잊었다
죄 떠난 탓이다 부산에서
간이 망가져 들어온 중늙은이
옴마니반메훔 옴마니반메훔
진언만 넘나드는 신반 댁 할머님
한 등성이 사이로 저녁 불빛을 나눈다
집 건너 집이 한때 반백을 넘고
대사며 장날엔 한 차로도 모자랐는데
장타령으로 즐겁던 이방 양반도
이방장도 묻혔다 그쳤다
자운영 붉은 꽃빛은 언덕까지 치받고
아카시아 내린 무덤들은 벌써
위아래 뗏빕 서로 뒤섞는다
타고 목포 걸어 우포
우포에 우포 사람 없고
움머움머 황소개구리만
봄밤 지샌다
봄밤 운다.

—「우포」

우포는 경남 창녕에 있는 큰 못이다. 우리나라 못 가운데서 아직까지 더렵혀지지 않은, 그래서 습지 식생이나 생물 종을 잘 지켜 온 곳으로 알려졌다. 그러나 이미 거기에도 이국종 황소개구리가 들어와 있었다. 놀라운 일이었다. 이저런 느낌을 「우포」에 담았다.

「광음이 흐르는 물과 같이」는 「봄치레」와 함께 우리 전통 말글 양식을 짜깁기하려는 뜻 아래 쓰고 있는 무리에 넣을 작품이다. 「눈먼 그대」는 백제나라 도미의 것이라 알려진, 진해 안골 바닷가 무덤을 글감으로 끌어 온 시다. 도미 처가 앞서 죽어 묻힌 도미에게 말을 건네는 짜임새를 갖추었다. 지나간 시간의 긴 부챗살 속으로 들어서는 일은 언제나 새롭다.

그대 눈먼 그대로 묻히셨는가
새로 핀 도라지밭 남녘 물살 예사로 덮쳐도
우리 내외 더듬어 보듬어 내려온 바다*
깍지 낀 섬들이 물길을 막고
징징 돌멩이를 던지던 갯가 사람들
세상 서러워도 제 땅에 나라마저 잃어
쫓겨 구르던 마음 곰나루는 여기서 먼 데
붉은 솔뿌리 한 골짝 건너서고
겹겹 조개무지 다시 텃밭을 이루어도
기껏 백제정승도미처정렬부인 그 이름 지키기 위해

남아 욕된 것 아닌 줄 그대 아실 일
남녘 바다 바라보며 다시 감긴 눈
그대 바이 뜬 바 없이 두고 온 하늘 더듬나
더는 물러설 데 없이 뺏기고 앗긴
안골 옛 저잣거리 젓독마냥 곰삭은 세월
마음 없으니 머문 이십 년이 매양 하룻잠
살아 서럽네 울컥울컥 솟은 흙무덤 다 고향집 같아
엎어지다 미끄러지다 여태
그대 눈먼 그대로 누워 계신가.

* 가덕섬이 막아 주고 있는 녹산 안골 언덕바지 솔숲에는 먼 옛날 네나라시기, 백제에서 쫓겨난 도미와 그 아내가 함께 묻힌 것으로 알려진 큰 무덤이 하나 있다. 1950년 경인년 난리 뒤까지도 가끔 나라 안 도 씨 분들이 묘사를 왔다고 한다. 요즘도 더러운 힘에 쫓겨 다니는 사람이 한둘은 아니건만, 도미 그 내외 참 멀리도 흘러왔다.

—「눈먼 그대」

무척산은 경남 김해 생림면에 숨어 있다. 무척無隻이라는 이름 그대로 우리나라 산 가운데서 큰 대간이나 정맥과 같은 여느 뫼줄기에 들지 않고 홀로 돋아 오른 산이다. 그래서 산꼭대기에는 겨레의 으뜸 부리인 백두산과 마찬가지로 천지天池라는 이름을 지닌 큰 못이 있다. 나라 안에서는 산꼭대기 낚시를 할 수 있는 오로지 한 곳일 듯싶다. 통천사通天寺 절자리도 남아 있다. 게다가 가야나라 허왕후 전설을 품은 모은암母恩庵이 산자락에 앉아 뜻있는 풍광을 이룬다.

한 굽이 돌멩이 굴리고
또 한 굽이 톡톡 밤송이 찬다
외로 돋은 멧발 무척산 꼭대기
하늘로 오르다 머문 천지 물이 아슬아슬 찬데
잉어들은 천수경도 치는지
붉은 머리 억새로 짐작하는 통천사
옛 절터 나직한 예불소리

십 리 바깥까지 뒤따라와
낙동강 맨살에 슬쩍슬쩍 끼어드는.

—「무척산 1」

겨울 아침 고드름처럼 긴장해 매달린 말버릇에서부터 그만 내려서고 싶다는 생각을 한다. 녹고 녹아서 마침내 몇 줄로 앙상하게 매달려 있는 시줄. 어차피 말에 대한 완전한 권력 누리기는 이루어질 수 없을 일. 그 점을 받아들이고자 하나 마음이 편치 않다. 두 봄을 거치는 동안 줄글 몇 편을 마무리했다.

논문만 둘 든다. 「이순신담론 연구 1—근·현대 역사가사를 중심으로」와 「현대문학과 생태학적 상상력」이 그들이다.

「이순신……」은 근대문학에 나타나고 있는 이순신상을 따지고자 하는 공부거리 가운데서 처음으로 마무리한 것이다. 1970년대까지 읽혔던 역사가사, 곧 왕조한양가계 갈래가 지닌 끈질긴 힘을 확인하고 그들 작품에 대한 실증에 이르는 일에서부터 소박하나마 뜻을 찾고자 했다.

기획 논문으로 쓴 「현대문학……」은 여느 사람과 달리 종이 낭비가 많은 나로서는 다루기 부끄러운 문제. 나부터 마음을 가다듬고 몸을 다져야겠다는 생각으로 글을 이끌었다. 생태문학은 마침내 지역 시민활동과 맞물리면서 미학적 급진주의로 나갈 수밖에 없음을 밝혔다.

그러고 보니 시 창작보다 줄글에 더 번잡스럽게 묶여 있었다. 게다가 몇 군데 문단 일에도 드나들 기회가 있었다. 『오늘의 문예비평』 동인이 이끄는 자리에 나서 내 시를 두고 나누었던 정담, 고향 '합천문학회'가 이끄는 두 차례 모임에 드나들며 '장소사랑'과 '소지역문학이 할 일'에 대해 생각을 나눈 일. 황강 가를 거닐며 신라 백제보다 훨씬 앞선 시기 민무늬 질그릇 손잡이를 찾아 만져 보고 돌려 보며 아득한 세월의 숨구멍을 들쑥날쑥거렸던 즐거움을 덤으로 얻었다.

1995년 봄에 가졌던 동해안 여행도 즐거웠다. 김명인 시인이 이끄는 대로 울진군 그의 고향 집에 잠자리를 정해 두고,

젊은 문인들과 가까운 유적·풍광을 둘러보며 보낸 시간이었다. 황동규·이하석·이동순·송재학·장옥관·하응백, 그리고 나. 「이밥풀」이라는 짧은 시는 김명인 시인 자당께서 손수 삶아 마련해 주신 이밥풀 너른 쌈과, 홍게에 대한 기억을 담은 작품이다.

성민기도원 직산마을 평해면 울진군 경상북도는 지난밤 빗물 웅덩이에 비스듬히 올라앉았다 박태기 한 그루 붉게 목을 달구어 문간을 빼죽이 내다본다 녹 쓴 종탑을 애써 닦으면 먼 데 백암산 솔잣새도 내려앉아 두리번거린다 어 여기 기도원이 있네 그렇다 기도원은 예부터 있었고 이밥풀 푸른 심줄로 몰려다니는 종소리도 있다 어머님 이밥풀 쌈으로 힘을 보태시고 오늘도 남은 시름을 갈무리하듯 비녀 단정하니 장독 마당으로 내려서시면

살풋 동해 물살이 떠밀어 온
보름 큰 달.

—「이밥풀」

값비싼 대게 못지않은 홍게 맛이 일품이었다. 달이 차고 이지러지는 일에 무엇보다 민감한 생물이 게라는 점은 널리 알려진 사실이다. 특히 깊고 너른 동해 물바닥에서 달빛을 먹고

자랐으니 그 맛을 어디에 견주랴. 캄캄하던 물기슭에서 보낸 두 밤, 홍게가 이끌어 준 불그스레한 달빛 길을 따라 이야기와 노래는 흘러 흘러 어디까지 이어졌더라?

(1996)

몽골몽골몽골

이미 나온 몽골 기행문집 가운데서는 두텁기를, 그리고 가장 많은 장소를 다룬 것이었으면. 생뚱한 바람이었지만 다른 이가 비슷하게 되쓰기 쉽지 않을 책이라는 됨됨이도 특징이라면 특징일 터. 그래서 서둘러 452쪽 『몽골에서 보낸 네 철 : 이별의 별자리는 남쪽으로 흐른다』 한 권을 내고 짐을 벗었다. 두어 해 앞선 봄날, 7시를 갓 넘긴 아침 시간에 남녘 갯가 내 연구실을 약속도 없이 찾아와 만났던 도서출판 경진 양정섭 이사와 얽힌 인연이 일을 그리 끌었다. 기행문집은 꾸준히 팔리는 쪽이라 하니 출판사에서 큰 손해야 보겠는가. 한 권 두 권 나가다 보면 초판은 어떻게 마무리되리라. 그런 생각으로 전면 색조 인쇄를 고집하며 내가 내민 두터운 원고와 사진을 젊은 양 이사는 두말없이 받아 들었다.

그렇게 분에 넘치는 기행산문집 한 권을 내놓고 몽골에 대한 빚은 어느 정도 갚은 셈 쳤다. 친절하던 눈빛들, 어쭙잖은 수업에도 잘 참아 주었던 몽골 학생들의 웃음, 먼 들로 마냥 내려서던 강줄기가 파랗게 꼬리를 쳐 갑자기 내 어깨로 올라앉는 놀라움. 황사 떠도는 역두에서 사 마셨던 싼 사이다 부푼 단맛. 흰 소젖차 위에 몽골몽골 뜨는 푸른 하늘과 들, 걸음길을 짐작할 수 없었던 집짐승 떼. 사막에 대한 막연한 기대도, 먼 곳에 대한 드넓은 그리움도 그렇게 덮어 두기로 했다. 그리고 또 한 철.

이제는 몽골시로 마음을 넘겨 놓고 있다. 몇 해 걸릴 터이지만, 좀 더 깊고 너르게 몽골을 만날 수 있으리라. 저 홀로 다친 절망이었다, 몽골은. 손 닿지 않는 고독이었다. 그리고 미지. 나는 아직도 몽골 하늘을, 들을 마구 밟고 싶다. 그래서 나는 몽골로 떠난다. 아침에 떠나고 저녁에 떠난다. 마음이 마냥 구겨질 때, 헛되이 삶에 모가 진다고 여겨질 때 나는 떠난다. 그때마다 몽골은 한결같이 나에게 낯선 그리움일 따름이다. 건너다보는 아름다움. 몽골은 언제까지나 나를 난처하게 만드는 함정.

이즈음 시의 환경이 부쩍 달라졌다. 전자영상 시대에도 인쇄출판 시 매체는 겉으로 더욱 늘어나고 번성한다. 시가 터 잡은 경계 곳곳이 허물어지고, 층위 또한 여럿으로 뒤섞여 옥석이 따로 없다. 높낮이가 느껴지지 않는다. 시인 아닌 이가 없고 좋은 시를 강변하지 않는 것이 드물다. 이 놀라운 시의 팽창력과 구성력이 그저 놀라울 따름이다. 그런 가운데서 분명한 사실이 있다면 거의 모두 이미 만들어진 듯한, 앞선 시를 빌려 시를 쓰는 분위기라는 점이다. 그래서 더욱 시시한 자기 재귀적 서정. 시가 새롭게 삶을 창조하거나, 삶에서 시를 창조하고 있다는 믿음을 주지 못한다. 밋밋하고 고만고만하다. 대중매체 재생산 구조의 그물에 얽혀 능청능청 즐거워 보이면서도 무기력한 발걸음, 칙칙한 여름 빗발에 바짓단 적시기.

그리고 내 시. 어느 짧은 텔레비전 프로그램이었다. 국수 장수가 나와 자신은 국수에 목숨을 걸었다는 말을 당당하게 밝히고 있었다. 얼마나 가슴 아린 말인가. 나는 시에, 문학에 무엇을, 얼마나 걸었던가. 그들에게 보답해 줄 일이 없다. 불쌍한 내 시. 시를 위해 모자를 사다 줄까. 아이스크림을 먹여 줄까. 영화관에 데려다 줄까. 반바지를 입혀 줄까. 아예 목을 졸라 줄까. 나는 내 시를 위해 무엇을 했던가. 가슴을 막막하게 후비는 말, 목숨을 걸었다니. 그래도 나는 나를 용서한다. 좀 더 높이 올라 멀리 보라. 세상은 너무 높고 마냥 많다. 시 또한 너무 큰 미지다. 그 미지의 시는 내가 몽골에서 본 숱한 낯설음과 한가지. 몽골몽골거리는 길에서 떠나보냈던 숱한 시간의 발굽 소리, 명리도 허욕도 슬픔도…….

나는 걷는다, 더운 골짜기 여름을 뛴다. 서서 발바닥 가운데를 가만히 모서리 돌에 비빈다. 실핏줄 어느 것은 잠시 흥얼거리리라. 그 가볍고 부드러운 느낌이 좋다. 오래 묵은 낙엽을 깔고 풀숲이 파랗다. 어차피 질 것이 뻔한 다툼도 피하지 않으리라 했던 세월이었다. 이기고 짐이 어찌 당장 눈앞 이해관계로

만 묶일 것인가. 나는 믿는다. 막장과 같은 캄캄한 시의 벼랑에 서서 그만 뛰어내리리라고 목소리만 높였던 나날. 그럼에도 더 많이 시 때문에 위로 받았던 아침. 몽골 푸른 하늘은 언제나 내 막막함과 어처구니없음을 용서한다, 용서한다고 다독거린다.

(『시안』, 2010)

2부

자작시 풀이

미성년의 강에서 성년의 바다로

— 등단작을 말한다

얼음골 골짝에는 모기가 없었다. 비단개구리도 청개구리도 죄 사라졌다. 저물녘 얼음골 도랑엔 물길 질척였다. 흘러내렸다. 도시 번호판을 단 차에서 내린 사람은 바퀴를 한 번 더 씻었다. 하얗고 하얀 세상이었다. 제약산 등성이가 비를 맞고 있었다. 어느 곳에서 버려진 미리내를 져다 나르는지 제초제가 코를 때렸다. 풋사과는 풋풋한 그대로 툭툭 떨어져 입이 문드러졌다. 더 자라긴 틀렸다.

도랑물은 기웃기웃 밀양 시내까지 내려가 볼 참인가. 장구애벌레를 죄 녹인 물이었다. 내일 아침이면 닿을 수 있으리라. 청소년 문학캠프가 열리고 있는 얼음골 동림재. 모기 사라진 마을에서, 밤늦도록 노래를 부르고 박수를 쳤다. 아빠는 풍각쟁이 풍각쟁이야, 소녀답지 않은 학생들 노랫소리에 끼어 앉아 내 밤도 왼쪽 오른쪽으로 자꾸 기울었다. 유리에 베인 듯한 쑥 냄새가 비릿했다. 낙향한 소설가도 함께 기울었다.

남해 욕지섬으로 가는 배에 오른 때는 얼음골을 다녀온 며칠 뒤였다. 욕지중학교 교정에 팔손이 잎이 무성했다. 학생은 아직 어리거나, 그렇지 않으면 너무 자라 있었다. 뭍으로 유학은 못 떠났지만 그래도 한 군데 섬 학원에서 과외까지 받는다 했다. 마늘, 고구마 걷이가 해마다 줄어든다는데 읊는 시에는 힘이 있었다. 마른버짐도 풋풋했다. 고래머리라는 곳에서도 다시 십 분을 더 들어가야 집이 있다는 남이.

아침저녁으로 담임교사가 차로 데리러 갔다 오는 학생. 할머니와 둘이 산다는 집 앞 파도밭에 눌러앉은 양식장도 남이네와는 관계가 없었다. 욕지섬에서 하나뿐인 여관과 목욕탕은 한 때 흥성거렸을 골목 끝자락에 있었다. 군데군데 마을 집은 속을 비웠다. 들머릿길을 쑥대로 숨겼다. 물고기건 사람이건 한 번 비운 자리로 되돌아들기란 어려운 법. 불쑥불쑥 흰 보자기처럼 섬을 덮치는 바다 안개엔 여름 끝자락이 업혀 있었다.

불모. 올 여름 밀양 얼음골과 남해 욕지섬에서 만난 풍경은 아프다. 그리고 스무 해도 더 지난 1970년대 후반, 그 가을과 겨울에 나는 아팠던가. 열중해서 아팠고 막막해서 아팠던가. 세상 앞에 당당히 나설 수 없는 이들 삶은 어디서나 어느 때나 슬픔을 비늘처럼 껄끄럽게 세우며 살 마련이다. 그때나 지금이나, 물길은 늘 넘친다, 미성년의 강에서 성년의 바다로. 곳곳 굽이가 지고 황토로 뒤집히곤 한다.

산과 산이 맞대어
가슴 비집고 애무하는 가쟁이 사이로 강이 흐른다
온 세상의 하늬 쌓이듯 눕는 곤곤한
곤곤한 혼탁.

멀어져 나가는 구름모양
한없는 나울을 깔면서
대안의 호야불을 찾아나서는 물길.
물 위로 물이 흐르듯 얼굴을 가리며
무엇이 우리의 슬픔을 데려왔다 데려가는가.

열목어 열목어는 온통 강물에 열을 풀고
무수히 잘게 말하는 모래의 등덜미로
우리의 사랑이란 운명이란
말할 수 없는 슬픔이란 그런 그런 심연을 이루어
인간의 아이들처럼 아름다운 깊이로 출렁이면서
강을 흐르는 사계의 강.

산과 들이 한가지 모습으로
무덤을 이루어 있는 강안에 서면
귀밑머리 달도록 예쁜 지평선은
우리 버려진 나이를 위한 설정이다.

아, 하면 아, 하는 하늘
오, 하면 오, 하는 산
많이 추워와 살 비비는
손과 손의 가장 곱게 펴진 그림자 위에
한 방울 눈물을 올려놓고
이승은 온통 꽃이파리 하나에 실려 가고
다시는 그림자 하나 세상에 내리지 않는다.

하늘로 트이는가, 혈맥
태를 감는가, 산악
손 벌려 앉아 우리는 끝내 무엇이 되고 싶은 것일까.

강은 순례,
눈들면 사라지는 먼 먼 마을의 어두움도 따라나선다.
길 잘못 든 한 아이의 발소리도 들리고,
산이 버린 산
사람이 버린 사람의 백골이 거품을 게워 내는 것도 보인다.

죽음이란 온갖 낮은 죽음과 만나
저들을 갈대로 서 있게 한다.
실한 발목에 구름도 이제
묵념처럼 하얗게 죽는다.

돌아도 보고 엾눈 주는 어두움
그 흔적 없다는 이름의 길을 따라
꽃을 배胚슬은
나의 기억은 여기에서 끝난다, 강이여.

산과 들이 한가지 모습으로
무덤을 이루어 있는 강안에 서면
우주의 능선에 달이 뜨고
까칠한 욕망의 투구를 흔들면서
나는 빛나는 스물의 갈대밭, 또는.

—「미성년의 강」

"사랑이란 운명이란/말할 수 없는 슬픔"에다 "한 방울 눈물"이라니. 귀치 않은 그러한 감상조차 그때는 절실했던 것일까. 되읽어 보아도 용서하기 힘들 젊은 시절의 감상, 불모와 부재 감각이 새삼스럽다. 이십 대 첫 교실, 성년의 입학식에 홀로 불려 나간 한 젊은이가 강가를 떠돌고 있다. "산이 버린 산/사람이 버린 사람의 백골"도 거기서 만난다. 벌써 여름, 겨울을 몇 차례나 떠내려 보냈는지 모를 일이다.

"산과 들이 한가지 모습으로/무덤을 이루어" 있다는 깨달음은 너무 단호한 부풀림이다. 그래도 "빛나는 스물의 갈대밭"으로 흔들어 놓은 자의식은 아직도 사랑스럽다. 막연한 성년의 삶 앞에서 우울하고 어두웠던 젊은 한시절의 골목을 벗어나게 해 준 작품이 1980년 중앙일보 신춘문예 당선작 「미성년의 강」이다. 등단작이 대표작이 되고, 유일작이 되어 버리는 참담한 일을 겪지 않으리라 생각을 곱씹었던 아침이었다.

오늘도 나는 가끔 강에 대한 생각에 골몰한다. 고향 황강 물줄기와 그것이 마구 쏟아져 들어서는 큰 줄기 낙동강, 명지 물끝에서 다시 남해 바다로 나서며 멈칫거린다. 내 삶은 한결같이 지리멸렬해도 세상의 시는 막무가내로 아름답다. 곳곳에 깨진 유리조각처럼 빛나는 불모와 상실의 그림은 반짝반짝 시간의 벽을 타오르며 완강하다. 그리고 아직도 성년과 미성년 사이 경계에 놓인 내 삶은 어처구니없다. 난처하다.

위험하다. 그래, 세상을 빌려 나를 찾는 방식과 나를 들내 세상을 깨닫는 방식, 그 어느 쪽에 길이 있을까. 큰물 진 물가를 서성거리며 혼란스럽다. 그리고 완강한 풍경의 켜와 겹. 제초제 하얀 가랑비로 젖은 밀양 골바람이었다. 마른 셀로판지 소리를 내던 욕지 갯바람이었다. 엄지발가락에 얼음이 하나 더 박혔는지 간지럽다. 벌써 날이 차다. 이 가을 나는 한결같이 막막하고 곤곤한 강, 그 언저리를 떠도는 개개비, 또는.

(『시를 사랑하는 사람들』, 2002)

저승꽃 겪기

시를 두고 이러니 저러니 말을 늘여 붙이는 일은 그 일을 업으로 삼는 비평가나 할 일이지 쓰는이 스스로가 맡을 몫은 아니다. 시인이 말을 덧붙이는 것은 자기 시가 대단한 것인 양 읽는이를 속이려 드는 경우거나, 지닌 바 생각·느낌을 부풀리기 위한 경우기 십다. 둘 다 마땅한 버릇이라 볼 수 없다. 그럼에도 '시 한 편에 얽힌 뒷얘기'를 즐거운 마음으로 적어 보기로 했다. 이 일을 빌려 그 동안 마산 부산으로 오가며 살고 있는 터라 적조했던 분들께 자그마한 인사라도 됨 직했기 때문이다.

　　한 숨 돌리고
　등구 마천 두류산 길 돌밭도 많아
　돌밭마치 붙어 피는 세 치 바위손
　지중 지중 헛지중 도랑도 타고

마소 마소 한 시름에 등대 애장터

이로 함양 저로 산청

초병에 새끼 치는 초벌레처럼

딴손 놓고 오내린 함양 산청장

할배 할배 상제할배 입도 없는지

무덤 건너 무덤 너머 뫼등만 돋고

먹머구리 우는 여름 모기도 제철

뼈마디에 한시절 시린 풍증에

산을 이고 물에 올라 온 길을 보니

반은 산에 반은 물에 발등이 젖어

환하고 환해라 검은 저승꽃

나고 들고 오르내리는

두류산 안골 밖골 풀린 별빛에

온 저녁 마른 울음 목이 막혀서

발끝마다 당겨 덮은 게울물 소리

살도 없고 활도 없이 닫고 달아서

하늘 아래 저승꽃 하늘 우에 별자리

등구 마천 초년 청상 오간 백 리 길

　한 숨 돌리고 또 한 숨.

—「저승꽃」

이따금 내 시를 읽을 기회를 가졌던 이로부터 시가 어렵다는 말을 흔치 않게 듣는다. 그럴 법한 말이다. 숱한 지명, 까다로운 낱말, 게다가 특정 지역이 지닌 유다른 풍광이나 시 밑뿌리에 깔린 이야기 뼈대는 읽기에 어려움을 더했을 듯싶다. 그러나 '저승꽃'이 어떻게 생긴 꽃인가를 진지하게 묻는 데는 실색할 지경이 되고 만다. 그들은 시읽기를 위해 어쩌다 나라말 사전을 뒤적이는 짧은 노력도, 대중노래 한 곡에 흐뭇하게 젖는 시간의 가웃도 나누어 주지 않는 이들이다.

그렇다고 내가 쥐뿔나게 시를 대단한 것인 양 내세우는 엄숙주의자나 문학주의자라 혐의를 둘 필요는 없다. 시는 삶의 한 버릇, 여러 문화놀이 가운데 하나로 그 놀이 규칙은 배우고 익혀야 한다는 점을 말하고 싶을 따름이다. 게다가 시는 야구나 축구와 달리 규칙이 매우 다양하고 개인 안팎 요인에 의해 늘 열린 체계로 변화해 왔기 때문에 더욱 그렇다.

위에 옮겨 놓은 시는 지난해 십이월에 낸 두 번째 시집 『가을 악견산』에 「저승꽃」이라는 이름으로 실린 것이다. 저승꽃이란 나이 든 이 얼굴이나 살에 피는 검버섯을 말한다. 따라서 이것은 노년의 한 표징이기도 하다. 몇 해 앞선 여름인가 보다. 방학을 틈타 모교 몇 분을 모시고 후배 재학생의 함양 지역 이야기 채록에 따라나선 적이 있었다. 여행을 즐기는 나로서는 채록보다 오며 가며 만나는 세상살이 구경에 더 마음을 빼앗기고 있었다. 돌아본 곳은 두류산 동북쪽에 걸친 함양군 마천면 일대, 백운산 언저리였다. 잠자리를 정한 마을에서 뱀술을 몇 잔 얻어 마시는 유다른 경험을 한 것도 이때였다.

등구마을 어느 초가집에서 나는 아직도 맨발로 일하고 계시는 할머님의 불거진 복사뼈를 시리게 보기도 했다. 천수답 논농사로 바쁜 어느 마을에서는 동학을 믿는 할머님—그 할머님께서는 젊었을 적부터 저승꽃 얼굴을 뒤덮을 때까지 아침저녁으로 상제 할아버지, 곧 한울님께 재를 모시면서도 정작 동학이 무엇인지, 천도교가 어떤 종교인지 알지 못했다. 종교가 삶이 되면 그러하리라.—을 만나 길쌈노래를 채록하기도 했다. 백운산 골짝 마을에서 동란 때 산사람 살던 빈대굴 이야기를 곁귀로 들은 것도 그때였다.

내 머릿속에 그 할머님들이 겪었을 지난 삶이 자연스럽게 한 이야기 줄기를 마련했다. 그것을 당신들 입을 빌려 크게 뒤가 무거운 세걸음가락—따라서 이 시 가락 읽기는 "등구 마천/두류산 길/돌밭도∨많아"와 같이 한 시줄이 세 마디로 읽히고, 마지막 마디는 작은 쉼을 마련해 누는 꼴이 바탕이다.—에 얹어 노래한 것이 위에 든 「저승꽃」과 그 다음에 실린 「달무리」였다. 다만 「달무리」 경우는 말할이인 할머님 나이를 더 낮추었다.

집도 절도 님자 없이
한시절 날 생각에 고름을 묶고
고름 묶고 바라보니 눈끝이 땅끝

가랑파 아욱줄기 생길 텃밭 심어 둔 채
어이 하랴 허접시샘 많은 내 이 몸
시앗살림 딴사람도 혼자 삭이고
흰조시 노란조시 서로 나뉜 듯
고파 누운 오누이 발을 씻기며
함양길 다시 가도 못내 모를 길
산이나 품어 살면 소출 늘지만
설움을 품어 사니 주름만 늘어
이냥 살림 장물 졸듯 애만 타는데
가소 가소 구름 밖에 산제비 따라
장아찐 양 묻혀 사는 내 이 심사에
바람 밖에 바람인지 소리만 헤퍼
여물 쑤고 동정 마르니 입만 아프지
이불 깔고 산을 서니 길만 어둡지
　한 숨 돌리고
도리깨 툭탁 도리깨 툭탁 저물 때까지
한세월 보낸 뒤안 노란 골담초
문간에 대추남개 우물가 도리감
방죽 밖에 추자나무 다리거리 배롱꽃
세월인들 약일까 깨꽃인들 밥일까
시동생 나간 길로 상여가 들고
아주버님 쫓겨 간 고랑 장대비 소리

세상 난리 무서워도 사람만 할까
마소 마소 말 마소
죽는 시늉 사는 시늉 그것도 재주
샛서방 본 일 없이 가슴만 울럭
자는 오뉘 등줄기 손을 넣어서
많지도 적지도 않아 스무 해에 두 해
세상 사는 일이라니 묵은 호미날
하제 기음맬 밭 눈들어 헤면
고간 살림 다 내고도 윤달 넘기던
님자 뚝심처럼 아슴아슴 낮은 달무리
　두 숨 돌리고 또 한 숨.

—「달무리」

한 개인의 저다운 시라는 생각은 낡은 것일 뿐 아니라 바람직하지도 않다. 시대가 시를 쓰기도 하고 이념이 시를 쓰기도 한다. 때로는 말이, 멀게는 시 스스로가 시를 쓰기도 한다. 따라서 오늘날 시인은 옛날에 견주어 훨씬 시쓰기가 쉬워진 셈이다. 체제든 반체제든 특정 이념, 특정 목소리를 내면 그런 대로 시가 된다. 극단을 좇아 말하면 시라고 발표하는 것은 모두 시다. 그러나 중요한 것은 자유니, 민주니 하는 이념 바탕이나 명분이 아니라 그 실제다. 문학이, 그것도 시가 다른 삶의 방식과 나뉘는 곳은 생각을 논리나 체계로 말하기보다 삶을 구체 체험으로 울리도록 하는 데 있다고 믿는 까닭이다.

삶을 이끄는 이념의 자기 복제와 증식은 자본주의가 지닌 어쩔 수 없는 속성이다. 그 속에서 끊임없이 삶이라는 명분만 요란스럽게 행세할 뿐, 우리 삶 자체는 끼일 자리가 없다. 시인도 이념으로 달아나기는 쉬운 노릇이다. 그러나 밥 먹고 옷 입고 터 잡아 사는 일에서 사람들은 달아날 수가 없다. 그것이 인지상정, 곧 인정의 세계며 삶의 실제를 이루는 자리다.

오늘날 우리시가 힘 있는 대항문화로 자리 잡기 위해서는 얼치기 명분에 기대기보다 든든한 자기 몫의 인정을 그릴 수 있어야 한다. 그럴 경우 이념을 돈벌이로 삼고, 바탕없는 정서를 되풀이하는 물신 사회 유통구조로부터 벗어나 시가 마땅한 삶의 길을 밝히고 터를 다지는 '이론적 실천'이 될 수 있을 것이다.

「저승꽃」이 울림 있는 현실로 살아나는가, 아닌가는 두더라도 나로서는 한 삶 속에 몸담을 수 있는 좋은 기회가 된 시다. 내 속에서 자신의 삶을 읊어 주셨던 여행길 할머님들은 벌써 돌아가셨을지도 모를 일이다. 그 걸음에서 모실 기회를 가졌던 태야 최동원 스승께서 향리 산자락에 묻히신 지도 벌써 두 해째다.

저승꽃 얼굴 덮은 할머님, 딸로서 며느리로서 어머니로서 다시 할머니로서 함양, 산청 장으로 오내렸을 그 숨찬 삶의 자락자락. 그것은 고향 땅에 묻히신 지 오래인 내 할머니 흐릿한

뒷모습과 겹쳐지면서 「저승꽃」을 읽을 때마다 차가운 종이 위에서 꼬물꼬물 살아난다. 빗소리 바람소리를 낸다. 무릇 시가 놀이 가운데 하나라 하더라도 이런 놀이야말로 어찌 비장한 삶의 놀이가 아닐까 보냐.

(『부산시인』, 1990)

시 다섯 편에 곁들이는 군말

몇 편 골라 보냅니다. 조금 풀린 시가 쉽게 읽힐 것 같아 그런 쪽에서 뽑다 보니 이리 되었습니다. 짧게 생각이나 느낌을 끊어 버리는 시와 느슨하게 흩어 두는 시, 두 쪽을 시 엮는 버릇으로 가져왔던가 싶은데 뒤쪽 것만 뽑아 보기로 한 셈입니다. 등단에 얽힌 숨은 이야기나 제 시가 흘러온 길, 또는 요즘 시에 대한 생각을 적어 달라고 하셨지만 그 또한 내놓은 시에 대한 곁가지 생각만 이저리 적어 분량을 채우기로 하겠습니다. 그런 속에서 바라시는 바가 어느 정도 배어나리라 생각합니다.

이른바 문학 마당에 처음 내보이는 시였던 「미성년의 강」은 그해 신춘문예에 보낸 몇 편 가운데서 가장 마음이 놓이지 않는 작품이었습니다. 그 무렵 저는 이미 이 시에서 보는 바와 같이 지닌 바 생각과 느낌을 겉으로 썩 들내는 버릇을 벗어나고자 애쓰고 있었던 터였습니다. 게다가 이 작품 바탕은 설부른 허무 의식에 깊이 닿아 있을 뿐 아니라, 저로서는 묵은 것이기도 했습니다. 어쨌든 1980년 첫 아침, 축축한 허무와 죽음을 깔고 앉은 탓에 이른바 신춘문예용시라는 버릇에서는 얼마쯤 벗어난 듯한 이 시가 선보이게 된 일이 유별나다면 유별났던가 합니다. 이번 일로 이 시를 다시 읽어 보니 스무 살 무렵 저 자신이 지녔던 이 세상과 삶에 대한 좌절과 열정, 이런 것이 안팎으로 녹아 있음에 새삼스러웠습니다.

이제금 바라보노니 사초의 헛됨과 강구의 지리멸렬을 몇 마리 갈매기로 날리며 물 건너 물길을 돌아 아이들이 누울 자리를 마련하고 이랑 골라 씨 뿌린 연년세세 무리의 즐거움이 대를 물려 세월 모를 한 날에도 갈매기 날고 아비는 바다에서 건진 바다를 바다에 돌려주기 위해 그 바닥 가운데 여생을 묶어 돌아오지 않았지만 우도 대마 유구 살아 우리 못다 찾을 물길 따라 먼 데 어화는 다시 한때의 왜구를 길러 봉우리마다 봉화가 오르고 푸른 정어리를 씹으며 이제는 살아 있는 사람과 죽어 있는 사람들이 나란히 젯밥을 받는데 이 세월 가고 난 뒤 한세월 밀려온다면 삶이 기른 매 떼가 마을을 돌고 아이들은 몰려와 흙을 파며 놀 것인가 계집들을 눕히고 다시 우리 놀아볼 것인가

이제금 바라보노니 구강포 오름에 가득한 달빛 달빛.

—「구강포에서—죽지사 9」

첫 시집에 실린 「구강포에서」는 가야 역사와 그 옛터에서 이루어져 온 삶에 대한 관심에서 나온 작품입니다. 이 지역이야말로 먼 겨레 역사 속에서 가장 험하게 잊힌 곳입니다. 가깝게는 임진왜란, 정유재란에서 근대 나라잃은시대에 이르기까지 왜로에게 깡그리 부서져 버린 곳이기도 합니다. 그러나 더 중요한 점은 제가 여태껏 몸담아 살아왔고 앞으로 겪어 나갈 삶터라는 데 있습니다. 「가락기」 연작 가운데 몇 편은 왜구가 저질렀던 숱한 약탈을 머리속에서 되겪으면서 맛보시면 좋겠습니다.

두 번째 시집에 실은 「대왕바위 탈해바위」 같은 시는 신라 공간을 오늘에 빌려 와 왜로 침략을 문제 삼으려 했던 것입니다. 구강포가 어디에 있는가를 물으실 필요는 없습니다. 실제 있는 곳이긴 합니다만 학교에서 가르치는 역사책, 지리책에서는 나올 리가 없는 곳인 까닭입니다. 굳이 찾고 싶으시면 땅투기꾼이나 지리학자가 가지고 다니는 꼼꼼한 남해안 지도를 얻어 보시기 바랍니다.

악견산이 슬금슬금 내려온다
웃옷을 어깨 얹고 단추 고름 반쯤 풀고
사람 드문 벼랑길로 걸어 내린다
악견산 붉은 이마 설핏 가린 해
악견산 등줄기로 돋은 땀냄새
밤나무 밤 많은 가지를 툭 치면서 툭

어이 여기 밤나무 밤송이도 있군 중얼거린다
악견산은 어디 죄 저지른 아이처럼 소리없이
논둑 따라 나락더미 사이로
흘러 안들 가는 냇물 힐금힐금 돌아보며
악견산 노란 몸집이 기우뚱 한 번
두 번 돌밭을 건너뛴다 음구월
시월도 나흘 더 넘겨서
악견산이 슬금슬금 마을로 들어서면
네모 굽다리밥상에는 속 좋은 무우가 채로 오르고
건조실에 채곡 채인 담뱃잎
외양간 습한 볏짚 물고 들쥐들 발발 기는
남밭 나무새 고랑으로 감잎도 덮이고
덜미 잡힌 송아지같이 나는 눈만 껌벅거리며
자주 삽짝 나서 들 너머 자갈밭 지나
검게 마른 토끼똥 망개 붉은 열매를 찾아내고
약이 될까 밥이 될까 생각하면서
악견산 빈 산 그림자를 밟아가다 후두둑
산이 날개 터는 소리에
놀라 논을 질러 뛴다.

—「가을 악견산」

「가을 악견산」은 두 번째 시집 이름으로 내세운 작품입니다. 악견산은 제 고향 합천군 서북쪽에 있습니다. 잘 알려지지 않은 산으로, 느낌 나름이겠으나 이쁘기로 말하면 널리 내놓을 만한 곳입니다. 두드러진 점이 있다면 돌산이라는 것과 합천댐이 만들어진 뒤, 가 보기가 더 빨라졌다는 정도입니다. 그런데 이 시 틀거리는 정작 한때 몸담고 있었던 일터 동료의 고향 마을인 경주 위 안강 쪽에 가을걷이를 도우러 나갔다 마련했습니다. 그 동료에게 우스개로 당신 집안에서 받았던 환대와 즐거운 경험을 시로 한 번 되갚겠다고 말한 뒤, 약속을 지킨 셈입니다. 시는 요란한 체제 놀이—못되게 말하면 반체제는 체제의 짜릿한 그리움이고, 체제는 반체제의 골난 첫사랑입니다.—에 끼이지 못한 사람들과 서로 사랑하고 북돋워 주며 살아가기 위한 일 가운데 하나일 터. 그렇다면 동료 고향 마을 분들 몸에 익은 인정스러움이나 합천댐 공사가 이루어지면서부터 땅값이 엄청 오른 제 고향 산을 애써 반죽하는 놀이를 했다 해서 죄 될 리야 있겠습니까. 사람들은 가끔 '겨울 악견산'으로 떠올려 웃음 짓게 만듭니다만.

저희 집안이 네 백 년 넘게 터를 부치고 살았던 합천군 봉산, 용주 언저리는 합천댐 공사바람에 많이 달라졌습니다. 그 일은 눈에 확 뜨이는 지역의 사회, 경제 쪽 변화나 파괴를 뜻합니다. 달리 저희 집안에서 보면 손손에 걸친 선영을 파 옮기고, 그 삶터를 물에 재우는 큰일을 여러 날에 걸쳐 겪어야 했습니다.

이런 문제를 다룬 시는 이미 경북 쪽 이동순 시인이 내놓은 「물의 노래」라는 우뚝한 연작시가 있습니다. 저로서는 어느 모로 보나 그러한 시를 따라갈 수는 없습니다. 다만 고향 마을에서 합천댐 공사와 더불어 이루어지리라 했던 절강공사 계획—뒤틀려 흐르는 황강 물줄기를 곧게 잡아 물가 지역을 넓은 들로 쓰려 했던—에 얽힌 집안 문제를 바탕이야기로 적어 본 시가 「피라미가 잡히는지」입니다. 말할이를 제 아버지로 삼아 산소에 누워 계신 할아버지께 엎드려 아뢰는 꼴로 마련했습니다. 제 시 가운데 몇 편은 죽은 이가 살아 있는 이에게, 또는 살아 있는 이가 죽어 묻힌 이에게 말 건네는 꼴로 되어 있습니다. 이것은 뒤쪽 꼴에 드는 셈입니다.

피라미가 잡히는지 여쭙습니다
피라미는 색깔 고와 저녁에만 잡히고
사나운 제 풀에 몸 던지는 보래고랑
소 몰아 오는 조카 뒤에 노을이 곱습니다
아버지 이런 일도 이제 그만입니다
돌이샘 큰 키 느티가 초저녁 별들을 거느리고
어둠 엷은 속까지 흔들어 줍니다 아버지
사는 일 또한 저런가 합니다
땅고개 높은 고개 물길이 된다고
하니 못물에 갇힌 논마지기가 살아날는지 궁금합니다

밤새 절강공사하는 중기들은 개웅개웅 마을 앞을 지나고
그 훤한 불 밑에서 아버지
어제는 읍내 아우가 선산 근처를 파서
고려장터를 발견했는지 어째 그릇이나 숱하게 꺼낸 모양입니다
온전한 똥단지나 가락지를 캐 살림에 보탬이 된다면
그 짓도 썩이나 고마운 일입니다
세상 어딜 파도 무덤 없는 곳 없다지만
선산 근처로는 무슨 난리가 그리 흩어져
돌 굴리고 흙을 뒤집으면 창검이 나오는지 모를 노릇입니다
아버지 좋은 세상은 어제도 아니었고 오늘도 아닙니다
눈에 피눈물 함께 날 때 세상 대명할 거라 말씀 주신 줄 알겠습니다
자식 키우기 어렵다 해도
그저 제 복인가 합니다
장롱을 들어내고 방구들 뒤집으면
콧속까지 매캐하던 미금냄새처럼
때로 슬픔도 풀썩거려 애를 말립니다
그런대로 저는 대처에서 여름 겨울로 옷가지나 챙기고
비좁은 차나마 수이 타니 이 또한 복이 됩니다
접장 노릇도 어렵지만은 않습니다
세월도 못된 세월이 되어

해를 걸러 들리던 이 일도 이제 그만입니다
절강공사 끝나고 물이 들기 앞서 한 번 더 오겠습니다
산일은 집안어른들과 시제길에 다시 의논하겠습니다
읍내 작은집에 들러
돼지비계 몇 점 준비했습니다 아버지
아직도 황강 물바닥 피라미 뛰고
무당매미만 파랗게 울어제낍니다
막걸리 올립니다
감읍합니다.

—「피라미가 잡히는지」

속사정 모를 이야기나 낯선 땅이름을 힘들여 아시려 할 필요는 없습니다. 이미 우리 사는 세상은 전자영상매체 시대에 들어섰습니다. 배우면 곧바로 뜻한 이익을 얻을 컴퓨터 배우기가 오진 일이지, 물때 지난 인쇄시삭매체 전통에 드는 글시 읽기에 공력을 빼앗길 짬이 있겠습니까. 어차피 함께 놀 만한 놀이가 아니라면 제여곰 놀이 규칙을 마땅하고 보람 있다고 생각하는 쪽으로 마련해 즐겁게 누리는 도리밖에 없을 듯합니다. 낯선 운동 규칙이 어느새 상식이 되는 그런 발 빠른 지경에 우리시 놀이 규칙이 올라서기를 바라겠습니까. 그저 웃으며 읽어 주시되 말버릇만은 눈여겨 주시기 바랍니다. 윗사람에게 올리는 마땅한 말씨는 이러해야 할 터입니다.

저물음에 나앉았습니다
노을 붉어 날씨 예사롭지 않고
구름 저리 한 등성이로 눌러앉았기
눈에 헛밟히는 님자 묻힌 흙자리
낮에는 김해장 혼자 나서서
초가실 말린 고구메 줄거리 다 냈습니다
요즘 세상 젊은 것들 입 짜른 버릇
어디 태깔 고운 것에나 손이 바쁠까
아적 내낸 한자리서 두 모타리 팔았는지
돈이 효자란 말도 둥실한 저 자식 자랑
삽짝 밖만 나서도 객지만 같아
삼십 년 익은 저잣거리가 눈에 설디다
내일은 삼오제 은하사 공양길 비가 올란지
다리에 심 있을 적 익은 일이라
낫살 절어 잦다 해서 숭질 맙시소
부디.

—「김해군 주촌면 내삼 관동댁」

「김해군 주촌면 내삼 관동댁」이라는 시는 요즈음에 쓴 것입니다. 우연히 김해지역 농경문화를 두고 텔레비전 그림으로 남 앞에 나설 기회가 주어진 적이 있었습니다. 제 딴에 이 지역 문화지지학 쪽 사정에는 일찍부터 발로 다닌 얼마쯤 배움과

귀동냥이 있기로 마지못해 응했던 일이었습니다. 그러나 그 진행은 제 뜻과 다르게 이루어졌습니다. 어쨌든 이 시대 언론 귀족이란 입으로만 문학하는 문학 호사가와 마찬가지로 더불어 일을 꾀하기가 힘들다는 생각만 더욱 다졌습니다. 뜻이 있었다면 이 시 한 편을 새로이 얻었던 데 있습니다. 참, 내삼마을에 가셔서 관동댁에 대해서는 묻지 마시기 바랍니다. 그런 분은 그 마을에 처음부터 계시지 않았습니다. 쓸 말이 없다 보니 벌 말만 많아졌습니다. 편안히 계시기를 빌어 드립니다.

(『아직은 지워지지 않을 때 : 80년대 젊은 시인 18인 대표시집』, 1991)

남해 물빛 인연

남해 앞바다에는 문어가 많다. 문어 사는 물밑 바위굴을 찾아가자. 제 짝이 고기잡이 작살에 찍혀 떠나도 홀로 남아 짝을 기다리다 끝내 자신마저 잡히는 문어의 슬픈 풍속. 남해섬 곳곳에는 유자도 많다. 비파도 많다. 유자 노란 겉껍질에 볼을 대고 있노라면 따뜻한 바닷바람이 어깻죽지를 파득거리는 소리. 비파 너른 잎잎에 넌출거리는 물안개. 갯가에는 알 듯 모를 듯 손마다 고운 소녀들이 물질을 한다. 은영이, 은경이 은자 돌림 이름이 까닭 없이 서글펐던 지난 날. 그녀들 사촌이며, 조카며, 딸일 듯싶은 아이가 물휘파람을 분다. 안녕, 낮게 눈인사를 던지면 벌써 수평선 바깥으로 달아나 버리는 갈매기. 은빛 갈매기를 만나러 가자.

남해섬은 바다 이름을 제 땅이름으로 삼은 우리나라에서 몇 되지 않는 곳이다. 그래서 그런지 남해에 가면 어디서나 바다가 흔하다. 노량에서, 비단 같은 솔숲을 깔고 앉은 금산 꼭대기에서, 미조항 오목하게 들앉은 방파제에서 그 바다는 제여곰 다른 빛깔로 낯선 사람을 맞이한다. 언젠가 따뜻한 남쪽나라가 그리워 밤배를 몰아 내려왔던 김만철 씨 일가가 주저앉은 남해. 그들이 처음 만난 남해 물빛은 어떠했을까.

그리고 섬, 너른 물결 위 이저리 떠돌고 있는 막막한 물음표. 가슴에 하나씩 외로운 이름을 품은 이들은 남해 앞바다에 와서 그 끝을 볼 일이다. 곳곳에서 솟아오르는 소금기 많은 샘물로 입을 축이고 땡볕에 자라는 고구마 줄기, 마늘 줄기에 마음을 닦아 볼 일이다. 뭍을 향해 벗겨져 있는 섬의 벌건 맨살. 사람 떠나버린 집 가까이 하늘로 오를 듯 기어 오른 다랑이 밭. 사람 속에서 주저앉을 곳을 찾지 못한 하늘은 마침내 남해 앞바다로 건너와 고구마 줄기, 마늘 줄기에 파란 생채기를 내면서 무너진다. 그리고 개동백 숲이 숨겨 주는 마을 몇.

지난 해 여름, 나는 벗들과 남해섬을 찾은 적이 있었다. 아마 대여섯 번째 가 보는 길이었다. 번잡한 상주 바닷가를 벗어나 첫날밤을 미조 가까운 송정에서 지샜다. 턱없이 입질 잦은 복어. 장난꾸러기 가시복, 밀복, 밤낚시에 정신을 앗기고 있다 방파제에서 바라본 갯마을에서는 늦은 불빛이 하나하나 꼬리를 감추고 있었다. 그날 나는 처음으로 끓어오르는 파도를 보았다. 보름 환한 달빛 아래 보글보글 푸른 날개를 펴는 파도. 뒤에서야 알게 된 사실이지만, 그것은 물가로 밀려온 플랑크톤, 곧 지역말로 시그리가 보름 달빛과 어울려 빚어내는 조화였다.

나는 그 황홀한 자연 현상에 넋을 빼앗기고 있었다.

파도가 캄캄한 밤 갯가로 밀려와 허리를 차르륵 차르륵 접었다 펼 때마다 선연한 푸름으로 빛나던 아름다움. 시그리와 첫만남. 그것은 남해섬이 나에게 준 놀라운 선물이었다. 게다가 다음날 목섬에서 늙은 뱃사람에게서 들었던 문어굴 이야기. 그 선물들은 엉뚱하게 올해 봄 소록섬을 다루었던 사슴섬이라는 연작시 속에 끼어들었다. 남해섬에서 서쪽으로 발끝에 있는 소록섬. 바다보다 사람들 못난 인습에 막혀 스스로 가라앉아 있고 싶은 섬. 시그리가 엮어 내던 고운 빛과 맵시는 어쩌면 한 줌 뼈로 남녘바다에 뿌려지곤 했을 소록섬 사람들, 그들이 내뿜는 슬픈 인광은 아니었을까.

문어는 제집에 들앉아 파도를 이긴다
제 짝이 작살에 찍혀 떠나도
제집에 남아 제 짝을 기다린다
남녘바다 사슴섬 들물 썰물 물매 잦은 곳
문어집 마당에 문어피 하얀 바람
문어집 안방에 문어피 검은 냄새
시그리 시그리 푸르게 끓는 보름밤
꼬리 문 깨장어처럼 몰려나온 손자들은
문어발이 끝난 갯가로 나앉아
마른 문어발 나눠 빨며

토막손 할아버지 옛이야길 듣는다.

—「사슴섬 1」

남해섬에서 보낸 이틀, 그리고 시 한 편. 이쯤에서 그만 쓰자. 부탁 받은 원고가 다 찼나 싶다. 며칠 앞, 남해섬을 찾는 국토순례 행진을 끝내고 돌아와 내게 원고를 다그쳤던 3학년 경아. 순하게 키 큰 웃음, 아마 고향이 합천 대양면 어디랬지. 경아가 본 남해 물빛은 어떠했을까. 혹 적조로 죽어 버린 물빛, 기름꽃을 목에 두른 빈 깡통, 속이 검게 타 버린 조개껍질만을 가슴에 묻고 돌아온 것은 아닐까.

언젠가 바다 물빛이 만 가지나 된다고 가르쳐 주었던 친구가 있었다. 뭍에 내리면 오히려 어질어질 어지럼증에 시달린다는 뱃사람으로 십 년을 떠돌다 이제는 도시 한구석에 닻을 내린 친구. 오늘에사 그의 말뜻을 환하게 깨닫는다. 만 가지 물빛이란 나름 아닌 반 가지 인연이었다는 것을. 남해를 생각하다 문득 내 가슴 먼 곳을 때리며 차오르는 인연의 물결 소리를 듣는다.

(1991)

사랑이라는 집

여러 해 앞인가 보다. 한때 몸 담았던 부산여자상업고등학교에서 교지를 만드는데 거기에 실을 초대시를 한 편 보내 달라는 청이 있었다. 궁리 끝에 학생들이 쉽게 읽을 수 있을 사랑시를 한 편 써 보내 주리라 작정하고 만든 것이 「꿈꾸는 선묘」다.

신라에서 공부하러 건너온 젊은 의상 스님을 맘에 품어 어머니 나라를 버리고 멀리 신라 땅까지 그를 따라 건너왔다던, 당나라 처녀 선묘 옛이야기를 바탕에 깔았다. 바탕 이야기가 낯선 학생들도 그저 예사로이 오늘날 부석마을 선묘라는 처녀가 내는 혼잣말을 엿들으면서, 젊은 한때 속 아플 사랑과 그 분위기를 느낄 수 있었으리라.

선묘 앉은 귀밑볼 아침이슬 반짝입니다
선묘 앉은 돌부리 패랭이꽃 절로 핍니다
선묘 마음 속 간날 한 그리움 섰다 무너지면

선묘 저는 부석 물가 으뜸 빛좋은 곱돌입니다
손을 주셔요 산허리 빗발 들고
젊어 헤픈 님 사랑 무에 쓰나요 손을 주셔요
멈칫멈칫 님 떠나고 고개 돌려 님 떠나고
가릴 수 없는 그 한 자리 그리움
풍기 순흥 흔한 삼밭 삼꽃처럼 붉게 젖을 때
선묘 이제 발바닥으로 님 사랑 느끼며
선묘 이제 목젖으로 님 사랑 참으며
선묘 흘러 남도 바다에 서겠습니다
님 마을 언저리 배고픈 풀꾹새 되어
풀꾹풀꾹 한낮 온밤에 저 그리움 남겨 두고
가다가다 밤바다 첫 물길을 놓치겠습니다.

—「꿈꾸는 선묘」

경북 북쪽 영주 부석사를 둘러 본 일은 네 번쯤 된다. 이저리 흘러 다니기를 즐기는 나로서도 경북 깊숙한 곳까지 올라가 볼 기회는 드물었다 싶지만, 기회 닿을 때마다 그 끝이 늘 여기였다는 기억이 유별스럽다. 문경 새재를 넘어 더 북쪽 땅으로 올라가 볼 기회를 갖기보다는, 다시 안동으로 내려가서 동해바다 울진 영덕 쪽으로 길을 잡았다가 부산으로 돌아오는 걸음이 고작이었던 나다. 경북 땅 여행길 되옴자리는 늘 부석사였던 셈이다. 그럴 때마다 내 눈길이 마지막 머무는 곳은 부석사 들머리에 널린 사과밭이나 누문 바깥에서 올려다보는 부석사의 빼어난 풍광, 또는 그 이름이 드날려져 있는 무량수전이 아니라, 늘 법당 옆 조금 높은 데 자리 잡고 있는 선묘각善妙閣이었다.

절 안 다른 건물에 견주면 거의 눈에 띄지도 않을 뿐 아니라, 부석사를 둘러보는 사람들이 예사로 지나치는 조그맣고 하찮은 것이다. 하지만 나는 그 안에 지금도 빛 낡은 탱화로 남아 소백산 가파른 바람소리에 천 년을 훨씬 넘게 붉은 옷자락을 날리고 서 있는 선묘를 잊을 수 없다. 선묘, 눈 크고 발바닥 좁았을 당나라 처녀. 사랑하는 신라 젊은 스님, 의상을 위해 서해 파도를 재우는 용이 되기도 했던 여자. 대자대비 관세음보살같이 의상 스님 일으킨 부석사 큰 도량을 지키며, 낯선 이 땅에서 천 년 신모神母 설화로 살아 슬픈 사랑을 이렇듯 오래 이루어 오고 있는 이. 종교학이나 신화학 쪽에서 그녀를 어떻게 풀이하는지는 몰라도 선묘를 생각하면 그저 가슴이 시리다.

그러나 더 가슴 시린 일은 사랑하는 님 흔한 기억 속에서도 깃들지 못한 채 질경이 꽃처럼 철따라 피었다 지고 있을 이 땅 여자들 속앓는 사랑놀이다. 그 일은 이미 두 아이 어머니로 성큼 자란 내 누이도 겪었을 터이며, 동해 바닷가 이 항구 저 항구 겨울 노가리 덕장에서 만날 수 있는 손등 터진 소녀들 마음속 부끄러운 꿈일 수도 있다. 쪼그려 앉아 능숙한 솜씨로 노가리 배를 따는 그들 귀밑볼 아래 서툰 화장기로 내비치던 그 사랑은 오히려 이 땅 소녀들이 앞으로 겪게 될 세상살이에 대한 두려운 조바심을 말해 주는 상징은 아닌가. 나는 선묘라는 옛 이야기 속 처녀의 붉은 입술을 빌려 그들을 다독거려 줄 노래를 한 편 짓고 싶었는지 모른다. 그러나 정작 내가 해놓은 일은 선묘, 그 울림 고운 이름을 되풀이하는 데 머물고 말았는가 싶다. 사랑은 사람이 이루는 일이나, 사람 힘으로는 어찌할 수 없는 일 가운데 으뜸 일이기도 하니 그도 그럴 듯하다.

(『나의 시, 나의 시쓰기』, 1995)

시인의 고향

안동 지례를 다녀왔다. 안동댐에 갇힌 물이 산자락에 누런 배를 드러내 놓고 있었다. 묵은 기왓골 너머로 보이는 감나무 가지엔 농익은 까치밥 하나. 시인은 이 마을에서 태어났다고 한다. 시인은 약간 흥분했고 시인은 즐거워했다. 고향에 절망하지 않을 이가 어디 있을까. 시인이 뛰놀았을 좁은 골목과 텃밭이 물속 어딘가에서 흐릿한 그늘을 만들고 있었다. 옛 사람이 살았던 흔적은 산울로 썼음 직한 파란 탱자나무 몇 포기에 비칠 뿐이다.

안동도 지례 지촌 골짝이
고향이라 해 찾아갔다가
물밑 마을을 떠메고 나오는 시인을 본다
얼금얼금 산은 구름을 엮고
구름은 다시 밑으로 아래로 산을 밀어 내려서
풍산은 멀리 서쪽이렷다

외삼촌 이병각 시인과 나들었다던 영양은 어느 쪽일까

붉은 옥수수 꽃숭어리 위로 날비 내리고

시인이 가리키는

하늘에 흰 눈썹

솔개 한 마리

물속 장독대엔

푸른 살모사.

— 김종길,「시인의 손」

물, 물로 된 선영. 내 고향 합천댐 아래서 마흔 해를 홀로 재실을 지키며 사셨던 집안 먼 할아버지. 부고장이 날아온 때도 올해 가을이었다. 여름 방문 때 떠나오기에 앞서 지전 몇 장을 쥐어 드렸다. 살아 계셨을 적 아버지께서 하셨던 일이다. 아버지 대신 그 일을 하면서 내년을 기약할 수 없었는데, 부고장이 날아온 것이나. 또 한 마을의 추억이 지워졌다. 머릿속 어느 벼랑에서 붉은 능소화 꽃잎이 뚝뚝 졌다. 세상의 모든 고향이 이처럼 곳곳에 어둑어둑한 저녁뿐일 리야.

시인의 고향에서 더 올라서니 안개밭이었다. 지례가 심어다 놓은 밑동 좋은 안개였다. 삼백 년은 더 타고 넘을 햇살 굽잇길이었다.

(『현대시』, 2000)

밀양 당각시

울며 자며 옛일은 잊었습니다
달빛 자락자락 삼줄 가르는 밤
당각시 겨드랑이 아득한 벼랑
두 낮 손거울엔 제 후생이 죄 담겼나요
해 걸러 보내 주신 참빗 치마저고리는
어느 때 어느 님 보라시는 뜻인지요
당각시 고깔 위로 오색동동 빗물 번지고
당각시 한 세월에 소지장처럼 마른 가슴
골바람은 돌아돌아 당집 돌담만 허무는지
날밤 아침엔 애장터 여우 기척도 마냥 반가워
앞산 햇살 끝동 좇아 나서면
당각시 토닥토닥 발자국 위로
마른우레 가는 소리
원추리 원추리 핍니다.

—「당각시」

경남 밀양에서 창녕으로 빠지는 길에는 바람재, 천왕재 두 재가 있다. 바람재 마루에서는 멀리 밀양 시내가 한눈에 든다. 동쪽으로 눈길을 거두어 화악산 줄기를 따라 내려서면 연포마을이다. 그곳에는 꽤 괜찮은 시인이자 환쟁이인 강선학이 살고 있다. 이번 여름 그와 함께 두 재를 둘러 나올 일이 있었다. 내친걸음에 소태리 천축사를 찾았다. 한 보살이 청상으로 옛 절터에 마흔 해 공덕을 들여 세웠다 한다. 요사체가 꽤나 예뻤다. 고려 때 올렸다는 오층석탑이 땡볕 아래 의뭉하게 솟아 눈길을 잡았다. 오랜만에 내 눈이 환하게 트이는 느낌이었다. 둘이서 보살도 스님도 다 빈 천축사를 둘러 나오면서 즐겁게 갈갈거렸다. 봉숭아꽃이 뚝 졌다.

(『현대시』, 1994)

꽃이 키우는 생각

어둠이 살피는 소리는 아름답다
한 낭떠러지 높이 서서
가 버린 사람을 기다릴 때
어둠은 가다 멈칫 곁에 와
오래 살펴 두었던 마을을 보여 주고
손 가득 달개비 뜰로 이끌고 간다.

—「달개비」

내 시 속에 숱하게 숨어 있다, 꽃. 빼어난 이름이나 자태를 지니지 못한 것들이지만 시 구석구석에서 빼꼼히 고개를 쳐든다. 바보, 그냥 엎어져 자지. 그 가운데 몇은 물가로 내려가 코를 훌쩍이기도 한다. 배가 고프니?

눈 밑이 검은 감자꽃. 못된 채송화는 또 살진 엉덩이를 흔들고 있다. 커서 뭐가 되려는지, 쯔쯔. 나는 토란 넓은 잎으로 얼굴을 덮고 잠길을 따라간다. 그 길 어느 담벼락에 기대 선 젊은 어머니.

꽃이 키우는 생각은 사랑이다. 하늘 별이건 땅 별이건 별이 되지 못한 사람들은 너도나도 꽃술을 빼물고 웃어 보셔요, 안녕. 사는 게 이렇다니까요. 뭐라 하셨나요. 다시 한 번 더. 아아 여보세요. 감이 너무 먼…….

밝은 앞자리가 비었다.
의자를 당겨 앉는 그림자가 고개를 꺾었다.
이쪽에서 저쪽까지 바람은
안 보이는 끝의 더 너머 철둑까지 건너다니고
잠은 너 없는 곳에서 내 길이다.
길은 어지럽게 굽이를 틀어 어딘가
네 환한 웃음이 등꽃이 되어 얽힌다.

—「공일」

(『사랑의 변주곡』, 1991)

빗방울을 흩다

그녀 웃자 그녀 쪽 유리잔이 떨렸다
그녀 고개 들자 내 잔 속 물이 떨었다
그녀와 나는 남남으로 만났고
그녀와 나는 남남으로 남는다
낮 두 시 찻집 베트남
그녀와 나는 할 말이 없다
창밖 인조 대숲에선 빗발이 글썽거리고
그녀 낮은 콧등처럼
그녀 외로움도 저랬을까
그녀를 두고 간 옛 남자의 반지 자국이
그녀 짧은 손가락 마디를 기어 나와
바깥 창 빗방울 잠시 흩는다.

―「빗방울을 흩다」

울산 바다문학 세미나에서 발표 순서를 기다리며 홀로 찻집에 앉은 호텔 1층. 낮시간이다. 재혼을 위해 어렵사리 선을 보러 나왔는지, 손을 모아 쥔 채 앉아 있는 한 여자. 그녀를 엿본다. 그녀 사랑을 엿보고, 그녀 외로움을 엿보고, 그녀의 난처함을 엿본다. 그리고 그녀 남자. 내가 그녀 두 번째 남자가 되어 볼까.

탁자 몇을 건너서 앉아 있는 그녀를 보면서 나는 어릴 적, 초량초등학교 학생 시절을 떠올린다. 베트남 참전 용사들을 위해 나갔던 부산항 제3부두다. 수업을 빼먹고, 한참을 걸어가서 흔들어 댔던 그 시간의 깃발들. 베트남은 들뜬 긍지였다. 수상한 즐거움이었다. 베트남은 이해할 수 없었던 어른의 세계였다.

부산항이 한국 근대사 속에서 겪었던 특별한 경험 가운데 하나인 베트남 파병과 그 흔적. 그래서, 그런 까닭에 베트남을 막연히 좋아하게 되었던가. 누어 해 앞서 나는 「한국 근대시와 베트남 전쟁의 경험」이라는 글을 내놓았다. 그리고 내년에는 『베트남 전쟁시 선집』을 꿈꾸어 볼 참이다. 참전 마흔 해가 되는 해다.

찻집 베트남은 이 땅에 없다. 구름 찻집이며, 파도 찻집이다. 그냥 내 마음의 찻집. 그러나 내가 오래도록 살고 있는 망미동 통합병원 가까이 한때 찻집 '굿모닝 베트남'이 있었다. 묵은 영화의 이름을 딴 2층 그 찻집도 지금은 문을 닫았다.

의자가 내는 삐걱거림은 인조 대나무로 꾸민 창밖 풍경을 살짝 흔들어 준다. 그녀가 잠시 고개를 든다. 이내 숙인다. 찻집에 앉은 내 추억의 한순간이 빗방울처럼 흩어진다.

(『보이소』, 1990)

진달래와 구름 사이

삼월 삼질

안산 마루

진달래에 연달래

골논 물골엔 구렁구렁

쑥빛 가물치가 기고

또 한 사람 농약을 마셨는지

열아 열아

백아 백아

누렁이 곡소리 너머

붉은 역장*의 구름.

*逆葬 : 얼굴을 땅 쪽으로 엎어 묻는 묘제.

—「황강 3」

고향으로 가는 버스에 오른다. 모처럼 짬이 난 까닭이다. 토요일 아침인데도 몇 사람 보이지 않는다. 버스는 어느새 시가지를 벗어나 눈에 익은 시골 그림을 차창에 바꿔 끼워준다. 무리무리 배꽃밭이 갓 널어 둔 광목단 같다. 내일은 삼월 삼짇날. 산등성이로 진달래가 붉다. 몸은 차 안에 갇혔는데 마음은 마구잡이 길 밖으로 달아나 속수무책이다.

벌써 농약 냄새가 봇도랑을 덮기 시작한다. 드문드문 일어섰다 구부렸다 느낌표와 물음표 사이를 오가는 사람들. 사람이 그리워 낯선 기척에도 반가움을 숨길 줄 모른다. 가까이 있어야 효도지, 멀리 있으니 자식도 영 남과 다르지 않다. 자식 따라 도시로 옮겨 앉아 보아야 영락없는 알거지, 눈칫밥 신세가 될 것은 정한 이치다.

더러운 공기에 목 쓰리고 눈 쓰린 일은 두고서라도, 도시밥 며칠에 심장이 예사롭지 않게 뛰어 오래 버틸 요량이 있을 것 같지가 않다. 자식 놈은 생각 없이 자꾸 올라오라 해쌓더니만, 이제는 그 말마저 쏙 들어간 지 오래다. 많던 사발이니 대접은 내 장삿날에 꺼내 쓰라고 고방에 넣어 두었으니 남은 마을 사람이 잘 알아서 할 터이다.

모처럼 들른 시골집에서 홀로 몇 년째 집을 지키던 새미실댁이 약을 먹었다는 소식을 듣는다. 올해만도 두 사람. 늙고 병든 몸으로 도시 자식 짐 되지 않는 길은 그것뿐이었던가. 다가오는 보름. 못 속 큰 가물치들이 버드나무 가지로 올라앉아 북

두칠성, 칠성님을 뵙는 밤. 굿 소리 더욱 아득하리라. 툇마루에 나앉아 국수를 만다. 간 봄 일이다.

(『월간 에세이』, 1997)

개운포 낮달

흔들리는 것은 저대로 까닭이 있어
흔들리는 옆자리 버스 뒤켠
사직이 흔들리던 신라 한시절의 사내가
금줄 몇 개로 날리고 있다.
외황강 물빛은 사이사이 외항선 깃발을 띄우고
그 물빛에 겹쳐지는
MJB 깡통과 라면 봉지
잔챙이를 잡아 눈을 찌르는 아이들
십이열차 십이 열차에서 저 푸른 초원까지
몸엣것을 흘리는 개운포 여자들
영취산 망해사 떠내려온다.
신라 한 시절의 낭패한 사내
담뱃갑처럼 구겨진다.

—「처용암—죽지사 8」

울산 외황강 물끝에 자리 잡은 개운포와 처용암, 그리고 건너 처용마을은 서로 재미있게 얽혀 있다. 더 아래 온산 쪽 바다 달포라는 이름도 그렇다. 검고 커다란 음핵처럼 외황강 물에 내려선 처용암. 이제 사람들은 물가에 서서 썩어버린 물빛과 처용암, 새로 지어 올린 당집 금줄만 속절없이 보고 돌아올 수 있을 따름이다.

처용의 정체성. 그가 인욕행을 실천한 보살이든, 신라 하대 국제항 울산 토호 자제든, 아라비아 거상이든, 근친상간의 금기를 이야기로 꾸민 우리 겨레의 무의식적 자아든, 아니면 울산 지역 무당의 몸주든, 처용암을 처음 만나러 갔을 무렵 나는 그 엇갈리는 생각 속을 떠돌며 다채로운 머릿속 헤엄을 즐기고 있었다. 그러나 떠돌이 발걸음이 처음 닿은 개운포에서 내가 겪었던 것은 매우 현실적인 낭패감이었다.

거듭된 울산공단 넓히기 공사에 뒤 이은 시커먼 연기와 곰팡이 핀 인절미 같이 굳은 채 널려 있는 공장들 지붕, 마구 파헤친 길가 불도저 바퀴가 밀고 간 옛 마을 이름만 무성했다. 고깃배 사라진 참혹한 개운포 갯가와 낮달. 검은 피로 물든 서답처럼 가라앉은 외황강 물줄기를 보면서 내가 할 수 있었던 일은 "십이열차 십이 열차"라는 말장난에 얹어 본 은밀한 된소리 욕설이 모두였다.

(『시안』, 2000)

법화사

산수유 노란 꽃잎이
꼭 바로 하늘 향해 낭자한 까닭은

비탈 텃만 아니다 건너 도토리 동굴
탄피 듣는 소리에 귀를 빼앗긴 마음

혁명지사 김주민 손손녀
돌바위 글발 위로 저녁 햇살 바르게 바르게

나 왔다 말도 없다
떠나는 구름

하풀하풀 비닐 지푸라기 깔고 앉아
밑에서부터 썩고 있는 새알 둘.

—「법화사」

두류산 법화사는 멀다. 길도 멀고 마음도 멀다. 그 먼 길을 시주 보살들은 잘도 오른다. 남원에서 부산에서 관광버스로, 자가용 승용차로 오른다. 절집에도 차가 있어 실어 나르기에 공을 들이는 듯싶었다. 그들은 극락을 버리고 와서 지옥을 얻어 간다. 법화사 길은 가파르다. 가파른 그 골짝에서 쉰 해 앞서 숨을 거둔 젊은 내외를 만났다. 경인전쟁 총연 자욱한 산수유 밭이었다. 한 지옥에서 다른 지옥으로 건너온 구름이었다.

(『현대시』, 2005)

그리운 주막

산그늘 하나 따라잡지 못하는 걸음이
느릿느릿 다가서는 거기,
주막 가까운 북망에 닿아라.
동으로 머리 누이고 한 길 깊이로 다져지는 그대
도래솔 성긴 뿌리가 새음을 가리고
나직한 물소리 고막을 채워 흐른다.
입 안 가득 머금은 어둠은 차마 눌 주랴.
마른 명주 만장 동이고 비틀비틀 찾아가거니
흐린 잔술에 깨꽃 더미처럼 흔들리는 백두.
그대의 하관을 엿보는 마음이
울음을 따라 지칠 때,
고추짱아 고추짱아 한 마리 헤젓는 가을 하늘 저 끝.

—「그리운 주막 1」

먼저 나는 믿을 수 없다. 진리, 자유, 선에 대해. 나 자신이라고 믿고 있는 이 캄캄하고 암담한 혼돈의 밑바닥을. 그런 것들에 질서를 주고 싶다. 아직까지는 가락에 기대고 있다. 포갬에 따른 자발적인 다달음. 이런 데 꽤 빠져 있다. 객관 형태 확보와 개별 의미 질서, 그런 것들 가장자리에 방법적 절망이 서성거린다. 자꾸 짧아지는 것은 어쩔 수 없다. 아마 삶의 치열함과 맞물려 있으리라. 더 큰 싸움을 포기한 상태. 비극의 회피, 차라리 침묵을 택할 것인가?

"시는 의미하지 않고 존재한다."(맥클리쉬) 아니다. 시는 존재하고 아울러 의미해야 한다. 참된 시는 존재와 의미의 역동 가운데서 스스로를 들낸다. 존재하려는 한 시는 선할 수 없고. 의미하려는 한 시는 아름다울 수 없다. 우리의 삶이 그러하듯. 선미善美의 시. 시인은 늘 착한 야만을 꿈꾼다.

「그리운 주막」은 이즈음 귀중한 분의 망실 앞에서 얻어진 시다. 망해 가는 대한제국의 딸로 태어나 식민지, 을유광복, 경인년 전쟁을 따라오면서 그리도 곧고 당당하셨던 분. 당신을 빌려 나는 삶의 질을 배웠다. 「그리운 주막」은 "가을 하늘 저 끝" 그 '저'의 자리에서부터 시작할 시편의 초고 같은 것이다.

(『문리대학예』, 1981)

더위

여름 한낮 운동장 플라타너스 그늘에서 아이들이 시소를 탄다. 잘 약속된 균형 잡기. 뒤쪽 화단에서는 봉숭아가 몇 포기 바람이 불어 가는 쪽으로 누웠다 일어섰다 굽히기 운동을 한다. 줄기가 꽃대를 버티기 위한 안간힘. 파란 속까지 햇살이 환하다. 중얼중얼 바삐 물관부에 갇혀 도는 물방울이 보인다.

제주도 아랫바다에서는 새로 태풍이 온다는데 신문을 받아 보지 않으니 꼼꼼하게 알 수가 없다. 이 화단 봉숭아는 오늘밤을 넘길까 못 넘길까. 애써 손톱에 꽃물을 들이고 있는 저 여자 아이들도 내일 아침이면 꽃물을 빼기 위해 좋은 비누로 씻고 씻고 할 것이다.

날빛이 너무 뜨겁다. 몸 하나 균형 잡기도 힘들다. 그늘로 숨어 다녀도 머리가 어찔하다. 더위를 마시면 물 먹어도 소용없다. 바보 된다. 거리에는 한결같이 숨은 아이와 숨으려는 아이와 숨지 못해 들킨 아이와 숨은 아이를 찾는 아이와 숨으려는 아이를 잡으려는 아이와 숨지 못해 들킨 아이를 놓아주는 아이들이 쪽을 갈라 숨바꼭질을 한다. 별스런 짓이다. 별스런 짓도 필요하다?

이렇게 더운 날에는 평상에 나앉아 생고구마나 깎아 먹으면 좋겠다. 전봇대 뒤에 숨어 오줌 누다 개나 만나면 좋겠다. 개자식! 옆구리 쥐어박으면 좋겠다.

(『열린시』, 1984)

풍선껌

풍선껌을 좋아하는 조카아이는 늘 호주머니에 풍선껌을 넣어 다닌다. 두 살 위인 누나에게 나누어 주기도 하면서 푸푸 불어 대는 재미가 볼 만하다. 새로운 놀이에 재미를 붙일 때까지 거듭 풍선껌 부풀리기를 하겠다.

조카의 제법 잘 부풀린 풍선껌 속에는 요즈음 시들이 다 들어 있는 듯싶다. 푸푸 부풀린 속을 떠다니는 허망함. 개구리밥처럼 둥둥 부푼 아름다움. 이저리 잘난 바람, 못난 바람에 밀려 도는 헤엄이 안쓰럽다.

나도 풍선껌 불면 좋겠다. 애비 없는 자식처럼 한나절 내내 전자오락하면 좋겠다. 그나마 싫어지면 퉈퉈 침을 뱉으며 강냉이나 씹을지 몰라. 나는 참되려는 자세를 노래한다. 망가진 자세, 망가지려는 자세, 망가지지 않으려고 짐짓한 자세. 풍선껌을 씹거나 강냉이를 씹거나 씹는 한결같은 자세가 중요하다.

요즈음엔 아들 딸 둘 낳아 기분 좋은 사람들과 아들 딸 하나 낳아 기분 좋을 사람들이 만난다. 흐름이 중요하다. 갈 수 있는 데까지 가서 맴도는 물줄기는 적어도 아름답다. 풍선껌을 좋아하는 조카아이는 늘 호주머니에……. 가가.

(『열린시』, 1983)

무척산

김해 삼방동에는 천병덕이라는 이가 산다. 책을 좋아해서 가끔 좋은 책을 만나면 아는 이에게 마구 권하거나 사서 돌린다. 가진 책을 펴 놓고 좁은 김해 바닥에서 전시회도 갖는다. 나는 그가 벌이는 한 전시회를 찾아 갔다가 그를 만났다.

그는 가난하다. 그는 나이에 견주어 고생이 잦았다. 그는 철이 빨리 들었다. 그래서 그의 아내와 그는 늘 가슴이 아프다. 그의 안태 고향은 김해에서도 더 들어간 생림면 무척산 아랫마을이다. 낙동강을 건너 삼랑진과 밀양으로 들어가거나 고개를 넘어 진영으로 빠지는 곳이다.

그가 책에 들린 것은 어릴 적 보았던 무척산 울창한 숲 탓이리라. 책은 숲이고 나무다. 삼방동 좁은 그의 방에는 숲이 울창하다. 벽에서는 고향 바람이 속삭인다. 낙엽도 밟힌다. 나는 그 낙엽 두어 송이를 주워 든다. 그는 지금 외롭고 그의 아내는 더욱 가슴이 아프다. 암이란다.

(『현대시』, 1995)

손톱에 때 끼는

손톱에 때 끼는 노릇도 가끔 해야만 제격이다. 그런데 그게 잘 안 된다. 새로 이사한 집만 해도 그렇다. 전세금을 조금 더 에누리하지 못했다. 내 재주 없음에 화가 치민다.

셋집 이층에서 내려다보면 빌라 터가 있다. 평소에는 동네 사람들이 잘금잘금 소피를 보는 곳이다. 사나흘에 한 번씩 거기서 개를 잡는다. 동네 아이들은 그것을 참 기막힌 구경으로 치는 듯했다.

가까운 곳 아이들이 다 모이는 것 같다. 나도 가끔 그곳을 창밖으로 훔쳐보면서 시간을 보낸다. 개 잡는 개백정 아저씨들은 애써 쫓으려 한다. 아이들은 기를 쓰고 본다. 개고기는 보신에 그저 그만이라는 말을 들어 왔지만 나는 안 먹는다. 먹고 싶지만 집안 전통 탓에 먹지 못한다. 안 먹겠다.

며칠 앞서 용케 도살 직전에 개가 탈출을 했다. 낭패한 아저씨들이 끝내 그 개를 잡지 못했다. 그날은 개 파티가 이루어지지 않았다. 개 파티! 벽돌로 개 대가리를 치는 것을 본 아이들은 빈 터에서 주로 벽돌 쌓기 놀이를 한다. 세련된 시민 의식을 생각한다. 잘 모르겠다. 시인 의식은 좀 알겠는데. 세련된 남편 의식은 내 아내가 그렇다고 해 조금 있는 줄 안다.

아내는 참 똑똑하다. 내 대신 시를 쓰게 하면 어떨까. 손톱에 때 낀 사람들과 소주라도 한잔 했으면 좋겠다. 미리 겔포스나 생삼으로 약한 위장을 처방하고 마시면 대작이 되리라. 술을 마시면 잘 취하는 내가 또 한심스러워지면 고랑주를 마실까. 소주와 고랑주를 섞으면 어떨까. 손톱에 때 끼는 노릇은 손톱을 뽑아 놓고 하면 어떨까.

(『열린시』, 1982)

시를 위한 단장

1

시는 스스로에 대하여, 시대에 대하여 견디는 힘이다. 삶의 후방 전략이다. 그리하여 시는 역사라고 말하는 우상의 논리에서 삶을 해방시키기 위해 도리어 삶을 우상화하는 자가당착을 즐겁게 저지른다.

2

밤늦게 돌아온다. 어깨 위로 오리목 꺾인 가지가 툭툭 내려앉는다. 골목은 더욱 밤이다. 아아 눈먼 밤. 마침내 모든 것이 시로 환원할 것을 믿는다. 안녕.

(『열린시』, 1982)

3

내용이 형식을 결정한다. 좋은 말이다. 형식이 내용을 결정한다. 더 좋은 말이다. 세상에는 참 좋은 말이 많다. 듣기 좋은 말, 말하기 좋은 말, 말하지 않기 위한 말. 시도 마찬가지다. 한 폭의 시 같은 시, 시를 그리워하는 시, 시라고 우기는 시, 엄살 부리는 시, 명함 같은 시, 구걸하는 시, 알맞은 시, 약간의 시, 개부랄도 없는 시……. 개부랄은 욕이 되는 말이다.

(『열린시』, 1981)

4

ㄱㄴㄷㄹ ㄱㄴㄷㄹ 때로 갑갑해 몸을 비튼다. 오늘은 ㅅ 가까이 가서 모로 누웠다. 시시한 생각이 들어 다시 돌아누웠다. ㄹ은 조금 여유가 있어 즐겁다. 즐거워해 보라. 아, ㅁ 속에 갇혀 소심하게 웅크린 나. ㄱㄴㄷㄹ ㄱㄴㄷㄹ 그 밖은 어떤 세계인가? 어떻게 버려야 하는가?

(『열린시』, 1980)

5

먼저 나로부터 달아나야지. 나라고 믿고 있는 이 암울하고 캄캄한 분열의 그늘을 찢어 버려야지. 틈 주지 말고 사소한 나를 더 사소하게 만드는 일에서부터 비굴한 너를 더 비굴하게 울리는 것에까지 두 눈 부릅뜨고 보아 주어야지. 참이라는 것,

아름다움이라는 것, 사랑이라고 굳이 웅변하는 세상 모서리. 견뎌야지. 견디면서 지겹도록 확인해야지, 초여름 빗발로 떠도는 네 발자국과 서으로 서으로 엎어지는 익명의 배고픔을. 버려야지, 우선 너라고 믿고 있는 적당한 일컬음으로부터 달아나야지. 바람이 분다. 살아 보아야겠다. 그래 바람이 불지 않아도 살아 보아야지, 살아야지. 한 마흔 해 더 혀 깨물고 치를 떨며 사랑해야지.

(『문학사상』, 1980)

6

뜻을 가두는 짜임새 쪽 버릇을 숨길 수 없다. 눈길도 문제다. 그러나 그것은 개인의 정신사에 닿아 있느니 만큼 현재진행의 소괄호로 묶어 두자. 마침내 시인에게 있어 세계인식의 얼개는 감수성이 아닌가? 그런가? 내 글도 문학이라는 고운 이름 아래 행세하는 그 숱한 말의 엄살에 한몫 거들고 있지나 않은지.

"자유란 완전한 조직의 결과다."(산타야나) 다만 꾸준하게 확인하며 견디고 싶을 따름이다. 시 만세, 시인 육십 세!

(『열린시』, 1980)

3부

바람 뒤적거리기

민주문학을 위하여

1

1960년 경자년 봄, 그로부터 삼십팔 년이 지난 오늘, 우리는 그 거리에서 새삼스레 문학을 이야기하고 있습니다. 그 사이 수출자유지역이 들어서고, 가까운 창원이 거대 산업도시로 거듭나 마산 바다를 훑어 가 버렸으며 진주로 순천으로 내달리는 큰길은 오늘도 어김없이 서쪽으로 휑하니 뚫렸습니다. 우리 나날살이에도 많은 변화가 뒤따랐습니다. 마산의거탑 앞에는 밤낮없이 조화가 지겨운 듯이 놓입니다. 어느 집은 더 부자가 되어 마산을 떠났고, 또 어느 집은 더욱 막막해져 어디론가 떠나버렸습니다.

김수돈 시인의 피붙이도 마산과 매운 인연을 끊어 버린 채 인심을 따라 흘러갔습니다. 정진업 시인 자제들은 이저런 세파에 시달리면서 가난했던 삶에 마지막 한풀이라도 하려는 것일까요. 아버지의 묵은 원고 뭉치를 들고 마산 거리를 기웃거리고 있습니다. 죽은 권환 시인은 살아 힘깨나 부리는 집안사람 탓에 무덤자리를 욕되이 딴 데로 옮겼습니다. 권환이며 김용호 시인이 먼 저승길을 되밟아 돌아올 때 눈대중할 밝은 불빛은 마산 거리 어디를 둘러보아도 잡히지 않습니다. 제비산 자락 곰삭은 호박 구덩이, 쓰레기 더미에 차마 그들 얼이 깃들었다 하시렵니까.

경자년 봄, 그 무렵 어렸던 학생으로서 형들이나 아저씨 '아우성의 노도'를 지켜보았을 이들은 어느덧 자라 몸을 가꾸어 지역사회 곳곳에서 중견으로, 원로로 얼굴을 내밀고 있습니다. 그 동안 자리를 차지하고 싶었던 이들은 더욱 자리를 높였고, 힘을 부려 보고 싶었던 이들은 한껏 힘을 부리게도 되었습니다. 그때 까까머리 학생은 교사가 되고 더 많이는 교장이 되었습니다. 그 사이 세월은 많은 이를 행복스럽게 해 주었는가 하면 또 많은 이를 더욱 울리기도 했습니다.

키 큰 이선관 시인은 오늘도 독수대 물을 마시며 불종거리를 가로질러 걸어오고 있습니다. 댓거리 죽집 할머님은 오늘도 때맞추어 여섯 시 아침에 문을 엽니다. 그 사이 많이 달라졌고 그보다 더 많이 달라지지 않은 일이 있었습니다. 그로부터 삼십팔 년이 지난 오늘 그때 그 핏빛 마음이 어디에 깃들었다 하실지 궁금합니다. 자산동 꽃집에서, 양덕동 언덕에서 갖가지 피를, 심장을 닮은 꽃은 오늘도 붉게 피고 있는데 그때 그 붉은 마음을 어디서 찾으라 하시는지요.

2

이른바 4·19의거, 곧 경자시민의거가 실패하였는가 성공하였는가, 또는 그 앞서 일어났던 대구와 부산, 마산의 학생의거와는 어떤 관련이 있었던가. 또 됨됨이는 혁명이었던가 의거였던가. 그리고 주체는 학생이었던가 아니면 더 넓게 시민층이었던가. 그도 저도 아니라면 시민에게 맞장구친 군대였던가. 이들에 대해서는 아직까지 여러 생각이 엇갈려 번잡스럽기까지 합니다. 그러나 그것이 혁명이었다면 미완의 혁명이었고, 의거였다면 안타까운 의거였습니다. 그리고 경자시민의거에 기름을 부었던 경자마산의거는 또 무엇이었다 하시렵니까.

크게 보아 경자마산의거를 포함한 경자시민의거가 광복 뒤부터 민주주의 이념을 배우고 자란 젊은 학생 세대들이 그러한 이념과는 너무나 동떨어진 현실 앞에서 느낀 좌절과 분노에서 말미암았다는 것은 두말할 나위가 없습니다. 독재로 나아간 정치 현실과 거기에 더해 반민족 부왜인사의 득세에 따른 모순된 사회 현실 앞에서 강력한 맞대응을 벌였던 셈입니다. 그만큼 의도에서 순수하였으며, 문제 인식이 원칙적이었던 만큼 분노 또한 컸고, 좌절 또한 깊었다 하겠습니다.

자본주의는 바탕에서부터 노동과 노동자, 생산물과 소비자, 사용자와 노동자 사이의 분열과 소외를 핵심으로 삼고 있음은 널리 알려진 바입니다. 그러나 기회 균등에 따라 자유로운 부의 축적을 이상으로 삼는 자본주의 이념은 이러한 분열과 소의 탓에 마침내 비인간화로 치달을 수밖에 없었습니다. 그리고 그러한 비인간화 현상은 자본주의 이념의 잘못에서 말미암았다기보다 명분과 실제의 거리에서 말미암은 것이라 하겠습니다. 곧 자유, 평등, 사랑의 이상이라는 명분과 그 실제 사이에 가로놓인 거리야말로 근대 산업사회 모순의 핵심 고리인 셈입니다. 이 점은 정치, 사회, 경제뿐 아니라 문학에까지 두루 걸린 현상이기도 합니다.

이상은 넘치고 명분은 좋으나 실천이 따르지 않음, 이것은 오늘날 우리 문학이 안고 있는 문제의 핵심이기도 한 셈입니다. 그리고 그 틀 위에서 살필 때 새삼스럽게 우리 지역 문학인들에게 경자마산의거가 일깨우는 바는 무엇입니까. 죽음이 아니면 자유를 달라고 흘린 핏방울의 절규가 아직도 공허한 명분으로만, 헛구호로만 되풀이하고 있지는 않은지 헤아려 볼 까닭은 없다는 말씀인지요. 부끄러움 없이 세상에 나돌고 있는 반민주적인 문학 행태가 없는지 헤아림이 필요하다 이르신 줄 알겠습니다. 그렇다면 모름지기 문학의 민주주의, 곧 민주문학을 꿈꾸는 이에게는 삼십팔 년을 거슬러 올라선 옛날에 물결쳤던 의거는 오늘 이 자리에서 아직도 거듭하고 있는 셈입니다.

3

삼십팔 년을 거슬러 올라간 그때 이상, 곧 자유란 무엇이며 독재타도란 무엇이며, 마침내 민주주의 문학이란 무엇이겠습니까. 민주주의란 사람이 주인 되는 큰 생각입니다. 돈 가진 사람, 자리 높은 사람, 힘 센 사람이 대접 받는 세상이 아니라 덜 가진 이, 자리 낮은 이, 힘없는 이, 예사 사람이 사람 대접 받고 주인 대접 받는 생각이라 할 만합니다. 예사 사람이 주인 되는 것인 탓에 사람 아닌 자연과 하찮은 목숨에까지 주인 된 도리로 사랑을 베풀고 살 자리를 마련해 주는 생각이라 할 만합니다. 그리고 그 일에 이바지하는 문학을 우리는 모름지기 민주문학이라 이름 붙일 수 있겠습니다.

첫째, 민주문학은 관료 문학이 아닙니다. 민주문학 자리는 구성원의 동의를 얻지 않은 거짓 권력을 물리치는 문학입니다. 칼 잡고 총 잡은 채 다투는 군대 조직이나 군대 행정에 있을 법한, 힘에 의한 지배와 예속 관계가 문학마당을 사로잡고 있어서야 될 법한 일입니까. 문학마당의 권위는 문학 전통 속에서 살아 있는 작품의 높낮이가 무엇보다 첫 터무니가 되어야 할 터입니다. 모름지기 너에게 작가라는 이름에 부끄럽지 않을 작품이라도 있다는 말인가. 이러한 물음에 대해 마냥 화를 내며 대들거나 더듬거릴 수밖에 없을 이들이 문학마당 윗자리에 앉아 문학과 문단을 농단해 대고 있다면 문제는 매우 심각하다 하겠습니다. 문단 바깥쪽 사회 구성원의 눈살을 찌푸리게 하며, 지역 구성원이 오히려 혀를 차기에 모자람 없을 행태를 되풀이하고 있는 문학인이 큰소리를 치고자 합니다. 그런 이들이 세상 앞자리에서 대접 받기만을 웅변합니다. 어찌 민주문학이 내다볼 자리라 이르겠습니까.

나이 탓에 자리 탓에 문학이 왜곡되고, 문학 권력이 제 멋대로 힘을 써서야 될 법한 일입니까. 무슨 무슨 협회의 회장이니 부회장이니, 나이를 돌보지 않고 얼굴 내기는 좋아라 하면서 지역 구성원에게 문학이 왜 필요한 것인지 감히 일깨우지 못하는 문학, 문학은 사라지고 문단만 볼썽사납게 떠들썩한 마당이 어찌 민주문학이 깃들 데라 하겠습니까. 민주주의란 어른이 아이를 대접하고, 가진 이가 없는 이의 배를 채우는 덕을 베푸는 일이 아니었습니까. 쌓아 올린 바 공덕과는 무관하게 자리나 상을 돌려 먹거나 눈치껏 차례를 기다리는 시시덕이들 저잣거리로 문학마당이 머물 수야 없는 법입니다.

둘째, 민주문학은 샛밥 문학이 아닙니다. 민주문학이란 남을 위해 자신을 숙이는 문학입니다. 베풀지 않으면서 자기 이익이나 지키려는 문학, 정치마당에 줄을 대거나 이름을 이용해 이익을 챙기려는 문단 건달의 잿밥 문학은 민주문학이 탐낼 바가 아닙니다. 그런 잿밥 문학을 즐기는 이는 늘 제 한 몸 명리를 꿈꾸는 친교 문단, 접대 문단을 거느리기 마련입니다. 민주문학은 내가 세상에서 사람 대접 받고 업신여김을 당하지 않으면서 살고 싶은 것과 마찬가지로 남도 사람 대접 해 주고 섬기는 문학입니다. 지역 구성원의 세금을 뜯어먹고, 소박한 생활문학 지망생의 진지한 욕구를 왜곡시키는 우스꽝스러운 접대 문단은 더 이상 문학마당에서 사라져야 합니다.

민주문학은 문학을 위하여라는 명분 아래 오늘날 수많이 저질러지고 있는 비문학적인 잿밥 문학, 접대문단에 대한 꾸지람이기도 한 셈입니다. 경자년 마산의거 세대라 뻔질나게 말꼬리를 무는 이들이 실상 보여 주고 있는 행태는 어떠합니까. 경자년 선연하던 핏빛이 제 한 몸 이득을 꾀하려는 겉치레였다 이르고 말 일이 아닙니다. 사백 년도 넘은 옛날, 이순신 장군이 무과에 오른 뒤 아직까지 밑자리에 있을 때였습니다. 덕수 이씨 한 족친으로 그때 판서 자리에 올라 있었던 율곡이 장군의 이름을 듣고 긴히 불렀습니다. 그러나 장군은 완곡하게 그 청을 거절했다 합니다. 누구나 서울 높은 벼슬아치에게 연줄을 대지 못해 안달하던 때에 장군은 오히려 사사로운 집안 인연이나 이익을 물리치는 당당함을 보여 주셨습니다. 오늘날 우리 둘레에도 지닌 바에 있어서는 이순신 장군을 닮은 문학인이 많으리라 여겨집니다. 정의와 올바름은 간데없는 허욕에다, 노후를 위해 엉뚱한 잿밥이나 꾀하는 이들만이 우리가 보는 문단 풍경은 아닐 터입니다.

셋째, 민주문학은 이타 문학입니다. 제 한 몸 잘 되는 길로 들어선 문학, 나 잘 되자고 남 억누르는 문학은 이제 문학마당에서 사라져야 합니다. 남 보살피고 세상 널리 돌아보는 문학,

더불어 사는 이를 위해 주제와 대상을 넓히고, 관심 영역을 넓히며, 삶에 대한 진지한 물음을 포기하지 않는 문학이 모름지기 민주문학에 가깝다 하겠습니다. 아울러 뒷사람을 위한 문학 또한 민주문학이 좇아갈 모습입니다. 오늘 이 자리에 앉아 있는 뒤 세대란 마침내 누구더란 말입니까. 이들이야말로 바로 미래의 내 모습이고, 우리 문학의 모습입니다. 우리는 오늘 이 자리에서 우리 뒤 세대와 함께 느끼고, 함께 생각하면서 사실은 우리의 미래를 앞당겨 보고 겪고 있는 셈입니다. 그들에게 이바지할 바 없는 문학이야말로 자기 미래를 포기하는 문학이 아니고 무엇이라 하겠습니까.

사람이야말로 짐승 가운데서 자신의 앞날을 미리 내다보며 공을 들이고 실현시켜 나가는 목표지향적 동물입니다. 뒤 세대의 바람직한 문학 능력을 키워 주기 위해 본보기를 마련하는 일에 공을 들이고, 그들을 위해 노력하는 문단, 문학인이 되어야 할 것입니다. 그리고 무엇보다 몸소 실천하는 문학이야말로 우리의 문학 미래에 대한 투자요, 뒤 세대에 대한 가장 큰 이바지라 하겠습니다. 기껏해야 제 한 몸 이름 부풀리고, 우쭐거리며 돈푼 쥐어 보겠다고 곁눈질하는 문학이고 그런 작품이라면, 더는 세상이 그런 문학을 돌아보지 않을 것입니다. 문학이 아무리 하찮아지고 손쉬운 자리로 들어섰다 해도, 문학인 스스로 문학을 망가뜨려서는 곤란한 일입니다.

4

민주문학은 남 대접하기보다는 제 대접 받기 위해 거들먹거리는 관료 문학이나 골목대장 문학도, 먹이 부스러기나 챙기기 위해 눈을 부라리는 잿밥 문학이나 접대 문학도, 노후를 꾀하며 제 한 몸 잘되는 길로 들어선 이기 문학도 아닙니다. 그런 문학보다는 오히려 못 배우고 못 지녀서 더 솔직하고 부끄러움을 아는 예사 사람들 문학이 더욱 문학답고, 더욱 민주문학에 가까이 다가섰다 하겠습니다.

바람직한 민주문학, 마땅한 민주 문단을 위해 문학인 모두 그 옛날 습작기 봄날에 한번쯤은 지녔을 법한, 그러나 지금은 멀리 떠내려가 버린 바, 문학을 향한 초발심을 되찾아 볼 필요는 없다는 것입니까. 불문에 드는 비구니 붉은 연비 자국처럼 붉었던 문학에 대한 열정과 순수한 헌신은 아예 없었다 하렵니까. 어느 시대, 어느 때나 진정한 문학인에게는 그 시대나 문학은 늘 위기였고, 절망이었습니다. 오늘날 우리 문학의 진정한 위기는 시대나 문학 자체의 위기라기보다는 문학인의 행태 위기라는 데 심각성이 더하다 하겠습니다. 1960년 경자년에 물결쳤던 파도, 민주주의라는 명분은 아직도 신선하게 살아 있었습니다. 그러나 오늘날 우리 문학은 그 실천은커녕 민주주의 문학이라는 명분마저 잃어버린 데서 어느덧 병이 더욱 깊었습니다.

이제 1960년 경자시민의거의 핏방울에 손을 적시면서 스스로 제 문학의 키를 훌쩍 키웠던 시인, 김수영이 쓴 시줄을 읊조리며 민주문학을 향한 작은 반란을 꿈꾸어 봅니다.

시를 쓰는 마음으로
꽃을 꺾는 마음으로
자는 아이의 고운 숨소리를 듣는 마음으로
죽은 옛 애인을 찾는 마음으로
잊어버린 길을 다시 찾은 반가운 마음으로
우리가 찾은 혁명을 마지막까지 이룩하자

…(줄임)…

그러나 쟝글보다도 더 험하고
소용돌이보다도 더 어지럽고 해저보다도 더 깊게
아직까지도 부패와 부정과 살인자와 강도가 남아 있는 사회
이 심연이나 사막이나 산악보다도
더 어려운 사회를 넘어서

이번에는 우리가 배암이 되고 쐐기가 되더라도
이번에는 우리가 쥐가 되고 삵괭이가 되고 진드기가 되더라도
이번에는 우리가 악어가 되고 표범이 되고 승냥이가 되고

늑대가 되더라도

이번에는 우리가 고슴도치가 되고 여우가 되고 수리가 되고 빈대가 되더라도

아아 슬프게도 슬프게도 이번에는

우리가 혁명이 성취하는 마지막날에는

그런 사나운 추잡한 놈이 되고 말더라도

나의 죄 있는 몸의 억천만 개의 털구멍에

죄라는 죄가 가시같이 박히어도

그야 솜털만치도 아프지는 않으려니

시를 쓰는 마음으로

꽃을 꺾는 마음으로

자는 아이의 고운 숨소리를 듣는 마음으로

죽은 옛 애인을 찾는 마음으로

잊어버린 길을 다시 찾은 반가운 마음으로

우리가 찾은 혁명을 마지막까지 이룩하자

— 김수영, 「기도—4·19순국학도위령제에 부치는 노래」 가운데서

(『38회 경자마산의거기념 문학의 밤 작품집』, 1998)

통영이 시들다, 퇴영이 멍들다

— 통영의 문학지지학

1

통영 토박이는 자신의 텃밭 통영을 퇴영이라 일컫는다, 퇴영. 대학시절 질풍노도를 같이했던 퇴영 사람 공옥식은 소설가다. 소설을 오래 쓰지 못한 채 사립여학교 교무부장으로 나이를 더하고 있는 그를 떠올리면 한때 잘 나갔던 통영 우렁쉥이며 굴 맛이 생각난다. 허옇게 통영 바깥 갯가 곳곳에 버려져 있던 굴찍이 그립다. 나에게 통영을 퇴영이라 일컫는다는 사실을 가르쳐 준 이가 공옥식이다. 그러고 보니 그나 나나 벌써 쉰 나이를 넘겼다. 따가운 남녘바다 햇살에 서너 해 바랜 굴찍을 닮아 살갗도 까칠하다.

그 통영에 새로운 지역문학 문화재가 하나 섰다. 남망산공원 오름 자리, 통영항이 내려다보이는 곳에 서 있는 초정 김상옥 시비다. 잘 만들었다. 초정이 이승 사람이었을 때 앉히고 싶어 했던 터는 아니다. 그런 대로 버금자리는 된다. 큰 으뜸 빗돌

둘레에 그의 작품 여럿을 작게 다듬어 앉힌 맵시가 밉지 않다. 통영에도 괜찮은 문학비가 하나 선 셈이다. 그런데 초정이 남긴 숱한 서화는 다 어디로 갔을까. 누구보다 통영 사람의 재기와 총기를 온몸으로 떨치다 간 이가 초정이다. 그런데 통영 어디에도 그의 본디 모습을 살필 수 있을 자리는 없다. 남망산 시비 하나로는 턱없이 모자라는 초정의 그늘 아닌가.

그러나 제 고향에서 제대로 대접 받지 못하고 있는 문인이 통영 안에서만 하더라도 초정 한 사람에만 그칠까. 소설가 김용익의 자취 또한 통영 어디서도 볼 수 없다. 언젠가 만났던 늘샘 탁상수 시인의 아들은 어느 타향에 묻혔을까. 지닌 게 없다며 내게 선친의 사진 한 장만을 부끄럽게 내밀던 그 손등만으로도 벌써 건강이 좋아 보이지 않았다. 비록 흠이 있다고 하나 황산 고두동 또한 만년까지 통영 시조를 어머니 젖줄인 양 잡고 살았다. 통영 호텔 어두운 구석방에서 역술가로 행세했던 평론가 김성욱은 유치환의 몇 번째 사위였더라. 자신의 시조만큼 키가 컸던 박재두도 저승 사람이 된 지 벌써 여러 해다. 통영을 오래 떠나 살았으니 그의 시비가 고향 땅에 서기란 틀린 일이다. 전어 밤젓보다 작은 배포를 지닌 글쟁이라 하거니와 통영 안쪽에서만 허리끈을 붙잡고 살고 있는 이들이 어찌 그를 기억해 내랴, 퇴영.

통영은 경상남도 맨 남쪽에 터 잡고 있다. 북으로는 고성과 이었고 바다 건너 진해만과 창원을 낀다. 서쪽으로는 남해섬을, 동남쪽으로는 거제섬을 거쳐 남으로 동백꽃같이 크작은 여러 섬을 피우면서 활짝 트인 난바다로 이어지는 곳이 통영이다. 일찍부터 사람 발길이 닿았던 풍족한 삶터였다. 그 가장 오랜 자취는 통영 둘레 곳곳에서 찾아볼 수 있는 조개무지다. 통영은 역사 시기로 내려오면서도 거제현과 고성현의 한촌이었다. 그러다 통영이 역사 속으로 성큼 들어섰던 때는 임진왜란 기였다. 왜구들이 쳐들어와 분탕을 치자 선조 36년인 1603년 두룡포로 알려져 있던 이곳에 통제영을 마련했다. 남해안 지역의 경제·군사·문화 중심지로서 통영이 중요한 몫을 300년에 가깝도록 맡게 된 첫걸음이었다. 그러다 저물어 가는 나라와 함께 고종 9년인 1896년 통제영도 문을 닫을 수밖에 없었다. 통영이라는 이름이 여기서 비롯된 것임은 널리 알려진 터.

통제영 문화는 다른 갯가와 달리 세련되고도 짜인 군사문화, 관문화, 그리고 그와 어울려 기능적이고도 다양한 민속예능을 발달시켰다. 근대 초기까지 명맥을 이었던 12공방이 그러한 분위기를 일러 준다. 작은 갯가 마을로 시작해서 400년을 넘는 동안 우리 바다를 지킨 통제영의 역사를 숨기고 있는 곳, 공방에서 뿜어져 나왔을 숱한 예능 전통이 파도 갈기 마냥 살아 있었던 곳. 그러다 근대에 들어 통영 또한 여느 지역과 마찬가지로 거친 변화를 겪었다. 그 가운데서도 일찍부터 이루어졌던 제국주의자 왜로의 식민지 어업 재편과 해양 수탈 과정으로 말미암은 변화가 다른 곳과 다른 특이성이다. 왜로의 행정적, 법적 지원 아래 통영에서는 크작은 식민자들의 어업자본이 진을 치고 앉아 남해안을 훑어 댔다. 항포구 앞바다를 어장이라는 개념으로 묶어 경계를 가르고, 불평등한 인허가를 빌미로 막대한 부를 늘였다. 왜로의 어업자본과 그에 빌붙었던 이들이 지역의 부를 독점해 나갔던 셈이다. 그런 까닭에 일찍부터 중산층 일본 유학생이 많았던 통영. 통제영의 강한 의기와 맞서듯 바닷물의 자유로움을 한 몸에 안고 뒹굴었던 통영이다.

그 통영은 남해안 어업 중심지였을 뿐 아니라, 부산에서 마산을 거쳐 여수로 가는 교통·통신 중계지로서도 오래 중요한 몫을 다했다. 반농반어의 생산 토대에다 갯가 특유의 강건한 됨됨이, 게다가 오랜 통제영 설치로 말미암은 관문화와 민속문화의 위계와 조화, 강한 저항정신과 개방적 실용정신이 어울려 특유한 지역성을 이루었던 곳이 통영 아닌가. 일찌감치 반상의 경계를 허물어 버린 통영이 우리 근대문학 주요 산실 가운데 한 곳으로 자리 잡게 된 것도 지역이 지니고 있었던 풍요로운 풍토적 감각에다 자유분방한 예능 전통이 거들었던 까닭이리라. 그런데 그 통영이 이제 시들하다. 퇴영이 멍들고 있다.

2

문학지지학은 두 가지 방향에서 다가설 수 있다. 문학의 지지학이 그 하나요, 지지학의 문학이 그 둘이다. 앞선 것은 문학 작품이 담아내고 있는 지역의 장소성이나 반영론적 요소들을 따지고 풀이하는 길이다. 뒤선 것은 문학이 현실 장소나 공간에 실천하고 기능할 수 있을 가능성을 찾는 길이다. 앞선 일은 반영론 쪽 문학지지학이라 할 수 있고, 뒤선 일은 조절론 쪽 문학지지학이라 일컬을 수 있다.

통영 지역을 두고 볼 때 반영론 쪽에서 다가설 일거리는 적지 않다. 그러나 작품으로 완결된 가편을 찾기란 쉽지 않다. 김춘수의 「처용단장」이 통영이 지닌 아름다움을 우리 근대시의 즐거움으로 올려세운 한 본보기가 될 정도다. 그렇다고 역외 문인의 내세울 만한 통영 문학도 드물다. 경인전쟁기 피란 시절 황순원이 통영 해평 열녀 이야기를 끌어다 댄 「잃어버린 사람들」은 앞선 보기다. 그러고 보니 박경리가 쓴 「김약국의 딸들」보다 앞자리에 들낼 작품이 눈에 뜨이지 않는다. 고향은 되돌아보기도 싫었을 박경리의 뜻과 달리 통영 문화행정이 그녀의 작품 덕을 보겠다고 부쩍 나서는 일이 무리는 아닌 셈이다. 이제 우리시 속에 담긴 통영 모습을 몇 편 살피기로 한다. 먼저 통영 역내 시인들 작품이다.*

---

* 소지역 통영문학을 본격적으로 다룬 글은 아직 쓰이지 않았다. 글쓴이가 시만을 따로 떼어 근현대 통영시문학사를 갈무리한 적이 있다. 「근대 통영지역 시문학 연구」, 『통영·거제지역 연구』(경남대 경남지역문제연구원 엮음, 경남대출판부, 1999). 『경남·부산 지역문학 연구』 1(청동거울, 2004)에 되실음.

남망산 저녁달에
한숨은 멧 번이며
북장대 아참놀에
눈물은 얼마런고
님의 맘 얽힌 실이니
애써 풀들 마소서.

— 쇠뫼, 「백수 형님의게」 가운데서

눈을 가만 감으면 구비 잦은 풀밭길이
개울물 돌돌돌 길섶으로 흘러가고
백양白楊 숲 사립을 가린 초집들도 보이구요

송아지 몰고 오며 바라보던 진달래도
저녁노을처럼 산山을 둘러 퍼질 것을
어마씨 그리운 솜씨에 향그러운 꽃지짐!

어질고 고운 그들 멧남새도 캐어오리
집집 끼니마다 봄을 씹고 사는 마을
감앗던 그 눈을 뜨면 마음 도로 애젓하오.

— 김상옥, 「사향」

아청빛 스민 바다
임 가지신 뜻이런 듯

둘레에 곧은 대솔
임의 절개 그대론데

싸우다 잠깐 쉬는 곳
당이 물러 앉았다.

— 장응두, 「제승당에서」 가운데서

1920년대 어느 지역보다 먼저 독특한 시조 부흥의 전통을 마련했던 통영 초기 문인의 글 가운데서 한 마리 골랐다. 무어니 무어니 해도 통영을 대표할 만한 경관이나 장소는 여황산, 남망산, 충렬사, 그리고 제승당이다. 지금은 문학사에서 잊혀져 버린 통영의 『참새』 동인 쇠뫼(철산)는 소박한 맛 그대로 통영인이 지니고 있을 남망산에 대한 사랑을 담뿍 담은 작품을 한 차례 선뵀다. 함께 떠올리고 있는 북장대는 아예 흔적도 없이 사라졌지만 근대 초기 통영인의 활발한 문학 풍토를 엿볼 수 있게 한다.

뒤에 올린 초정의 시조 또한 통영에 대한 그리움을 잘 드러냈다. 비록 구체적인 장소성을 그리지는 않았지만 예사로운 우리말을 감칠맛 나게 부려 써서 고향 그리움을 부풀림 없이 담아냈다. 이은상의 화려한 수사나 조운의 간결한 말씨와 또 다른 문재를 드러낸 초정 초기 시조의 특징이 잘 담긴 작품이다.

그리고 세 번째, 통제영 마지막 한의의 아들로 자란 장응두가 충무공 유적지인 제승당에 남다른 감회를 품은 것은 지극히 마땅한 일이다. 그러고 보니 통영 시조 속에 온전히 박혀 있는 주도 동기 가운데 하나가 충렬사나 한산섬이라는 사실이 낯설지 않다. 이들에 견주어 이즈음 시로 나아오면서 통영의 장소성은 보다 다채롭게 펼쳐진다.

여황산아 여황산아,
네가 대낮에
낮달을 안고 누웠구나,
머리칼 다 빠지고
눈도 먹고 코도 먹었구나,
동호동 61번지.

— 김춘수, 「충무시」

해 오르면 동바다서 밀려오는 물길 보고
해 떨어지면 서바다서 밀려가는 물길 지켜보며
눈 뜨고 귀 세워 놓은 채 긴 어둠 쫓고 선 사내
육지바다 고깃배에서
참돔, 멍게맛 같이 뒷맛 남기는 물편 얘기며
지리산 더덕내음 배인 산골 소식을

하동 모랫배에서 흘려듣지만
삭풍의 항구에서 생이별한
피붙이들의 소식은 종종 무소식
먹지도 눕지도 않으며 밤낮동안 꼬은
삼백 발 새끼줄 안고 바다에 잃은
낭군님 찾아 물속으로 뛰어든 해평열녀처럼
차가운 갯바람에 쐬인 숨겨 온 울음으로
낮이고 밤이고 피붙이 찾는 명줄을 꼬고 있다.

— 최정규, 「등대」

서울 잠실에 가면
진짜배기 통영이 있다
밤 깊은 충무항 한 폭
바람벽에 걸어 두고
통영이 없으면
물 한 모금 목구멍에 넘기지 못하는
토박이 통영이 있다
통영이 궁금할 땐
서울 잠실로 전화를 건다
자다가도 벌떡 일어서는 통영
그게 어찌 잠실뿐이랴
에스파냐에도 칠레에도

뉴욕의 소호에도
여의도 어느 사무실 구석에서도
똑 같은 통영이 있어
세병관 깨어진 기왓장을 주우며
백두들이 모여서
가갸거겨 글공부를 한다.

— 정대영, 「동기들」

부유했던 통영 술도가집 자제답게 세상에 손때 묻히지 않고 살고자 했던 김춘수의 맵시가 잘 드러나는 작품이다. 통영을 일찍 떠났지만 의식했건 하지 않았건 어느 누구보다 많이 통영 흔적을 담아낸 시인이다. 어느덧 "머리칼 다 빠지고/눈도 먹고 코도" 먹은 여황산을 바라보는 눈길이 따뜻하다. 아마 지금쯤 그의 집터 "동호동 61번지" 옛집 빨랫줄 위에는 늦은 가을 잠자리가 '거짓말처럼' 앉아 있을지 모른다. 그 뒤로 금목서가 짙은 만리향을 품으며 골목을 환하게 들었다 놓고 있을 터. 한번 통영을 떠난 시인은 다시 통영으로 되돌아가지 못했다.

김춘수가 고향 바깥을 떠돌다 만 것과 달리 시인 최정규는 못내 통영 안에서 통영 물빛에 갇혀 지새고 있다. 1970년대 『물푸레』 동인을 일으켜 통영의 오랜 매체 발간 전통을 이어받았던 실천 활동만으로도 그는 지역에서 기억할 이다. 물에 빠져 숨진 남편의 주검을 죽어서까지 물밑에서 찾아 이승으로 건져 올려 낸 해평 열녀 이야기는 통영이 지니고 있는 규범적인 관문화와 서민문화가 사이좋게 한 몸으로 얽힌 바다. 누구도 눈길 두지 않는 통영의 밑바닥 삶에 대한 관심이 그에게 해평 열녀를 끌어들이게 했다. 오늘날 통영 바다와 그 가장자리에서 겪는 삶의 고통과 신산. 멀리 대마도 가까이까지 흘러갔다던 통영지역 보도연맹원의 억울한 주검과 그들 가족이 겪었을 한탄스런 지역사가 "눈 뜨고 귀 세워 놓은 채 긴 어둠 쫓고 선 사내"로 표상된 등대가 '육지바다' 위에서 '피붙이들의' "종종 무소식" 앞에서 "먹지도 눕지도 않으며" "낮이고 밤이고 피붙이 찾는" 모습으로 옹글었다. 시인의 깊은 통영 사랑을 엿볼 수 있는 작품이다.

그러고 보니 출향 시인 정대영의 통영 사랑도 기억해 두어야겠다. 통제영 세병관 벽에다 낙서를 하며 컸을 어린 시절 '동기들'에 대한 그리움은 소박하나 그냥 내칠 수 없는 진정성을 얻고 있다. 이러한 솔직한 사향시도 통영 시인들에게는 보기 드문 까닭이다.

역외 시인으로서 통영을 가장 아름답게 빚어낸 이는 백석이다. 그는 1936년 조선일보 기자 신분으로서 벗 신현중을 따라 통영 처녀 박경련을 만나고 집안의 혼인 허락을 얻기 위해 통영에 들렀다. 비록 그녀를 만나지도 못했고, 혼인 또한 어긋났지만 그의 마음자리에 통영은 깊은 흔적을 남겼다. '남행시초南行詩抄'라는 이름 아래 경남 이저곳을 다룬 장소시 「창원도昌原道」,

「통영統營」, 「고성가도固城街道」, 「삼천포三千浦」 네 편에다 나머지 통영 시 「통영統營」 두 편이 모두 그 일로부터 비롯하였다.

집집이 아이 만한 피도 안 간 대구를 말리는 곳
황화장사 령감이 일본말을 잘도 하는 곳
처녀들은 모두 어장주漁場主한테 시집을 가고 싶허 한다는 곳

산山 넘어로 가는 길 돌각담에 갸웃하는 처녀는 금錦이라든이 갓고
내가 들은 마산馬山 객주客主집의 어린 딸은 난蘭이라든 이갓고

난蘭이라는 이는 명정明井골에 산다는데
명정明井골은 산山을 넘어 동백冬栢나무 푸르른 감로甘露 가튼 물이 솟는 명정明井샘이 잇는 마을인데
샘터엔 오구작작 물을 긷는 처녀며 새악시들 가운데 내가 조아하는 그이가 잇슬 것만 갓고
내가 조아하는 그이는 푸른 가지 붉게 붉게 동백冬栢꽃 피는 철엔 타관 시집을 갈 것만 가튼데
긴 토시 끼고 큰 머리 언고 오불고불 넘엣거리로 가는 여인女人은 평안도平安道서 오신 듯한데 동백冬栢꽃 피는 철이 그 언제요

녯 장수 모신 낡은 사당의 돌층게에 주저 안저서 나는 이 저녁 울듯울듯 한산도閑山島 바다에 뱃사공이 되어 가며

녕 나즌 집 담 나즌 집 마당만 노픈 집에서 열나흘 달을 업고 손방아만 찧는 내 사람을 생각한다.

—「통영統營」 가운데서

통영시 세 편 가운데서 통영 처녀 박경련과 이어진 추억과 심회가 보다 속속들이 들나고 있는 시다. '명정샘'은 이통제사 순신장군을 모신 충렬사 밑에 있는 샘이다. 어떤 가뭄에도 마르지 않는다 한다. 일정日井과 월정月井이라는 두 샘으로 이루어져 그 둘을 모은 명明이라는 글자를 따서 명정明井이라 일컫는다. 박경련과 그 가족이 살고 있었던 집이 바로 명정이 있는 명정골 396호였다. 이 시에서 "내가 조아하는 그이"란 바로 박경련이다. 그녀를 만나지 못한 채 충렬사 "낡은 사당의 돌층게에 주저 안저" 있는 백석의 연정 어린 마음이 잘 드러난다. '난蘭'처럼 고운 자태로 "열나흘 달을 업고 손방아만 찧는 내 사람"이라는 아름다운 시줄에 실린 박경련에 대한 백석의 그리움은 마냥 깊었다.*

---

* 박태일, 「백석과 신현중, 그리고 경남문학」(『지역문학연구』 4호, 경남지역문학회, 1999. 『한국 근대문학의 실증과 방법』, 도서출판 소명, 2004)을 참조 바란다.

샛파란 피ㅅ대를 바라보며 나는 가난한 아버지를 가진 것과 내가 오래 그려오든 처녀가 시집을 간 것과 그렇게도 살틀하든 동무가 나를 벌인 일을 생각한다

— 백석, 「내가 생각하는 것은」 가운데서

이 길이다

얼마 가서 감로甘露 같은 물이 솟는 마을 하이얀 회담벽에 옛적본의 장반시계를 걸어놓은 집 홀어미와 사는 물새 같은 외딸의 혼사말이 아즈랑이 같이 낀 곳은

— 백석, 「남향南鄕」 가운데서

1937년 4월 사모했던 박경련이 자신이 아니라 벗 신현중과 혼인하는 일을 지켜본 백석의 마음은 매우 복잡했으리라. 그 일이 있고 한 해 뒤에 내놓은 작품이 「내가 생각하는 것은」이다. 나름대로 추스른 마음을 엿볼 수 있다. 어느덧 "내가 오래 그려오든 처녀가 시집을 간 것과 그렇게도 살틀하든 동무가 나를 벌인 일을 생각"할 수 있게 된 그다. 그리고 같은 해 10월에 발표한 「남향」에 이르면 그녀로 향했던 그리움과 그로 말미암았던 일은 이제 한 풍경으로 객관화되고 있다. "홀어미와 사는 물새 같은 외딸의 혼사말이 아즈랑이 같이 낀 곳"이라 해 통영이 어느덧 멀리 남녘에 있는 또 하나의 고향처럼 백석에게 새삼스러운 추억의 장소로 깊어졌다. 어쩌면 백석이 궁극에 사

랑했던 것은 박경련이 아니라 그녀를 빌려 얻게 된 새로운 고향, '남향'이 아니었을까. 이제 백석도, 서울 한가운데서 통영 '물새'처럼 살았던 박경련도 다 이승을 떴다.

한산섬 높은 수루 홀로 앉아 바라보면
성전의 이야기 귀에 들릴 듯 다가오고
그날에, 온 겨레 지키던 굳은 마음 이제사 아리.

— 김용호, 「한산섬」

거듭하거니와 통영의 핵심 지역성 가운데 하나가 통제영 문화와 이순신 담론이다. 통제영 역사와 아울러 충렬사, 한산대첩으로 이어지는 역사지리적 감각은 중요한 통영의 지역 이미지다. 그 점은 1886년 통제영 폐문의 굴욕과 1905년 을사늑약 그리고 1910년 경술국치를 겪으면서도 중요한 문화심리적 중심 장소 가운데 하나로 통영이 남도록 했다. 다양한 국권회복기 한시 창작뿐 아니라, 여러 기행시나 충무공 추념시 가운데서 그것에 대한 재장소화가 거듭 이루어지고 있음이 그 사실을 잘 일깨워 준다. 이 점은 통영 역내뿐 아니라 역외 사람에게도 마찬가지다. 구국의 장소라는 공공 이미지는 통영을 찾는 지역 바깥 시인이나 기행 체험을 지닌 시인의 장소 상상력에 한 뿌리가 될 뿐 아니라, 그들의 다양한 통영 장소시에 한 계기를 마련해 주고 있다. 위에 옮긴 김용호의 작품이 본보기다. '성전', "온 겨레 지키던"으로 거듭하는, 구국의 장소라는 공적 장소성이 한결같다. 그리고 이러한 작품의 뿌리는 이미 1930년대 안자산, 정인보, 이병기, 권덕규, 조종현과 같은 이의 시조 속에 담긴 바다.

안정사 옥련암玉蓮庵 낡은 단청의 추녀 끝
사방지기로 매달린 물고기가
풍경 속을 헤엄치듯
지느러밀 매고 있다
청동바다 섬들은 소릿골 건너 아득히 목메올 테지만
갈 수 없는 곳 풍경 깨어지라 몸 부딪쳐 저 물고기
벌써 수천 대접째의 놋쇠 소릴 바람결에
쏟아 보내고 있다
그 요동으로도 하늘은 금세 눈 올 듯 멍빛이다
이 윤회 벗어나지 못할 때 웬 아낙이
아까부터 탑신 아래 꼬리 끌리는 촛불 피워 놓고
수도 없이 오체투지로 엎드린다
정향나무 그늘이 따라서 굴신하며
법당 안으로 쓰러졌다가 절 마당에 주저앉았다가 한다

가고 싶다는 인간의 열망이
놋대접통으로 쩔렁거려서

그리운 마음 흘러넘치게 하는
바다 가까운 절간이다

— 김명인, 「안정사安靜寺」

그 먼 나라를 아시는지 여쭙습니다
젓갱이 노랑갱이 나생이 잔다꾸
사람 없고 사람 닮은 풀들만
파도밭을 담장으로 삼고 사는 나라
예순 아들이 여든 어머니 점심상을 차리고
예순 젊은이가 열 살 버릇대로
대소사 상다리 이고 지는 마을
사람만 봐도 개는 굼실 집안으로 내빼
이름 잊혀진 채 그저 풀로만 불리는
강바랭이 씀바구 광대갱이 독새기

— 박태일, 「풀나라」 가운데서

안정사는 통영에서도 고성 쪽으로 들어선 광도면에 있다. 통영을 떠올리는 바깥 지역 사람들은 잘 모를 터이지만, 퇴영 사람에게는 낯설지 않은 명승이다. 어느 해 벽방산 품에 앉은 절집 안정사에 들른 김명인 시인은 풍경 소리를 빌려 어느 누구보다 먼저 통영 앞바다의 아름다움을 한껏 길어 올렸다. 흔히 알려진 경관이나 장소가 아닌 새로운 장소 상상력의 가능성을 일러 준다. "그리운 마음 흘러넘치게 하는/바다 가까운 절간" '안정사' "낡은 단청의 추녀 끝" 풍경이 "쏟아 보내고" 있는 "수천 대접째의 놋쇠 소릴" 듣고, "정향나무 그늘이 따라서 굴신하며/법당 안으로 쓰러졌다가 절 마당에 주저앉았다가" 하는 일을 엿보는 꼼꼼한 눈길을 통영 사람들이 자신의 것으로 지닐 날이 언제일까.

뒤에 올린 「풀나라」는 글쓴이의 작품이다. 어느 해 통영 학술답사차 학생들과 갔다가 한산섬 언저리에서 본 눈 시린 풍경을 시로 담은 일이 있다. 이 작품은 「신행」과 함께 그때 얻은 것이다. 통영 가장자리에 놓인 삶의 어려움에 눈길을 두었다. 「안정사」나 「풀나라」 둘 다 통영 지역에 대한 새로운 장소시 개발의 가능성을 일깨우는 한 본보기가 될 것이다.

아직까지 통영에 관심을 지닌 이들이 져야 할 짐은 무겁다. 통영과 지역 사람이 겪었을 영광과 굴욕에 대해, 기쁨과 모멸에 대해 우리 근대시가 기울인 눈길은 옅다. 그렇다고 역내 문인에게 그 짐을 맡길 수는 없다. 힘도 뜻도 없는 이들이 사교 문단이나 만들어 나도는 버릇이야 어느 한 지역에만 걸리랴마는, 그들에게 지역의 속살이 제대로 보일 리 없는 까닭이다. 좋은 역외 시인들이 공력을 다해 통영 지역 장소시 창작에 눈길을 두도록 부추기는 길을 애써 찾아볼 일이다.

3

통영 지역문학을 조절론 쪽 시각에서 살핀다면 그 일은 구체적으로 예술문화 자본과 이념이 어떻게 통영 지역과 문학사회에 실천되고 있는가를 따지는 것이다. 문학행정이나 문화경영과 바로 얽혀 있는 셈이다. 이 일을 위해서는 통영 지역에서 앞서 이루어진 문학 전통이나 큰 틀부터 따져야 할 터인데, 아직까지 그런 데까지 눈길이 가 있지 않다. 성글게나마 통영 문학이 지닌 특성은 몇 가지로 짚을 수 있다.

그 가운데 하나가 전근대와 근대로 이어지는 문학 자산을 고루 갖추고 있다는 점이다. 찾기에 따라서 이 점은 통영의 개별성을 극대화할 수 있는 일이다. 19세기 중엽 통영지역 위항 문인의 한시선집인 『유양팔선집柳洋八仙集』은 작은 본보기에 지나지 않는다. 그 뒤로 '낙사洛社'니 '송석원시사松石圓詩社', 그리고 '직하시사稷下詩社'와 같은 시사가 있었다. 비록 한시문이지만 그들이 단순한 유흥을 위한 모임은 아니었을 것이라는 점은 쉽게 짐작할 수 있다. 국망의 위기 앞에서 통제영 정신과 충렬사로 이어지는 통영 정신의 한 축을 끌어 잡고 그 전통을 은밀하게 지켜 내려는 통영 지역사회의 고심 어린 결집이었음에 틀림없는 까닭이다.

다른 특징 하나는 활발한 매체 활동이다. 1926년 8월에 나온 우리 근대시조 첫 동인지가 『참새』다. 『참새』는 이듬해 정월 4호에 이르기까지 384편이나 되는 작품을 실어 지역매체로서 맡은 바 몫을 충실히 다했다. 시조가 중심이었으나 자유시가 몇 편 끼이기도 하고 희곡, 한시까지 곁들였다. 그것을 떠받쳤던 탁상수, 김기택, 김준호, 고두동, 김낙제와 같은 이도 문학사 바깥으로 흩어졌다. 이러한 통영 시조의 전통 위에 나온 것이 어린 학생의 문학지인 『토성土聲』이다. 1927년에 첫 호를 낸 이것은 1920년대 초반부터 동경유학생 문학동호인으로 이루어진 '백조'를 주축으로 삼았다. 주요 동인으로는 최상규, 최한기 형제, 그리고 박명국, 장춘식에다 유치진, 유치환 형제였다. 그들은 유인본 동인지 『토성』에 시와 수필, 소설, 평론을 20 ~ 30쪽 분량으로 매번 100권 정도 묶어 냈다. 통영지역 부유한 중인 이상 토착 자본가 집안 출신이었던 이들 모임은 다시 한 번 1930년 일본 동경에서 동인지 『소제부掃除夫』 발간으로 이어졌다. 그리고 통영 유치환, 장응두가 활발하게 힘을 모았던 부산의 동인지 『생리生理』가 나온 때가 1937년이었다.

『참새』, 『토성』, 『소제부』, 『생리』로 이어지는 매체 발간은 다른 어느 곳보다 왕성했던 통영의 지역문단 활동을 엿볼 수 있는 좋은 사료다. 광복기에 통영문화협회라는 우파 조직이 잠시 이름을 들내기도 했다. 그러나 이는 유치환과 윤이상, 전혁림과 같은 이들의 뒷날 행적이 부각되면서 뒤늦게 부풀려진 것일 따름, 큰 실체가 없다. 고두동은 경인전쟁기 부산에 머물면서 통영문학의 매체 발간과 시조의 전통을 이어받아 우리나라 첫 시조 전문지인 『시조연구時調硏究』를 손수 마련하는 공을 세웠다. 그리고 이러한 전통은 1972년 『수향수필』 동인이나 1976년 최정규를 중심으로 만들어진 '통영독서회'의 『물푸레』로 이어져 오늘에 이른다.

통영은 또한 어느 소지역보다 내세울 만한 출향문인을 많이 낳은 땅이다. 그러나 통영 지역 안에서 그들 흔적을 찾기란 힘들다. 오랜 세월 지역 안에서 통영 문학의 키와 부피를 키워 주었던 이들조차 흔적을 찾을 수 없으니 당연한 일이겠다. 장춘식, 장응두, 탁상수, 최한기, 박재성, 옥치정, 주남극, 허남실, 최천, 이구월, 신현중, 주정애, 주평, 박재두, 이금갑, 김은자, 유병근, 차한수, 이향지로 이어지는 통영 문학의 전통을 살펴볼 자리는 없다. 이런 이름을 기억하는 통영 사람조차 이제는 몇이나 남았을까. 그리고 이들과 달리 나라잃은시대와 전쟁기를 거치면서 이름조차 남기지 못한 채 사라져 간 통영 문학도들. 수향 통영 안으로 밀려왔다 밀려가는 물그늘같이 한결같았던 문학의 열기는 또 어찌할까.

그러고 보니 유독 유치환이야말로 넘치는 대접을 받고 있다. 그 모든 통영 문학인의 명예를 불가사리처럼 혼자 빨아들인 채 '청마문학관'으로 앉은 모습이다. 세상에 자신이 이룬 일보다 부풀린 대접을 받고 있는 이가 어디 유치환 한 사람에 그치랴마는 통영에 들어서면 그 느낌이 더하다. 문학 민주화라는 차원뿐 아니라, 사실의 정의에 따라서도 크게 그르친 일이다. 여러 해 엎치락뒤치락 하고 있는 통영시와 거제시 사이 볼

썽사나운 힘겨루기 말고는 큰 뜻이 없을 두 지역의 유치환 개인 현양 경쟁 행정은 그나마 통영 바깥 사람들이 지녔을 유치환에 대한 호의적인 추억에마저 구정물을 끼얹는 형국이다. 통영 시민사회의 뜻과 무관하게 이루어지고 있는 유치환에 대한 현양은 고스란히 통영 근대 예술문화 전통에 대한 왜곡과 지역민의 문화 향유 잠재력을 왜곡시키는 행정의 횡포가 될 수밖에 없다.

여러 해 앞선 때 청마문학관이 섰다 해서 거기에 들렀다 크게 놀란 적이 있다. 유치환 시를 바다문학에다 얽어 둔 일도 우습거니와 감히 그를 이육사와 같은 자리에 놓고 '위대한' '민족시인'으로 치켜세우고 있지 않은가. 남성적인 목소리가 닮았다는 평론가 김현의 한마디를 침소봉대하여 한껏 끌어다 놓은 지역 문화행정 직원의 무지만을 나무랄 수는 없으나, 어불성설이란 그런 데 붙일 말이 아니었던가. 게다가 오늘에 이르러 유치환이 불륜의 편지질을 해 대었다는 우체국을 청마우체국이라 이름을 바꾸려 하고, 어린 학생들을 끌어다 놓고 무슨 편지쓰기 행사를 치른다는 풍문이 들리는 마당이다. 이게 무슨 수작이냐고 눈 부릅뜬 채 꾸짖을 어른도 없고, 통제영 담장 밖으로 떨어지는 감잎 같은 눈물을 뚝뚝 흘릴 결기 있는 젊은이도 죄 사라져 버린 퇴영이니 어디 붙일 말이 더 있으랴.

말을 줄이자. 통영 지역문학의 전통을 놓고 조절론 쪽 시각에서 따진다면 그 맨 앞머리에 놓일 일은 무어니 해도 통영

문학관 건립이며, 통영예술문화연구소의 마련이라는 점을 이제까지 길게 끌었을 뿐이다. 통영 근대문학의 영광과 질곡을 아울러 갈무리하고 연구할 공간이 그것이다. 그러나 쉬울 일은 아닐 것 같다. 쌓아 둔 게 없으니 할 일을 제대로 잡을 리가 없다. 아는 게 없으니 앞서 묻힌 명망가 문인을 내세워 제 거들먹거릴 자리나 찾고 제 이익 찾을 구멍만 좇는 문화계 아전이나 앵벌이꾼이 행세할 따름인 소지역 분위기다. 어렵사리 만들어 놓았자 바람직스럽게 굴러갈 것 같지도 않다. 그러나 사태가 그렇다고 뜻마저 망가뜨릴 수야 없는 일, 퇴영.

다음으로 통영 문학행정에서 마음을 쓸 데는 통영 가장자리 지역민에 대한 배려다. 소지역 안쪽의 식민지로 떨어져 버린 그들의 삶과 뜻을 무엇보다 먼저 배려하는 눈길이 절실하다. 이런 틀 안에서 통영 문학과 예술문화행정의 방향을 고려해 봄 직하다. 통영의 지역 중심은 통영항이 아니라 한산섬과 욕지섬을 잇는 드넓은 호수 바다라는 발상 전환이 필수적이다. 그러나 사태는 점점 그런 쪽과는 반대로 돈다. 그래서 표제에서 글쓴이가 붙였던 바다. 통영이 시들다, 퇴영이 멍들다라고.

4

이즈음 통영 지역 예술문화의 등록상표는 윤이상이다. 오나가나 그 이름만 귀에 든다. 들여다볼수록 흠결 많은 유치환이야 슬슬 털면 될 일. 그러나 통영은 윤이상을, 또 통영 바깥 우리 사회는 윤이상을 얼마나 알고 있는 것일까. 모름지기 1940년대와 1950년대의 윤이상을 제대로 알기나 하는가? 한 해 두어 차례는 통영에 들러 물빛을 따라 걷거나 그 언저리에서 노닐 기회를 갖는 글쓴이로서는 늘 이 점이 의문스럽다. 세계적인 음악가라서 현양한다고? 세계적? 어느 세계? 누구의 세계? 누구를 위한 세계? 통영의 문학지지학도 이런 쓰라린 물음에 날카롭게 맞닿아 있다.

그나저나 통영 출신 오랜 벗인 공옥식이 하루빨리 사립여학교 교무부장에서 더 힘을 내 교감도 되고 교장으로 올라서면 좋겠다. 그래서 IMF로 크게 몸과 마음을 다친 채 퇴영에 남아 있는 그의 형이 조금이나마 힘을 얻을 수 있기 바란다. 그가 늘그막이라도 소설집을 내서 그를 키워 준 퇴영 사람들에게 두루 돌리는 일을 즐길 수 있기 바란다. 그리고 그의 후배인 장철수가 언제까지고 통영 지역사회에서 잊히지 않기를 바란다. 장철수가 '발해 1300호' 뗏목을 끌고 러시아 블라디보스토크 항을 떠난 때가 1997년 12월 31일이었다. 그 잔해를 일본 갯가에서 발견한 때는 1998년 1월 24일. 그리고 열흘을 더 찾아 건진 것은 오직 장철수의 다리 하나였다. 다리 하나로 고향에 되돌아와 묻힌 퇴영 사람 장철수. 그를 위해 글쓴이가 2003년에 썼던 헌시 한 마리를 끝자리에 올리는 무례를 읽는 이들은 너그럽게 받아 주리라 믿는다.

통영 옛 이름은 두룡포
통영 사람들 퇴영이라 일컫는데

지아비 주검 찾으러 물밑 고을로 내려간
해평 열녀 감았던 천 발 그 새끼줄이
며칠 뒤 건져 올린 두 주검에는
통영 바다 꽃인연이란 인연 죄 따라 올라왔다는

사월도 가는 가랑비
동백꽃 물밑 이야기가 낯설지 않은 오늘

그 골목 걸어 동해로 건너간 사람 있다
구름 둑길 넘어 청어 골짝 지나
개펄 속 가로등 하나 둘 켜질 때
돛대 시침은 어느 별을 가리켰던가

세병관 높은 마루에 서서
이제 막 발바닥 접는 갈매기 본다
달샘 해샘 충렬사 물빛 닮은 두 눈
엎어진다 넘어진다

넘어지면서 혓바닥 파도 깊이 묻는

퇴영 사람 장철수

바다 사람 장철수

1960 ~ 1998

칼날 파도로 깎은 묘비

발해를 꿈꾸며 동해에 지다

오 독도 하얀 용오름.

—「발해를 꿈꾸며 동해에 지다」

(『시와사상』, 2007)

만주국과 통영 사이

— 김영일의 부왜 동시 한 편

돌이켜 보니 이즈음 통영에 드나들 일이 잦았다. 지난 2007년 가을부터 쳐도 벌써 세 차례다. 시월과 십이월 끝머리에 한 번, 가깝게는 새해 정월에 또 한 차례. 그 가운데서 십이월 끝머리 통영 걸음은 유치환의 부왜문학 문제와 관련한 공개 토론회여서 가벼운 걸음이 아니었다. 그러나 나머지 둘은 통영 풍광에 한껏 젖어들 수 있었던 문학 답사와 호젓한 내외 나들이.

젊은 시인 지망생들과 함께 했던 시월 답사 때였다. 서호시장에서 시락국으로 점심을 마치고 제승당이 있는 한산섬으로 가기 위해 여객정류소에 들렀다. 화장실에 들어가 볼일을 보자니 재미있는 게 눈에 들었다. 눈높이에다 걸어 둔 자그마한 네모 동시 시화였다. 예향으로 이름난 통영이니만큼 자연스런 일이다. 그런데 이름을 보니 아무개가 아닌가. 작품 높낮이는 두고서라도 나는 묘한 느낌을 감출 수 없었다. 아, 저 이가…….
그는 아동문학가 김영일(1914 ~ 1984)의 자제였던 까닭이다. 그가 통영, 거제 어름에서 학교 교사로 일하며 아동문학을 한다는 풍문을 들었던 때가 언제였더라. 어느덧 그는 통영이 내세울 만한 동시인으로 자리 잡은 것인가.

황해도 신천이 고향인 김영일. 남녘 통영과 북녘 신천 사이에 큰 연고가 있을 것 같지는 않다. 그러나 곰곰 따지고 들자면 오랜 인연의 속내를 찾지 못할 바도 없겠다는 생각이 들었다. 김영일 자제가 통영에 머물게 된 일도 그 내림일 터. 볼일을 본 뒤 배가 닿아 있는 부두로 나서니 통영항이 환했다. 물에 띄워 놓은 다리 위로 살진 통영 갈매기들이 날개를 포개 가며 날아올랐다 내려앉는다. 지나간 시간이, 세월이 뒤엉키면 저런 모습을 보여 줄까. 그리고 다시 그것을 흰 면발 뽑듯 뽑을 수만 있다면.

한 푼 두 푼 모은 돈
받지입니다.
황군皇軍 앞에 절하고
받지입니다.

우리는 반도半島의
어린 용사勇士들
황군皇軍 품에 고이고이
자랐습니다.

우리들의 손으로
만드리내인
애국기 소국민호小國民號
씩씩하다.

이름도 거룩하지
소국민호小國民號
태평양太平洋 바다 우로
날러가리라.

산 넘어 바다 넘어
적지 오만리五萬里
빛나는 황군皇軍의
전과戰果 보아라.

대일본大日本 일억국민一億國民
마음 실고서
씩씩하게 싸워다고
소국민호小國民號야.

— 김영일, 「애국기愛國機 소국민호小國民號」

1942년 12월치 『아이생활』에 실린 작품이다. 이른바 '성전'이라 불렀던 '대동아전쟁' 곧 태평양침략전쟁 시기, '총후보국銃後報國'의 하나로 '소국민'(어린이)에게서 거두어들인 '국방헌금'으로 비행기 '소국민호'를 만들어 띄우는 기쁨을 노래한 동시다. 그가 남긴 부왜 작품 가운데 하나. 김영일은 누구인가. 1930년대부터 우리 아동문학계에서 굵직한 활동을 했던 이다. 그러나 잘 알려지지 않은 사실이지만 그는 1930 ~ 1940년대 이른바 만주국滿洲國 경찰로 일했다. 송창일, 이원수, 김상덕과 더불어 대표 부왜 아동문학인이다. 광복 뒤에는 승승장구, 한때 한국아동문학회 회장을 지내고 전국문화단체총연합회 아동문학분과 위원장도 맡았다. 위에 올린 동시가 부왜 아동문학인으로서 그의 면모를 잘 보여 준다. 이 자리에서 처음으로 세상에 선뵈니 발굴 작품이 되는 셈이다. 뒤가 무거운 세결음가락에 얹은 '애국충정'이 흥겹다. "대일본大日本 일억국민一億國民"과 한몸이 된 기꺼움이 뜨겁다.

김영일은 이원수와 문단 조직 활동에서는 맞서는 듯싶었다. 그럼에도 개인적으로는 절친했다. 겉보기와 달리 두 사람이 왜 그리 가까웠던가를 몰랐는데, 이원수의 부왜 사실이 뒤늦게 밝혀졌을 때 이제사 그 까닭을 짐작할 만하다고 탄식하듯 나에게 말한 사람이 있었다. 부왜 아동문학인 이원수는 광복기 좌파 조직으로 몸을 숨겼다. 그러다 최병화와 함께 월북하기 위해 사리원 가까이까지 올라갔다 홀로 돌아왔다. 서울 수복 뒤 이원수가 부역문인 혐의를 받았을 때, 그 멍에를 벗도록 보증을 섰던 사람이 김영일이었다 한다. 이만하면 두 사람의 얽히고설킨 속정을 짐작할 만하다.

1950년 경인년 전쟁 시기 김영일은 애국 아동문학가로서 영예롭게 통영 출신 윤이상과 함께 음악교과서를 엮었다. 그리고 그 안에 여러 편 전쟁 승리의 노랫말을 써 넣었다. 통영과 맺은 인연은 이때 굵어질 대로 굵어졌던 셈이다. 그런데 그와 윤이상을 묶은 끈은 무엇일까. 아마 유치환이 아니었을까. 유치환과 김영일, 그들 둘은 다 만주국에서 왜로 제국주의가 지는 모습을 스산하게 지켜보았던 이다. 그 괴뢰 만주국 경찰로 이른바 '치안숙정공작治安肅正工作' 앞자리에 서 있었던 김영일. '선만일여鮮滿一如', '개척협화開拓協和'를 내세운 왜로 제국주의 수탈의 핵심기구 '오족협화회'에서 일하며 '개척농장'을 이끌었던 유치환. 그 두 사람 사이에 어떤 연고가 얽혀 들었던가를 일러 주는 기록은 없다. 다만 만주국 대표 한글 부왜매체 『만선일보』에 글쓴이로 나란히 이름을 얹고 있을 따름이다.

유치환의 만주국 살이나 문학의 자장은 뒤늦게나마 조금씩 허울을 벗기 시작했다. 지난해 십이월 유치환 부왜문학 활동에 대한 토론회 걸음이었다. 그의 통영 출향 동기와 만주 체류 환경, 그리고 부왜작품을 따진 내 발표 글 「청마 유치환의 북방시 연구—통영 출향과 만주국, 그리고 부왜시문」이 기름을 부은 뒤였다. 그런데 정작 나가 보니 실망스러웠다. 유치환론

한 편 남긴 적이 없는 이들이 나서 유치환을 변호하겠노라고 자리를 지키고 있었다. 그리고 입술이 한없이 얇아 안쓰러웠던 노수필가 한 사람. 유치환이 통영을 떠나게 된 동기가 흔히 알려진 것처럼 지사형 도피가 아니라 말 못할 개인 사정으로 말미암은 것이라는 내 논지는 짐작대로 반발을 샀다. 그런데 조금만 생각을 나아간다면 쉬 알 만한 사실도 그들은 놓치고 있었다. 유치환이 넷이나 되는 어린애에다 만삭을 앞둔 아내까지 데리고 만주국으로 올라간 1940년 앞뒤 시기, 살벌한 싸움터 북만주까지 '제국'의 '개척민'으로서 들어서기 위해서는 이른바 저들이 말하는 '친일' 성향의 됨됨이가 아니면 꿈꾸기 어려웠다. 미리 통영경찰서뿐 아니라 '조선총독부'의 심사와 허가, 학습까지 거쳐야 하는 일. 그러니 왜로 관헌의 감시를 벗어나기 위해 유치환이 만주로 들어갔으리라는 지사형 도피설은 그 전제에서부터 얼마나 터무니없는가는 쉬 알 수 있다. 게다가 통영을 서둘러 떠나게 된 개인 사정이라는 것도 단순한 여자 문제였다면 굳이 내가 글에서 밝히지 않았을 리가 있는가. 그런 일이면 유치환에게는 새삼스럽지 않은 터. 여느 문인과 달리 여자관계가 오히려 대중적 명성을 얻는 데 빌미가 된 그 아닌가. 내놓고 밝히기 힘들 만큼 매우 심각한 문제임을 금방 알아차릴 수 있어야 했다. 그런데도 개인 사정이라는 게 여자 문제일 터인데 무에 대단한 일인 양 밝히지 않느냐고 채근이었다.

만주국에서 김영일을 둘러쌌던 삶의 자장은 어떠했을까. 유치환에 견주면 알려지지 않은 것이 태반인 그다. 게다가 경찰이었으니 밝혀내기 더 어려우리라. 현재로써는 가장 많은 사실을 갈무리하고 있을 『만선일보』조차 전모를 밝힐 수 없는 형편이다. 1937년부터 1945년까지 8년 사이에 나온 것 가운데서 쉽게 볼 수 있는 것은 1939년 12월치부터 1940년 9월까지 걸치는 두 해치에 지나지 않는다. 마이크로필름으로만 얻을 수 있는 것도 1940년 10월부터 1942년 10월까지에 그친다. 게다가 상태까지 나빠 어지간한 부분은 읽기가 힘들다. 그러니 김영일은 물론 유치환의 만주국 자취를 알 수 있는 기록을 더 찾아내기가 쉽지 않다. 공교롭게도 세상에 모습을 드러내고 있지 않은 자리가 이른바 '성전' 승리를 위한 '국민총력운동'이 극에 달했던 시기다. 두 사람이 가장 활발하게 움직였을 무렵인 셈이다. 『만선일보』를 죄 얻어 보고 싶은 이들을 더욱 달뜨게 만드는 까닭이다. 1944년까지 부왜시 발표를 확인할 수 있는 유치환이나 경찰 출신 김영일 경우는 거기서 부왜작품을 더 찾을 수 있으리라는 점이 너무나 자명하다. 아직까지 『만선일보』의 전모가 알려지지 않은 일이 다행이랄까, 불행이랄까. 어쨌든 중국 쪽이 더 민주화된다면 실체가 밝게 드러날 『만선일보』니 만큼 뒷날에 기댈 수밖에.

통영 출신 시인 장응두와 최두춘, 그리고 유치환은 고향에서부터 같은 또래로 절친했다. 그리고 셋 다 1940년대 만주국에 머물며 친교를 더욱 다졌다. 서로 당기고 끌어 주며 지연과

혈연, 학연이 뒤엉킨 마당. 광복 뒤 애국주의자로 부쩍 목소리를 높인 유치환이 고향의 우파 조직 '통영문화협회'에 든 뒤 부산에서는 '삼남문학회'를 만든다. 만주국 관리였던 탁창덕, 염주용과 함께 꾀한 일이다. 그리고 '협화', '개척 공작' 앞자리에 서 있었던 유치환과 만주국 경찰 김영일은 1950년 전쟁기에 여느 문인들과 달리 굳이 낱책으로 애국시를 묶어 내는 드문 본을 보였다. 유치환의 시집 『보병과 더부러』와 김영일의 노래책 『소년 기마대』가 그것이다. 그 둘이 놓인 자리는 어딜까. 왜 유치환은 종군 활동에 공을 들였던 것인가. 그리고 어떤 연고로 김영일이 통영사람 윤이상과 묶이고, 다시 김영일의 자제가 통영에 머물게 되었을까. 알 수 없는 인연의 뒤꿈치가 못내 궁금하다.

> 알뜰한 내 나라 내 서울이어늘,
> 어느 오랑캔들 제물祭物하고 빼앗길손가?
> 일월日月같이 드높은 성문城門들이 깨뜰리고,
> 종루鐘樓가 불살리고,
> 비록 백만장안百萬長安이 죄다 그슬렸다 치―더라도,
> 조국祖國에의 갸륵한 우리의 단심丹心은 그 초토焦土 위에,
> 다시 기와와 재목材木과 벽돌을 실어다,
> 연월煙月에 아늑히 은성殷盛하는 강구康衢를 꾸미리니,

원수 너희
열 번을 무도히 침노하여 무찔러 보라.
열 번을 반드시
너희의 피로 씻어 돌려야 할 지역이어니.

— 유치환, 「원수의 피로 씻는 지역—서울 재탈환의 날에」(1952) 가운데서

날아라 하늘 높이 소년 항공기
태극기 마—크도 번쩍거린다
날아라 거침없이 소년 항공기
오랑캐 무찔러 평화 이루자
날아라 적진에 소년 항공기
대한 남아 용맹을 보여 주어라

— 김영일, 「날아라 소년 항공기」(1952) 가운데서

앞서 든 시는 유치환의 것. 전시 중등 국어교과서에 대표 애국시로 실려 소년들의 마음에 불끈 적의를 드높였던 작품이다. 부왜시 「수首」에서 본 잔혹함이 「원수의 피로 씻는 지역—서울 재탈환의 날에」에 고스란하다. 뒤에 든 작품은 윤이상이 노래를 짓고 거기에 김영일이 붙인 힘찬 노랫말이다. 앞자리에 올린 「애국기 소국민호」의 "소국민호/태평양 바다 우로/날러가리라"와 이 시의 "날아라 하늘 높이 소년 항공기" 사이 문맥에

는 거리가 없다. 그러나 둘 사이 역사적 거리는 너무나 멀다. 무릇 글이란 삶과 어떤 관계가 있는가. 유유상종이란 또 어떤 뜻인가. 세상에 알려지지 않은 김영일의 부왜 동시 한 편이지만 마음자리를 짚어대는 구름 비행기가 멀리 아슬하다.

만주국에서 비롯하였을 김영일과 유치환의 인연은 광복기 우파문단에서 만나고 1950년 전쟁기 부산에서 애국시인으로 힘차게 얽혔다. 그리고 통영. 유치환의 시를 "시사적으로 보면, 찬기파랑가나 혜성가의 뒤를 이어 박인로, 이육사의 시적 맥락을 이었"고, "좀체로 획득하기 어려운 정신의 높이와 고결성을 지닌 그의 시는 바로 그 뒤 세대인 김수영의 시에 상당한 영향을 미쳤다"는 어처구니없는 풀이를 써 붙이고도 아무런 부끄러움이 없는 청마문학관이 서 있는 곳. 수향 통영에서 김영일의 아들은 아버지를 이어 받아 아동문학가로, 통영을 대표하는 동시인으로 화장실 한 구석에다 작품을 선뵈고 있다. 월남민의 자제니 그가 통영에 머물게 된 일이 하등 이상할 리야 있겠는가. 그러나 만주국에서 김영일과 유치환이 겪었을, 여느 조선 이주민이나 민족계열 인사들과 다른 삶자리를 떠올려 보자면 김영일의 자제가 통영 사람이 된 데는 우연을 넘어서는 행운이 따랐음 직하다.

가을 한산섬으로 나가는 배 위에서 바라보니 아름다운 통영은 한결같았다. 조선소 커다란 쇠기물들이 붉게 돋아 올라 하늘을 살벌하게 뜯어 내리고 있었지만. 미륵섬에는 케이블카

공사를 벌였다 하더니 파헤친 자락이 눈에 설핏했다. 여황산 아래 통영 시가지가 소꿉놀이 살림 자리처럼 오밀조밀 보이는 한낮. 초정 시비와 충렬사, 세병관을 거치고 닿은 한산섬 제승당 뱃머리에는 흐린 파도가 자갈자갈 밀려왔다. 한 무리 노인네가 술에 취해 앉은 채로 나가는 배를 기다리고 있었다. 그들 자리는 가을이었으나 그들 행색은 이미 겨울인 듯 추웠다.

(『신생』, 2008)

바람 속에서 바람 뒤적거리기

1

2003년 8월 19일. 일본이다. 나리타 곧 성전 공항, 여러 생각이 종이 접히는 소리를 내며 머릿속을 오간다. 지역문학 관련 자료를 찾기 위한 걸음이다. 앞으로 나흘 동안 몇 군데 도서관을 돌며 경남·부산 지역문인이 나라잃은시기 일본에 머물면서 일문으로 발표한 글을 갈무리할 예정이다. '내릿다 올랐다' 속말을 속삭이면서 공항 가까운 산과 들을 내려다본다. 겉으로는 우리네 농촌 풍광과 크게 다르지 않아 뜻밖이다.

합천 젊은이 향파 이주홍은 1925년부터 네 해 동안 이곳 일본에 머물렀다. 같은 무렵 마산 진전면의 권환 또한 학생모를 반듯하게 쓴 채 경도 시내를 걷고 있었다. 흐르는 개울가에 앉아 진전 앞바다 물소리를 그리워했을 것이다. 이른바 식민지 조선의 청년 도항자들이 우렁쉥이처럼 이리저리 갇히고 밀리며 떠돌았을 나라다. 이주홍이 머물며 고학을 했던 대판이며 광도는 어느 쪽일까. 어깨 쪽 살을 어깨뼈 속에 깊이 묻는 아픔을 참으며 그는 가난한 조선 청년으로서 그곳 어느 공사장을 지친 몸으로 오갔으리라.

아직까지 향파의 누이동생이 합천읍에 산다. 내 할머니 의령댁을 기억할 수 있을, 몇 되지 않는 고향 사람 가운데 한 분이다. 이주홍문학관 문헌 자료를 간추리다 누렇게 변색한 한글 편지 한 장을 찾아냈다. 일본에 머물고 있었던 그에게 일흔 해도 더 지난 옛날에 보냈을 누이 편지다. 향파는 고향 합천에서 보내 준 그 편지를 버리지 않고 그토록 오래 간수했다. 이소악. 언젠가 그녀를 앞세우고 향파 생가를 처음으로 찾았던 적이 있었다. 기력에 부쳐 한길 가에 쪼그려 앉은 채 한참 동안 사라져 버린 옛 집터를 그윽하게 바라보던 당신.

정년을 마무리하면 일본 여행을 하고 싶다고 아버지께서는 말씀하셨다. 아들 셋에 딸 하나, 여행을 못 시켜 드릴 형편이 아니었던 네 형제다. 유능한 지리교사로서 시골 합천중학교에서 부산고등학교 교사로 한참에 뽑혀 나가신 아버지셨다. 아버지 책 속에는 일본어로 된 지리책이 많았다. 갈 수 있었다면 일본뿐 아니라 더 많은 세계를 보고 싶으셨을 아버지. 정년을 석 달 앞두고 아버지는 폐암으로 무거운 몸을 구름 위로 뉘셨다. 아버지가 보고 싶어 하셨던 일본 땅 동경으로 들어서는 길이다.

까마귀가 울었다. 동경 한가운데서 왁자한 까마귀 소리를 들을 줄은 짐작하지 못했다. 한낮부터 몸집처럼 커다란 까마귀 울음소리는 그칠 줄 몰랐다. 동경 까마귀. 좁은 층계를 삐걱삐걱 올라가 누운 민박집 삼 층 어두운 잠자리까지 그 소리가 따라왔다. 까마귀가 일본에서는 길조라 한다. 우리와는 완연히 다른 대접을 받고 산다. 고구려를 상징했던 삼족오가 있었다. 우리 문화 속에서도 어느 때까지는 까마귀가 상서로운 날짐승이었던 셈이다. 그런데 언제부터 우리 속에서 까마귀 자리를 까치가 차지한 것일까.

이튿날부터 까마귀 소리는 온데간데없었다. 벌써 귀에 익어 버린 까닭이다. 사람의 지각은 너무나 영악해서 그새 까마귀 소리를 예사로 듣고 있었다. 이른바 인지 불일치에서 인지 일치로 옮겨간 일이다. 너무도 잘 적응하는 사람 감각이 신통하다. 그 다음 사흘 동안 나는 까마귀 소리를 별로 느끼지 않고 지낼 수 있었다. 어디로 다 떠난 것이 아닐 터인데 간사한 내 귀며 눈이다. 마음에, 감각에 익어 버리면 세상은 이렇듯 너무도 편하고 쉬워진다. 간사한 감각. 다시 한 번 중얼거린다.

2

지난해 봄부터 나는 몇 군데 시시비비 자리에 있었다. 지금도 사정은 달라지지 않았다. 처음은 2002년 3월 1일 기미만세의거를 맞이하여 이른바 친일파, 곧 부왜배 708명 명단을 국회에서 널리 알린 일과 맞물린다. 그로 말미암아 나라 안이 시

끝했다. 1876년 병자년세항구겁탈약조에서부터 1910년 경술국치에 이르는 국권상실 기간 34년과 경술국치에서 다시 1945년 을유광복에 이르는 국토상실 기간 35년에 이르는 69년, 그 긴 세월 동안에 대물림하고 제도화한 부왜배 문제를 기껏 708명에 그친 이들에 대한 명단 공개로 어쩌겠다는 뜻인지 알 수 없는 일처리였다. 세상을 한차례 시끌벅적하게 만들고 싶었을 목표는 이루었는지 모를 일이나 지극히 정략적이고도 우스꽝스러운 짓거리였을 따름이다.

독서회 사건으로 말미암았던 피검과 옥살이를 부풀려 아동문학가 이원수를 광복투사인 양 올려세우려는 듯한 기사가 지역과 서울 일간지에 실린 때도 그즈음이었다. 경남 지역문인 가운데 대표로 꼽힐 몇 사람 가운데 한 사람이 이원수다. 가만히 있을 수 없는 일이었다. 그렇지 않아도 아동용 위인전기로 만들어진 『이원수』를 읽다가, 그의 죽음을 두고 하늘에 큰 별이 떨어졌다는 표현으로 쓰인 것을 보고 혀를 차고 있을 때였다. 이원수는 좋은 아동문학가였는지는 모르나, 광복투사처럼 떠받들 위인은 아니다. 그 사이 간직하고 있었던 이원수 부왜시를 공개하기로 마음먹었다. 『경남도민일보』 3월 4일자였다. 「'고향의 봄' 이원수도 친일시 썼다」가 표제였다.

신문 첫자리를 꾸몄던 그 기사로 말미암아 지역사회가 받았을 충격은 컸을 것이다. 가까운 이로부터 속살을 알고 싶어 하는 연락이 몇 차례 오기는 했으나, 정작 이원수 떠받들기에 앞장섰던 이들로부터 전모를 샅샅이 알고 싶다는 요구는 없었다. 다른 문제가 불거지지는 않을지 그것만 관심 대상이었을지 모를 일이다. 오래 떠받들면서 그 그늘에 머물고 있던 이들이 갑작스런 상황 변화 앞에서 나에 대해 품었을 불편함은 짐작하기 어렵지 않다. 이원수의 부왜문학 활동에 대하여 본격적으로 조사를 해 보자는 제안을 내놓기 힘들 만큼 그들이 가꾸어 온 이원수 사랑이 허상이었던 탓이겠다.

3

경상대학교 인문과학연구소에서 연락이 왔다. 의욕적으로 쟁점토론회를 마련하고자 하는데 내가 첫 발제자로 나와 주었으면 했다. 마산시에서 세우기로 한 문학관 이름과 관련하여 지역에서 시비가 여러 차례 일었던 이은상의 부왜활동이 처음 연구소 쪽에서 뜻했던 주제였다. 물리칠 까닭이 없었다. 오히려 여러 차례 입방아에 오르내린 이은상을 아예 뛰어넘어 이번 기회에 경남 지역문인의 부왜문학 활동에 대한 조감도를 그려 보이겠다는 새로운 제안을 내놓았다. 이원수로 물꼬를 낸 바이니, 두루 경남 지역문학의 부왜활동과 그 논의 실상을 보고할 책임이 내게 있었던 셈이다. 그리고 4월 11일 진주에서 그에 대한 발표가 있었다.

「경남 지역문학과 부왜활동」이 그것이다. 나는 작품 발표 매체의 됨됨이, 구체적인 조직 활동이나 언행 기록, 작품 안쪽 됨됨이, 언어 표기 문제라는 네 가지 잣대로 보아 그때까지 학계에서 부왜활동 혐의와 관련한 일로 조사·논의된 일이 있거나 내 조사에 따라서 볼 때 논의할 만한 행적을 한 가지라도 내보인 이를 죄 소개하는 차원에서 이루어진 발표였다. 일반인이 모르고 있었을 여러 사람 이름이 올랐다. 전혀 관련이 없을 듯 싶은 이도 여럿 거기에 이름을 올렸다. 나라잃은시기 이른바 국어, 곧 일본어로 된 작품을 남긴 사람의 이름도 마땅히 들어 있었다. 훌륭한 분으로 추김을 받고 있었던 몇 사람 이름이 뜻밖에 명단에 올라 사람들이 겪은 놀라움은 컸을 것이다. 그들 가운데 학교에서 교사나 교수로 일한 적이 있었던 사람 경우, 그 제자 쪽에서 가졌을 놀라움과 노여움은 더했을 것이 뻔하다.

김정한은 그들 가운데 대표적인 사람이다. 이원수 또한 예외가 아니어서, 그의 부왜 줄글까지 소개했다. 서른 사람에 이르는 지역문인 이름이 언론에 오르내리면서 또 한 번 논란이 될 거리를 만들었다. 유치환도 이미 알려진 작품 말고 다른 작품과 행적으로 이름을 올렸다. 김정한은 나라잃은시기 절필 문인으로 알려진 이다. 누구보다 뚜렷하게 민족문학의 대가로 일컬음을 받고 있었던 작가다. 그가 부왜문학 작품을 남겼다니, 사람들의 놀라움이 거기에 많이 쏠렸다.

내가 문제 삼은 것은 이미 경남 창녕 출신 임종국이 1966년 『친일문학론』에다 부왜작품으로 이름을 올려놓았던 희곡 「인가지」였다. 그 사이 사람들은 작품을 찾아볼 생각이 없었거나 알고도 애써 부왜 쪽으로 생각머리를 돌리지 않았을 작품이다. 나는 작품의 전모를 널리 알리면서 됨됨이가 부왜작품임을 밝혔던 것이다. 서정주나 노천명의 부왜 행각을 꾸짖을 때면 입에 거품을 물곤 하던 사람이 이번에는 오히려 내가 모든 문인 얼굴에 침 뱉기를 한다는 요령부득인 글을 누리집에 올리기도 했다. 나는 그 발표회장에서 내 논의에 이름을 올리고 있는 주요 문인에 대한 개별론을 앞으로 하나하나 내놓겠다고 약속했다. 그리고 처음이 김정한이었다. 5월 4일 대구 우리말글학회 학술발표대회 자리였다.

> 나라잃은시기의 작품 가운데서 부왜라는 성격 규명은 쉬운 일이 아니다. 김정한은 부왜활동에 관련된 공개 기록을 남기지 않았다. 「인가지」에 대한 해석도 열려 있다. 게다가 다른 부왜작품은 찾을 수 없다. 그럼에도 「인가지」는 부왜매체에 한글로 발표된 부왜희곡이다. 왜로의 '성전'에 나갈 '지원병'과 그 가족을 한 마을 '애국반' 이웃이 '병역봉공'을 다하고, 장차 '가정봉공'까지 아끼지 말아야 한다는 부왜적인 뜻을 일깨우는 데 모자람 없는 됨됨이를 갖춘 '국책극'이다. 부왜희곡에서 빼내기 힘들다. 작품 바깥 환경과 안쪽 맥락을 살펴 그 점을 알겠다.
>
> 앞으로 「인가지」를 두고 더 따져야 할 일은 여럿이다. 첫째,

그 무렵 다른 부왜희곡이나 '지원병'을 다룬 여느 작품, 나아가 '징병'을 다룬 김정한의 다른 작품 사이에 놓인 상호텍스트성을 밝혀, 마땅한 자리매김을 이루는 일이다. 둘째, 김정한이 어떤 까닭으로 부왜희곡을 썼는가 하는 앞뒤 사정을 밝혀야 한다. 셋째, 김정한의 '절필'에 대한 문제 제기가 이 글에서 이루어졌다. 경남·부산 지역문학 차원에서 김정한 담론의 형성과정과 그 경과에 대한 문학사회학적 이해가 깊어져야 할 일이다. 연구자가 두텁지 않은 지역문학 연구에 보람이 더하기를 바란다.

발표 논문 마무리 가운데 한 곳이다. 그 뒤 8월 15일 서울 다섯 개 단체에서 "제 아비를 고발하는 심정으로" 부왜문학인 명단을 조사·발표한 일이 있었다. 김정한은 거기서 빠졌다. 정지용과 함께 이른바 "일제의 폭악성 때문에 단지 한두 편의 글을 남긴" 이로 들어간 까닭이다. 「인가지」가 부왜희곡 작품이라는 됨됨이 구명에서는 내 생각을 따른 셈이다. 한 걸음 발전이 있었다. 그럼에도 이원수를 비롯한 아동문학 쪽은 아예 빠졌다. 게다가 그들이 내놓은 바 마흔둘에 그친 부왜문인 명단은 나라잃은시기 부왜 문학사회의 실상에서 크게 벗어난 것이었다. 웃음을 자아내게 할 정도였다.

김정한에 이어서 이원수 부왜문학 활동을 개별 논문으로 내놓은 때는 11월 29일이었다. 「이원수의 부왜문학 연구」라는 제

목으로 배달말학회에서 발표했다. 이미 세상에 알렸던 동시와 수필 한 편에다, 새로 시와 수필을 더해 모두 다섯에 이르는 부왜작품의 됨됨이를 알리고 그 뜻을 따졌다. 왜로의 이른바 '황민화'와 '내선일체'라는 식민책략에 힘껏 이바지하기 위해 내놓은 작품이라는 사실을 밝힌 것이다. 이원수 현양 사업을 준비하고 있었을 지역행정부나 문인단체 사람들이 잠시 곤경에 놓였을 것이다. 그 글 마무리 쪽 부분이다.

> 이원수 스스로 "보람없는 청춘 봉사"로 흘러갔다고 말했던 한 시절, 이른바 '국민총력운동' 시기에 그가 내놓은 다섯 편의 부왜작품을 살폈다. '성전'의 '총후'에서 '병역봉공'과 '농업보국'을 다하며, '내선일체'에 힘을 기울이고, '황국 신민'이 되기 위해 몸과 마음을 다 쏟아야 함을 그는 동시와 시, 그리고 수필 갈래로 나누어 담았다. 많은 이들에게 전혀 뜻밖으로 여겨질 그의 부왜작품을 세상에 알리는 이 글로 말미암아, 그에 대한 연구가 더욱 깊어지기를 바란다. 그 과정에서 우리 근대 아동문학의 부름켜는 크고 단단해질 것이다. 근대문학에 대한 우리 사회의 추억과 사랑은 더 가혹하게 단련되어야 하리라.

4

그리고 2002년이 저물었다. 2003년 2월에 또 하나 시빗거리가 있었다. ㄱ 시인이 낸 세 번째 시집 『물은 목마름 쪽으로 흐른다』에 대한 내 서평이 그것이다. 2월치 『현대시』에 실린 그 글에서 에둘러 표현했던 내 속내를 『국제신문』에서 다루어 「부산시단 비평 새바람—선배의 작품을 신랄하게 비판한다」로 내놓았다. 2월 11일이었다.

현재 우리 문단에서 쉽게 찾아볼 수 없는 현상이다. '주례사 비평'이란 말이 유행한 지 오래다. 고작 해설비평, 서발비평(서문·발문)이다. 그래서 비평의 부재란 말도 많다. 부산도 별반 다를 게 없다.

이런 가운데 부산의 중견 시인이 선배, 그것도 부산의 내로라하는 원로 시인의 시를 신랄하게 비판했다. 부산 문단에 신선한 충격이 아닐 수 없다. 뿐만 아니라 이 비평에 대한 반론도 잇따를 것으로 예상돼 모처럼 부산 문단이 활기를 띨 것으로 기대된다.

…(줄임)…

그러나 이 서평을 자세히 살펴보면 ㄱ 시인의 시에 대해 신랄한 비판의 칼날을 들이대고 있음을 감지할 수 있다. 박 교수가 지적한 부분은 시어와 표현법으로서의 비유 그리고 언어 조직력 등 크게 세 가지.

…(줄임)…

사실상 더없이 신랄한 비판이다. 시의 미덕인 간결성과 압축성은 온데간데없고 군더더기 관념어의 화려한 교직, 혹은 언어의 허장성세만을 추구하고 있다는.

이에 대해 ㄴ 교수가 2월 25일자 「ㄱ 시에 대한 오해—박태일의 평문을 읽고」라는 반론을 실어, 나와 세 차례에 걸친 논박을 벌였다. 그 사이 ㄷ 교수의 한 차례 중간 점검으로 모양새를 갖춘 듯했다. 그렇지만 아홉 장에 머무는 짧은 기사 원고량으로는 매번 충분히 이야기를 풀어갈 수 없었다. 결과적으로 반론자는 ㄱ 시를 추기는 쪽에서, 나로서는 점점 더 ㄱ 시가 지닌 문제점을 드러내려는 쪽으로 논쟁이 이어져 맞물리는 자리가 넓지 않았다. ㄱ은 누구인가. 부산의 원로로 알려진 이다. 게다가 서른 해 만에 낸 두 번째 시집과 수필집으로 유행처럼 상찬이 거듭되고 있던 시인 아닌가. 그런 이가 낸 세 번째 시집에 대한 내 비판적인 속내는 반론자와 논박이 이어질수록 더욱 구체화하였다. ㄱ 시인이나 그를 존경하고 있었을 이에게는 노여운 일이 된 셈이다. 내 세 번째 논박은 아래와 같이 끝났다.

이번 논의는 의도와 언어의 거리, 시인의 통어력, 의식 구성법의 특성, 시사적 위상과 영향관계 들들 여러 논점으로 묶일 수 있었음에도 거듭 겉돌고 있다. ㄴ은 내가 "제기한 가장 근본적인 문제제기를 회피하고 있어 바람직한 진전을 위해" 서평에서 다루었던 본보기 가운데 넷만 끌어다 놓고 되묻겠다. 낮은 단계의 간단명료한 답변을 기다린다.

첫째, 시어 문제. 지형·풍경·수직·냉혹·낙차·일거·결단·수위, 「길이 끝나는 곳에서……」라는 시의, 그것도 짧은 한 도막에서 뽑은 한자어다. 오늘날 우리 시인 가운데서 가장 잦고도 무겁게 왜풍을 포함한 한자 관념어·추상어에 기대 시를 쓰고 있는 이가 ㄱ이다. 현대 민족시의 전개과정에서 볼 때, 이 일은 수준 높은 개성에 이른 일인가, 아닌가?

둘째, 비유의 특성. 나는 「목어와 가랑잎」의 부분을 내세워, 시인의 직유가 겉꼴과 달리 비유로서 비기능적인 것임을 짚었다. 게다가 '이성처럼', '사상처럼', '비밀처럼'과 같이 전혀 비유적 자질을 갖지 못한 장식적·추상적 표현이 버젓이 쓰이고 있음을 꼬집었다. ㄴ은 내 판단이 옳다고 생각하는가? 그리고 그 본문 '가랑잎들은 병사들처럼 일어선다'라는 직유와 그것을 내가 고친 '가랑잎 병사들이 일어선다'라는 은유 가운데서 어느 것이 구체성이 강한, 곧 '사물과 하나가 된' 표현이라 생각하는가?

셋째, 문장 통어력.

① (자욱한) 눈보라 속을 다리를 저는 한 마리 순록이 무리를 떠나 혼자서 자작나무 숲속으로 걸어들어가고 있다. 기우

뚱거리는 한 줄기 발자국을 은백색 눈이 지우고 있다. 스스로 원시림의 한 부분이 되기로 결심한 다리 절던 한 마리 순록의 (외로운) 결심이 (정갈한) (숲 그늘을) 찾고 있는 예니세이강 기슭.

② 다리를 저는 한 마리 순록이 자작나무 숲속으로 걸어 들어가고 있다. 기우뚱거리는 발자국을 (자욱한) 눈보라가 지우고 있다. (무리를 떠나) 스스로 원시림의 한 부분이 되기로 결심한 순록이 찾고 있는 예니세이강 기슭.

①에서 괄호·고딕·밑줄 친 데는 시의 손질 과정에서 간추려졌어야 할, 동어반복적인 군더더기거나 멋스럽게 쓴 꾸밈말이다. 그것을 두고 최소한으로 내가 손질을 한 것이 ②다. 시인이 쓴 원문 ①과 ②, 이 둘을 견주어 볼 때 어느 쪽이 수준 높은, 곧 ㄴ 교수의 말마따나 "대상과 순수하게 만나는" 시줄로 보이는가?

넷째, 시사적 위상과 영향 관계. 첫시집 『해조』에 실린 작품들의 한자어를 전부 한글로 고쳐 놓고 이번 시집과 견주어 보라. 30년을 넘는 생리적 시간 경과에도 시인의 문학적 시간 경과는 짧다는 말을 쉬 알 수 있었을 것이다. 게다가 ㄴ이 끌어들인 바와 같이 ㄱ과 퐁주 사이 영향 관계는 크다. ㄱ 시가 현대시의 수준 높은 개성이라는 판단에 이르게 된 과정에서

『해조』와 퐁주의 시를 읽어 본 적은 있는가?

내 서평은 시인의 방법론에 따라서, 시인에게 실제적인 도움이 되도록 쓴 글이다. 논의를 거듭함에 따라 부정적인 쪽만 돋보이게 된 점은 미안한 일이다. 그럼에도 세 번째 시집은 성급했다. ㄱ은 오랜 시력을 지녔음에도 불행스럽게 실제비평에는 많이 노출되지 않았던 시인이다. 장차 우리는 시인의 손으로 크게 손질된 세 번째 시집을 싣고 있는 『ㄱ전집』을 갖게 될 것이다,

내 세 번째 논박에 대해 ㄴ 교수의 네 번째 답변이 없었다. 겉으로는 논쟁이 그친 것처럼 보인다. 그러나 일은 그렇게 간단하지가 않다. 2003년 올해 이산문학상을 ㄱ 시인이 세 번째 시집으로 받았다는 신문 보도를 이즈음에 읽었다. 문학상이란 작가가 사회적으로 명성을 생산·재생산하는 주요 방법 가운데 하나다. ㄴ 교수와 있었던 논쟁의 공이 몇 달 지난 뒤에 딴데서 내게로 넘어온 셈이다. 이제는 이산문학상을 ㄱ 시인에게 준 문학사회와 나 사이에 긴장이 생긴 셈이다.

나로서는 어떤 형태로든 그 문학사회를 향하여 ㄱ 시의 됨됨이와 포폄에 대해 답변을 할 책임과 권리를 아울러 갖게 되었다. 먼저 내가 논쟁 과정에서 문제 삼았던 것들, 곧 퐁주에서 더 나아가 일본 현대시와 관련을 포함한 ㄱ 시의 상호텍스트성이나 영향관계에서부터, ㄱ의 시어가 지닌 시사적 위상, 그

리고 시작법에서 드러나는 여러 문제점에 대하여 하나하나 생각을 펼칠 일이 남았다. 세월이 걸릴 일이 있고 간단하게 끝날 일도 있다. 그 어느 것이든 마무리는 위에 옮겼던 내 반론문 맨 마지막 단락과 관련한 일이 될 것이다.

5

지난해 12월에 나는 「이주홍의 초기 아동문학과 『신소년』」이라는 논문을 내놓았다. 거기서 향파 이주홍의 등단 연도와 등단 작품이 1925년의 「뱀새끼의 무도」가 아니라 1928년의 「배암색기의 무도」라 밝히면서, 그 작품의 됨됨이를 처음으로 학계에 알린 적이 있었다. 오래도록 잘못 알려져 왔던 중요 작가의 문학 생애를 바로 잡았던 셈이다. 그런데 ㄹ 교수가 느닷없이 1929년에 발표한 소설 「결혼전날」을 들이대며 이주홍의 등단작과 등단 연도를 새로 확정하는 글을 발표했다. 그 사실이 지역 신문에 기사로 실렸다. 올해 4월 17일자 『부산일보』에 실린 「향파 실질적 데뷔작 '결혼전날' 발굴」이 그것이다. 나로서는 마땅히 반론을 펴지 않을 수 없었다. 그것이 5월 31일 제2회 이주홍 문학제 세미나에서 발표한 「향파 이주홍의 등단작 시비에 대하여」였다. 그 글의 마무리를 일부 옮긴다.

> 향파 이주홍은 종합적인 예능인이다. 문학과 예술 여러 영역에서 남다른 활동과 업적을 보여 주었다. 한두 가지 면모

로 그를 파악하기 힘들다. 그렇다고 해서, 문인으로서 문학제도에 편입된 첫 작품과 그 시기, 곧 등단작과 등단시기를 판단 내릴 근거가 엷은 경우는 아니다.

…(줄임)…

이주홍은 이미 10대 중반부터 습작품을 공공매체에 열심히 투고·발표하기 시작하다가, 스물 둘의 나이인 1928년에 등단하였다. 그 뒤 오래도록 활발한 작품 활동을 거듭하여, 경남·부산 지역문학 제2세대를 대표하는 문인일 뿐 아니라, 한국 계급주의 아동문학 1세대를 앞서 이끈 이다. 그에 대한 문학사적 위상 파악에 온당한 대접은 사실을 그대로 따르는 일일 것이다.

말하자면 한 작가의 등단작에 '실질적인 처녀작'이 있고, '형식적인 처녀작'이 따로 있을 수 없다는 뜻이다. 뚜렷한 터무니가 환한 마당에 혼란과 오해를 새로 끌어들일 이유가 없다. 「결혼전날」 발굴의 의의를 강조하기 위한 과욕이거나, 그것을 다룬 언론의 선정주의로 말미암은 수사학적 과장이 아니라면, 이번 시비는 밝게 마무리된 셈이다.

곧 글쓴이가 굳힌 대로 향파 이주홍의 문단 데뷔작은 1928년 5월치 『신소년』에 발표한 「배암색기의 무도」다. 1929년 12월치 『여성지우』에 당선으로 적혀 실리게 된 단편소설 「결혼전날」은 아동문학에서 소설 갈래로 관심을 넓혔던 향파가, 실제 작품으로 소설계에 선을 보이게 된 첫 소설일 따름이다.

6

그리고 5월, ㅁ 교수가 쓴 「일제 강점기 부산·경남 지역 시인 발굴 및 재조명 연구—김대봉의 재발굴 및 재조명」이 실린 『한국문학논총』 33집을 받았다. 내가 회원으로 있는 한국문학회 논문집이었다. 글의 속살은 본인의 연구 목표와 거리가 먼 짜깁기 얌체 연구였다. 나는 『제주작가』에 실을 「지역문학의 현황과 과제」 2장에서 그 사실을 하나하나 따지고 지역문학 연구에서 그런 얌체 연구에 대한 반성이 있어야 할 것임을 짚었다. 그 속살이 신문 기사로 오른 것이 6월 18일자 『국제신문』 「'짜깁기 연구' 정면 비판 파문 예고」가 그것이다. 주요 부분을 옮긴다.

> 시인이자 국문학자인 박태일(경남대) 교수는 최근 남의 연구를 짜깁기하는 '얌체 연구'가 성행하고 있다고 전제, 그 사례를 실명을 들어 비판해 지역 문단과 학계에 큰 파문이 예상된다.
>
> …(줄임)…
>
> ㅁ 교수의 이 논문은 중요한 부분에 있어 한정호(경남대 경남지역문제연구원) 교수가 발표한 「포백 김대봉의 삶과 문학」(『경남어문논집』·1995년)과 「김대봉의 동시관과 동시 세계」(『지역문학연구』·1998년)를 짜깁기했다는 것이 박 교수의 주장이다.

문제가 되고 있는 부분은 ㅁ 교수 논문의 핵심이랄 수 있는 시작품 연보. ㅁ 교수는 논문에서 "시작품 연보를 작성하는데 있어 기존 시작품 연보(한정호 교수 논문)가 많은 참고가 되었다"면서 "이 연보에서 누락되었거나 잘못된 시작품도 적지 않았으므로 보다 정확한 연보를 재작성한다"고 밝히고 있다.

그러나 박 교수에 따르면 ㅁ 교수가 새롭게 첨가했다고 주장한 작품들은 한 교수의 1998년 논문에 실려 있는 작품들로 확인됐다는 것. ㅁ 교수가 재작성한 시작품 연보는 기존 연보(한 교수의 95년 논문)에다 한 교수의 98년 논문에 실려 있는 작품들을 시간 순으로 끼워 넣은 것으로, 논문 제목에 분명 '재발굴'이라고 돼 있는데도 불구하고 새롭게 발굴한 작품은 하나도 없다는 것이다.

한 교수는 1998년 이후 또 다시 김대봉의 시 20편과 산문 15편을 더 발굴, '김대봉 전집'을 준비하고 있는 것으로 알려졌다. 상황이 이런데도 '김대봉 재발굴 및 재조명'이란 이름으로 수년 전 다른 사람의 연구 실적을 짜깁기한 논문을 낸다는 것은 학자로서 비난을 면키 어렵다.

…(줄임)…

이에 대해 ㅁ 교수는 "새롭게 발굴한 작품이 없는 것은 사실이나 연보 재작성의 초점은 발굴이 아니라 오류 정정"이라며 "선행 연구의 오류가 정정돼야 학문의 발전이 이뤄지는 것 아니겠느냐"고 반문했다 (주송현기자, 2003. 06. 18.)

이 기사에 대해 ㅁ 교수가 불끈 해 반박문을 실었다. 두 차례에 걸쳐 나와 그 사이에 종이신문과 온라인 신문을 빌린 논박이 이어졌다. 그럼에도 ㅁ 교수는 반성하는 기미가 없었다. 나로서는 세 번째로 더 꼼꼼한 반론문을 쓰지 않을 수 없었다. 「짜깁기 연구와 학문적 자폐—ㅁ의 김대봉론」이라는 이름으로 된 긴 글을 8월 31일 부산대학교 국어국문학과 누리집에 올렸다. 그 글 마무리 맨 뒤 두 단락을 보이면 아래와 같다.

> 이번 일로 ㅁ은 많이 섭섭하고 분할 것이다. 서로 아는 처지에 왜 사사로운 소통방식을 거치지 않았는가 탓하고 싶을 것이다. ㅁ은 일찌감치 반성할 수 있는 기회가 있었다. 그런데도 달라지지 않았다. 지역단위의 삶은 흔히 근대 시기 국가단위 삶이 불러온 폐해를 가장 많이 입은 곳이라 일컬어진다. 하지만 지역이야말로 국가보다 더 단단하고 구체적인 모순 덩어리다. 그것을 드러내고 맞부딪치면서 만들어 가는 역장이 지역이다. 지역문학 연구가 지역 형성에 이바지해야 할 바 적극적인 첫자리가 바로 거기다. 이번 논란의 빌미와 핵심은 무엇보다 지역의 문학 연구자 가운데 한 사람인 ㅁ의 해묵은 비학문적 태도에 있다. 다른 일은 죄 곁가지일 따름이다. 이 점을 깨닫지 못한다면 누구보다 ㅁ에게 불행이다. 앞으로 더

한 곤경을 겪을 수 있다는 사실을 잊지 말 일이다.

이번 논란이 당사자 ㅁ은 물론 비슷한 잘못에 눈을 주고 있는 "동학과 후학들에게"는 좋은 학자로 거듭날 수 있는 기회가 될 것이다. 어느덧 생각과 달리 감정적인 용어를 물리치지 못한 채 길고 거친 글이 되고 말았다. 그러나 그 속뜻은 무겁게 되살아날 것으로 믿는다. ㅁ도 나와 마찬가지로 글 배운 이가 지닐 바 세상 삶에 대한 두려움과 부끄러움을 아울러 깊이 자각하고 있을 듯싶다. 이룬 바가 잘 알려져 있지 않으나 찾아 받들 만한 작가·작품에 대한 '발굴'이나 '조명'은 그 보람이 참으로 오롯하다. 권할 만한 일이다. 아무쪼록 ㅁ은 앞으로 남이 힘껏 이룬 바 논문을 '발굴'하고 '조명'하는 일로 그런 일을 감당하려 애쓰지 말기 바란다. 성실한 답변을 기다린다.

아직까지 이 논란은 거듭하고 있다. 아마 더 시간을 끌 것 같다. ㅁ 교수가 자신이 저지른 잘못을 받아들이지 않고 있는 마당이다. 내 글에 대한 반박을 펼 것이 틀림없다. 그렇다면 내 재반론 또한 어김없이 이루어질 일인 까닭이다. 그리고 보니 벌써 가을 문턱이다. 현대문학 연구자로서, 그와 같은 공동체 구성원으로서 세상에 내놓기 민망한 그 글 탓에 내 가을이 더욱 깊어질 마련이다.

7

2002년 봄부터 2003년 가을 문턱까지 내가 걸었던 시시비비의 골목들이다. 굳이 세상에 알려서 도움이 되지 않을 일을 내가 시빗거리로 끌어다 댄 것일까. 이원수 부왜시 발굴·공개에서부터 시작하여, 특정 지역을 대상으로 삼은 학계 처음의 부왜문학 활동 조감도 마련, 김정한의 부왜희곡 작품 발굴과 공개, 이원수 부왜문학에 대한 중간보고, ㄱ 세 번째 시집에 대한 반성적 읽기, 이주홍 등단작에 얽힌 논란 잠재우기, 그리고 대학공동체 안에서 저질러지고 있는 비학문적 행태에 대한 반성 촉구가 그것이다. 공통점이 있다면 죄 지역문학이나 지역문학 연구와 관련한 문제라는 사실이다.

나를 염려한 한 제자는 못내 걱정스런 모양이다. 혹 마음 다칠 일이 있지 않을까 여긴 탓이겠다. 그러나 어찌 시시비비를 즐겨 찾아다니는 이가 있을 것인가. 나에게 맞부딪쳐 온 문제나 과제를 하나하나 내가 받아들일 수 있는 길로 풀다 보니 일이 그리 되었을 따름이다. 나를 불편하게 여기는 이가 있다면 내 문제 제기나 사실 공개로 자신이 크게 손해를 보았다고 여기거나, 자신이 굳히고 있었던 믿음과 크게 맞서는 사실로 말미암아 당혹감을 느끼고 있을 이들일 것이다. 처음부터 편안하고도 즐겁게 누려 왔던 자신의 항상적인 이익이나 고정관념 앞에 돌연히 닥친 낯선 상황을 받아들이기 힘들었겠다. 믿어 온 대로 따를 수밖에. 사실의 참과 거짓은 마음 바깥이었으리라. 그들이 할 수 있는 가장 손쉬운 길로 먼저 인지 일치를 시켜야 할 일 아닌가. 간사한 사람의 마음과 감각이 그 점을 잘 도와 줄 터다.

내 돈 들여서는 일본 땅에 가지 않으리라 우스꽝스런 다짐을 했던 옛날이 있었다. 기껏 나흘 동안에 걸친 일본 동경 여행을 마치고 돌아오는 비행기 안에서 나는 갈무리한 지역문학 자료를 흐뭇하게 속으로 셈하고 있었다. 어느새 다음 일본 여행지로 경도를 작정해 둔 뒤였다. 두려워라 글 써먹고 살아감이여. 고개 숙이니 무릎으로 걷는 바람소리 들린다. 저대로 마냥 엎어질 것인가. 그 바람에다 다시 칼금을 긋는 긴 풀잎도 있다.

(『주변인의 시』, 2003)

나뭇잎 하나의 인연

— 손국복 시집 『그리운 우상』

외우 손국복 시인이 첫 시집을 낸다. 기꺼운 일이다. 돌이켜 보면 시인과 만난 인연도 벌써 열 해를 넘겼다. 문향 합천의 기상을 드높이기 위해 여러 회원들이 동분서주 합천문학의 터를 다지고 합천문학회를 일으켜 세우기 위해 각고를 다할 때였다. 그 무렵 이루어졌던 만남부터 여태껏 가까이서 또는 멀리서 시인을 지켜볼 수 있는 기회가 벌써 그렇게 된 셈이다. 세상살이 만나기 어렵지만 만나서도 자잘한 애증과 이해가 칡넝쿨처럼 얽히게 마련이다. 그런데 시인과는 오래도록 만남이 알뜰하고 도타웠다. 무엇보다 그가 지닌 사람됨이 나보다 훨씬 윗길인 까닭이었으리라.

손 시인은 일찍이 의향 진주 고을에서 태어나 자랐다. 세상에 교육자로서 뜻을 펴기 위해 합천에 들어선 지가 지금부터 스물다섯 해 앞선 때였다. 그 뒤 그는 한 번도 합천을 떠나지 않았다. 어지간히 심지가 굳지 않으면 어려운 일이다. 그러나 그가 경상대학교 국어교육과 학풍 아래서 일깨움을 얻고 문학열을 가꾸었음에 생각이 이르면 고개가 저절로 끄덕거려지는 일이다. 그리 보면 그 학풍의 큰 줄기를 세운 짐계 려증동 선생이 교사로서 맨 처음 학생을 가르치기 시작했던 땅도 바로 합천이 아니었던가. 시인과 같이 항심하는 이가 교육자로서 일할 인연이 일찌감치 마련되었던 바라 하겠다.

철들고 이제껏
가야산 정기 받아
도 닦는 셈치고
두 강산 바뀌도록
살아온 합천
나는 지금
쌍책에서
불혹의 고개 넘고 있다.

푸른 숲 맑은 물
황강이 좋아
백사장 유유히 날갯짓하는 백로 되어
때가 되면 물살 거스르는 은어처럼
세월의 강 건너고 있다.

—「쌍책에서」 가운데서

시인의 표현같이 “두 강산 바뀌도록/살아온 합천”에서 교사 시인인 그가 오래도록 닦아 온 시고를 묶어 첫 성과물을 세상에 내놓는 마당이다. 내가 감히 책머리에 글을 얹을 처지는 아니다. 그러나 굳이 기뻐하며 몇 자 적는 일도 시인과 나 사이 묵은 인연법이 그렇게 이끄는 일이라 싶다. 굳이 마다하지 않기로 했다. 그리하여 한 해 동안 머물 참으로 와 있는 이곳 몽골 올랑바트르까지 그가 건네준 시고를 품고 와서 새삼스럽게 읽는다.

곳곳에서 참 교사로서, 바른 사람으로서 삶을 가꾸고 이루고자 하는 이가 지닌 깊은 헤아림과 곡진한 뜻이 황강 물살처럼 깊고도 잔잔하다. 그 물살에 함께 젖으며 함께 느끼며 나는 즐겁다. 시인이 쓴 작품 속에는 진솔한 세상 이야기가 꾸밈없이 담겼다. 가족에 대한 사랑 또한 애틋하다. 아름다운 합천 풍광과 그를 향한 찬탄이 속속들이 넘쳐난다. 그가 엮어 내는 시의 풍취는 매우 다채롭고 폭이 넓은 셈이다. 지역 교사로 뜻을 세운 시인이다. 자기 수련을 거치는 한 방식으로 시를 선택하고 있음을 나는 어렴풋이 짐작할 따름이다. 그래서 맵시 반반한 표현이나 아기자기한 기교에 떨어지지 않은 점이 더욱 그답고 더욱 당당하다.

함벽루 처마 끝에 수직으로 떨어지는
나뭇잎
하나.

—「함벽루 초가을 밤」 가운데서

시인이 겸손하게 자신을 일컫는 말이다. 그 나뭇잎이 스물다섯 해 너른 황강을 품고 합천을 품고 흘러흘러 건너간 인연은 어디까지일까. 어쩌면 그 나뭇잎으로 말미암아 황강 아침 물굽이가 새롭게 빛나고, 그 나뭇잎으로 말미암아 합천 고을 겹겹 산등성이 바람 소리가 더 맑은 것은 아닌가. "산이여 강이여 내 사랑 합천이여"라 외칠 수 있는 이는 세상에 그리 많지 않다. 그래서 손국복 시인이 고맙고, 손국복 시인이 부럽다.

아직 겨울이 채 가시지 않은 차가운 몽골 밤이다. 가끔 창밖으로 이국 사람이 뱉는 높은 말씨가 들리다 끊기곤 한다. 여기서 한국은 북경을 거쳐 다시 한참을 날아가야 한다. 인천에서 또 남으로 바삐 길을 잡아야 고향 합천에 이른다. 그리고 거기 초계 들 둥두렷이 살진 한 곳에 손 시인이 산다. 학생들과 함께 대암산보다 높은 포부를 올곧게 다듬고 있다. 손국복 시인! 문학으로나 삶으로나 오래 다복하고 오래 넉넉하시라.

(2006)

최갑수 시집 『단 한 번의 사랑』

바다로 말미암아 괴롭고 젊음으로 말미암아 쓰라렸을 연분홍 시절의 최갑수 시인. 그가 들려주는 노래 가락은 맑다. 맑고 따뜻한 그 음계에는 점멸등을 안고 조는 왕벚꽃 거리가 있고, 아스피린 가루 수선스러운 누이의 그리움이 있다. 나는 듣는다, 고드름 끝에 갇혀 타는 햇살의 외로움 마냥 그가 감당해 온 풍경들의 놀랍도록 섬세한 옹알이, 또는 가랑비의 부기우기. 제 살인 바다를 찌르며 자라는 성게의 아픈 맨발을 보았는가. 한순간의 틈도 허락하지 않는 그 부드럽고 환한 장엄의 밀물에 두근두근 온몸을 맡긴다. 더욱 돌올하고 자재하기를, 최갑수 시인. 2000년대로 성큼 올라서면서 우리시는 맨 먼저 그를 얻었다.

(2000)

손택수 시집 『목련전차』

높낮이 아련한 고드름을 음표처럼 매달기도 했다. 처마 밑으로 난 길은 그 추억이다. 울퉁불퉁 박하향이 난다. 먼지를 묻힌 달팽이. 가족들은 죄 달팽이를 닮았다. 슬픔을 지평선으로 삼다니. 푸른 키 낮은 곰솔 바닷가는 고개 하나 너머에 있다. 마음의 화적 떼들이 자주 다녀가는 곳이다. 이 봄날 젊은 시인 내외는 어디로 출타 중일까. 고요하다. 함박꽃 환한 타래 뚝 진다, 밤. 그 집의 지붕 위로 막 터진 별자리 하나가 제 남은 일생을 건다.

(2006)

정선호 시집『내 몸속의 지구』

항산恒産, 항심恒心이 농본주의 삶에 뿌리 둔, 때 지난 덕목이라 일컫지 말라. 이 일깨움에 마음 부풀고 힘 불끈거리는 이 있다. 정선호. 그의 시가 걷는 너른 터를 보고 싶은가. 그저 톡톡 튈 뿐인 재치를 깊이라 둘러대고, 현실에 도뜬 문법을 열정이라 윽박지르는 세월 속에서 그의 시는 웅숭깊다. 혼자 골짜기를 젖히고 와 막 바다로 들어서는 강물의 첫걸음인가. 아니다. 그 위를 밟고 또 햇살 꽃 사태가 저리 만개했다. 정 시인, 뒤돌아보지 말기를. 더욱 항산하고 항심하기를.

(2008)

폭력 없는 가정을 위하여

반갑습니다. 지난해부터 준비해 왔던 책『가정폭력은 없다』가 나왔습니다. '창원여성의집'을 세운 지 네 돌에 맞추어 이루어진 일이라 기쁨이 더욱 큽니다. 책을 펴내는 곁에서 짐짓 일을 거들었던 한 사람으로서 보람을 느낍니다. 각별히 조현순 관장을 비롯한 여러분의 헌신과 각고를 이 자리에서 다시 한 번 떠올립니다.

근대 산업사회는 뿌리에서부터 두 공간에 대한 분리와 통합을 빌려 자신의 존재 이유를 만들어 왔습니다. 일터와 가정이 바로 그것입니다. 이 둘을 나누는 경계는 생산하는 장소로서 직장과 돌아와 쉬는 쉼터로서 가정이라는 인식입니다. 그리고 이 둘을 묶는 힘은 가부장제입니다. 따라서 근대 산업사회의 핵심 문제는 직장과 가정, 그리고 그 둘이 마련하는 영역 속에 많은 부분이 가로놓여 있습니다. 근대 구성원의 핵심 경험은 이 둘에서 비롯하며, 그런 까닭에 그것이 파생시켜 놓은 폭력적인 여러 문제 또한 가장 실재적이고도 구체적인 경험 현실이라 하겠습니다.

근대 산업사회의 여러 폭력적 문제, 곧 자민족에 의한 이민족에 대한 종족 차별, 가진 이에 의한 못 가진 이에 대한 경제적 소외, 국가 중앙에 의해 이루어지는 지역과 개인에 대한 정체 해체, 남자에 의한 여자에 대한 성적 억압, 나아가 문화에 의한 자연에 대한 생태 파괴, 생산품에 의한 생명에 대한 우주론적 훼손과 같은 것은 직장과 가정이라는 장소 안에서 실천되어 왔던 셈입니다.

일터 문제와 노동 해방에 대한 자각, 전망은 꾸준히 문제였습니다. 마르크시즘이 대표하는 근대 인간 해방 철학은 산업주의 노동현실에 대한 산업주의적 대응이었던 셈입니다. 신앙을 빌린 영육화 또한 중요한 방법이자 전망으로 작동하여 왔습니다. 그러나 그 속에서도 생산과 재생산을 위한 쉼터요, 수동적인 소비처로서 놓여 있었던 가정에 널리 구조화한 폭력과 그 해방을 중심 문제로 자각하지 못했다 하겠습니다. 가정과 여자를 향해, 또는 가정에서 저질러지는, 가정이라는 울타리를 이용해 거듭해 온 숱한 폭력 문제와 그 해방 문제는 국가니, 세계니, 민족이니 하는 거대담론 속에서 늘 가장자리에 머물러 있었을 따름입니다. 가장 구체적인 현실이면서도 늘 공론에서 밀려나 있었던 자리가 가정 폭력 문제였습니다.

이제 근대 반성과 성찰의 드넓은 자리에 생명 해방이라는 새로운 전망이 들어서고 있습니다. 그리고 생명 해방의 가장 중요한 자각과 실천 장소가 가정이라는 합의를 시작하고 있습니다. 정보사회에서는 일터가 곧 가정이요, 가정이 곧 일터인 까닭입니다. 가정 또는 가정적인 감각과 논리는 이제 탈근대와 반산업화 사회의 중요한 중심 화두가 될 전망입니다. 그런 까닭에 이제까지 우리 사회에서 숨겨 온 정도가 가장 심했음에도, 공론이 모자랐던 가정 폭력에 대한 인식과 해결 모색이야말로 생명사회로 나아가는 길에 시급한 눈이라 하겠습니다.

'창원여성의집'은 그 짧은 역사에도, 이미 그러한 가정 폭력에 대한 인식과 문제 해결을 위한 중심 자리로서, 성공적인 운영과 내실을 다져 나가고 있습니다. 이제 한발 더 나아가 우리나라에서 처음으로 가정폭력의 담론화—가정폭력의 실상을 널리 알리고, 해결 전망을 찾아볼 뿐 아니라, 가정 폭력 해결 담론을 마련하고자 하는 출판 사역—를 향한 발걸음을 내딛게 되었습니다. 어찌 뜻 깊다 하지 않을 수 있겠습니까.

가정 폭력, 여자 폭력의 궁극 피해자는 여자가 아니라 가해자인 남자며 사회 전체라는 깨달음 위에서 세상의 자각이 더욱 커져야 하겠습니다. 비록 출발지에 서 있으나, 우리 사회 중요한 실천과 이론 장으로서 이 책이 이바지하기를 바랍니다. 조현순 관장이 이끄는 '창원여성의집'과 '사회복지법인 범숙'에 많은 발전이 이어지기를 빌어 드립니다.

(2001)

새로운 십 년을 향하여

벌써 십 년이다. 그 동안 『오늘의 문예비평』(『오늘』로 줄임)이 안팎 여러 어려움 속에서도 이루어 온 일에 대한 상찬은 한두 마디 말로 그칠 것이 아니다. 비평 매체활동의 약세에 더하여, 지역 기반의 허약함을 특성으로 갖는 한국 문단 흐름으로 보아 『오늘』이 가꾼 십 년은 그 자체만으로도 이채롭다. 발 빠른 현안 점검과 새 이론 모색, 그와 맞물린 지역 비평 활성화 노력은 다채로운 바 있었다. 새로운 십 년을 향하는 『오늘』에 몇 마디 당부의 말로 축하 꽃다발을 대신한다.

첫째, 바람직한 세대교체를 바란다. 1970년대와 1980년대를 꿰뚫는 한국 문단사에서 빠뜨릴 수 없는 일 가운데 하나가 문학과지성사·창작과비평사가 보여 준 출판·문학 동인 활동이었다. 그들은 교조화한 관변문학에 대한 맞대응의 물길을 하나씩 떠맡아 독특한 몫을 다했다. 그러나 창작과비평사의 유연성 부족과 문학과지성사의 수비적 자세는 2000년대로 넘어서는 문학지형 변화 속에서 그들에게 커다란 부담이 되었음을 이미 보아 온 바다.

그런데 『오늘』은 어떠한 본보기를 만들어 나갈 것인가. 『오늘』 1세대는 뿌리 내리는 어려움을 떠맡음으로써 최소한 맡은 몫을 다했다. 그러나 2세대는 어떤 좌표에 눈을 둘지 관심을 끈다. 과감한 필진 개발과 기획력 보강이 필요한 부분이다. 바람직한 세대교체란 생리적인 나이의 교체가 아니라, 문학적 나이의 교체를 뜻한다. 초기에 지녔던 탄력성이 무디어진 까닭이 어디에 있는가를 거듭 고심할 대목이다.

둘째, 논쟁적 모험심을 기대한다. 남이 기획해 둔 담론 틀에 슬쩍 얹히는 뒷북치기 비평, 주류담론의 변화한 이름에 함께 안겨서 안전운행만을 노리는 고속도로 비평, 아니면 중앙의 비평적 명성을 재생산해 주는 일에 힘을 빼는 아전 비평은 어제 오늘 인습이 아니다. 그런 점에서 『오늘』이 고석규비평상을 이끌게 된 일은 뜻이 크다. 그의 무명을 유명으로 이끌어 올린 힘이 무엇보다 비평의 돌발성과 끈질긴 열정에 있는 까닭이다.

비평이 비평으로 남을 바 값진 책무는 논쟁을 빌려 얻을 화해와 불화의 적극적인 드라마다. 그런 점에서 『오늘』이 현안에 대한 발 빠른 대응과 관계없이 보수적인 자리를 맴돈 것도 사실이다. 이것은 책임 편집 체재를 더욱 강화하더라도 쉬 해결될 문제로 보이지는 않는다. 비평 정치에 대한 태도의 모호함은 마침내 비평 존립의 정당성마저 위협할 것이다. 논쟁 가능성이야말로 비평이 인간학으로 살아남을 수 있을 최소 터무니다.

셋째, 지역비평의 역할과 이론의 실천에 더욱 무게를 실어주기 바란다. 『오늘』이 지닌 존립 기반은 부산이다. 그리고 어려움을 참아 내고자 한 지역 출판자본, 지역사회의 도움 또한 컸다. 단순히 지역비평 활성화에 이바지한다는 소극적인 뜻에서 더 나아가야 할 까닭이다. 그 일이 지닌 어려움과는 관계없이 지역비평이라는 화두는 『오늘』을 비롯한 지역문화 실천 영역이 맡아야 할 중요 과제로 올라섰다.

지나간 시기 남북축을 중심으로 이루어졌던 서구화·근대화 경험 속에서 일정한 수혜자로 말석을 누려 왔던 부산 지역에 대한 문제 인식 전환은 그 처음일 것이다. 지역과 지역, 지역과 지구 사이 연관 위에서 이루어질 새로운 지역구심주의는 지나간 시기 국가 중앙의 이득을 나눠 먹었던 지역패권주의와는 다른 실천을 요구한다. 지역은 밟고 가로질러야 할 모순의 싸움터다. 굳이 문화로까지 비평 영역을 넓혀 온 『오늘』의 적극성에 독자들이 바라는 바다.

앞으로 비평 지형 변화는 극심할 것이다. 그에 능동적으로 맞닥뜨리면서, 비평 활동 안쪽으로 지닐 엄격성과 바깥쪽으로 얻을 유연성을 어떻게 마련해 나갈 것인가. 『오늘』의 발걸음이 지역비평을 넘어 하나의 본보기로서 의의를 키워 갈 자리가 그곳이다. 『오늘』은 비평 활동이 바탕에서부터 사회·실천 활동이라는 점을 잊지 않았다. 체제 내화하려는 노력에 머물러

그나마 일궈 온 지역비평의 탄력성을 『오늘』은 훼손하지 않을 것이다. 『오늘』의 발전을 빈다.

(『오늘의 문예비평』, 2001)

다천의 나날

돌돌돌돌 독옹獨翁이라니? 다천茶川이 은근히 호를 권했을 때 처음부터 물렸어야 했다. 어느 여름 한낮, 다천의 문창문화연구소 사무실 개소식 때였다. 즐겁게 차나 나누면서 연구소 창밖 풍광에 다천이 감개하여 한숨에 내려 쓴 한시를 함께 맛보는 데서 그쳤어야 했다. 기껏 독옹이라, 뒷날 외로운 늙은이가 되어 버리라는 악담인가.

그러나 아무리 생각해도 그 이름은 다천에게나 걸맞은 이름이다. 독옹이라, 독옹이란 결코 홀로될 수 없을 사람, 쓸 일이 많아 세상이 그를 그냥 내버려 두지 않을 우뚝한 이나 감당할 참으로 무거운 이름인 까닭이다. 문여기인文如基人이라 하거니 그 훤출한 필획을 빌려 다천이 천품天品임을 어렴풋이 짐작해 볼 뿐인 나다.

다천은 다재多才하고 다정도 해서 시샘을 많이 받는다. 아기자기함이 어찌 없다 하겠는가. 그래서 시속時俗의 이해관계에 휘둘릴 때가 있다. 그럴 때마다 다천은 어느새 거기서 훌쩍 벗어나 있었다. 세상 이치란 꿰면 한 자요 풀면 달 반이라 해도, 그가 품어 온 뜻과 경륜은 어느 깜냥으로 잴 수 있을 것인가.

독옹이라 일렀더니 유월 강아지만한 배포도 없다고 다천은 언제나 나를 엄중히 후려친다. 갈갈갈. 이제 중년의 다천이 또 한 번 붓을 들어 하늘을 흔들었다. 창원 들이 좁고 천주산이 낮으렷다. 문득 기쁘고 문득 즐거워 휘청휘청 창원 옛 고을에 드니, 거기 벌써 봄빛은 두 물째다.

(『다천 김종원 서예전』, 2001)

서령書靈, 영상시대 새로운 전위

— 다천 김종원 서예전에 부쳐

일찍이 글은 영靈이었다. 말이 세상을 지배하는 시대에 글은 그 말의 흔들림 없는 터무니였다. 온 힘을 다 모아 쓰고 파 들어가는 신성한 노동. 아무나 할 수 없을 이 일을 떠맡아 집행하는 이가 힘을 차지했으며, 명예를 얻었다. 서기書記문화, 곧 오늘날 인쇄문화에 앞섰던 시기 모습이다. 인쇄복제 기술로 말미암아 글이 단순한 정보전달의 기호쯤으로 길바닥에 나앉기 앞선 시기 글이 지녔던 모습이다. 글은 영의 깃듦이며, 영의 드러냄이었다. 짓무른 점토를 빚어 그 위에 깊게 새긴 뒤 그것을 굽거나 딱딱한 돌 위에 힘들여 새기는, 그러한 각명刻明 행위는 오늘날 글쓰기와는 차원이 다르다. 그 자체 심혼을 다 바친 신령스런 제의였다.

그리고 그런 시대에 시詩와 서書, 그리고 화畵는 하나였다. 한 용광로에 녹아든 쇳물 같은 형국이었다. 그것이 낱낱으로 나뉘게 된 때는 근대에 들어서부터다. 근대는 예술사회의 분업도

예외 없이 확실하게 마무리했다. 예술 창작 계층과 소비 계층 사이 나뉨으로 말미암아 시는 시인이, 서는 서예가가, 화는 미술가가 떠맡게 되었다. 그리고 그 보상은 명예와 돈의 상승적 자리에서 이루어졌다. 각명문자刻明文字가 지닌 그러한 제의적 경건함, 영성靈性으로부터 벗어난 시대에 우리는 산다. 근대 백 년 우리 민족사의 경험 위에서 이 셋이 보여 준 주도 양상으로써 비역사성이나 몰역사성은 바로 더불어 민족을 꿈꾸었던 시대, 영성 상실의 한 모습을 암시해 준다.

부지런한 다천이 '존외구신存外求神'전을 펼친다. 문학사회 한 곁에서 시를 들썩거리는 나에게 제대로 된 시 공부 한 번 해 보라는 뜻이겠다. 묵직한 묵적 한 보따리를 펴 보니 아연 새로운 경지다. 무엇보다 눈을 강하게 때리는 것은 그의 자유자재다. 서書인가 하면 화畵고, 화畵인가 하면 시詩다. 그 셋이 한자리에서 한 모습으로 내 눈썹을 떨게 만든다. 이른바 시서화삼절詩書畵三絶이란 이를 두고 일컬음이렷다. 다만 지나간 시절 그것은 시와 서, 그리고 화의 단계적 완성을 일컬었다. 그런데 다천에게서는 그 셋이 한 몸이다. 서로 떨어지는가 하면 하나고, 하나인가 하면 또 서로 나뉜다. 서로서 시 이상이고, 화로서 서 너머다.

그가 나아가고자 하는 바는 새로운 서예 문법이다. 서기문화에서 인쇄문화로, 다시 영상문화로 나아가는 문명사적 흐름 속에서 그가 지닌 각별한 시도의 미래지향성과 모험심을 나는 읽는다. 나는 한문문화에는 문외한이다. 근대 예술문화 양식의 논리와 해명의 틀 안에서 갇혀 있다. 그러나 활달한 다천의 작품을 보면서 새로운 각명문자의 출현을 느낀다. 서령書靈의 환생. 또는 서書가 영靈이 되는 자리, 그리고 그 21세기 전망. 그런 곳에서 다천의 서예가 보여 주는 새로움이 있다. 다천의 글은 평면 종이에 덧씌워진 먹물의 자취가 아니다. 종이를 파고드는 칼의 족적이며, 유리를 녹이는 정신의 걸음걸이다. 그래서 그의 서는 시를 향하고, 그의 서는 화를 향한다.

다천이 혼신을 다해 새로 만들어 가고 있는 각명 영상 행위가 대중적인 지지를 받을 수 있다면 그 폭발력은 대단하리라. 모르긴 해도 그는 한국 근대 서예사에서는 괴팍한 이단으로 지목되기도 할 것이다. 그러나 새로운 예술 창조에서는 새 전위를 이룰 것이다. 그의 서에는 이단을 꿈꾸는 이가 지닌 드높은 결기와 새로운 전위에 서 있는 이가 겪는 고심이 한꺼번에 묻어난다. 내가 한없이 부끄럽고 아득해지는 까닭 또한 거기에 있다. 다천, 그는 구름을 한 묶음 끌어다 붓으로 삼았다. 벌써 하늘 너른 자리를 차지했다. 일컬어 '존외구신存外求神'이란다. 그의 돌올한 운필運筆 곁에서 보름 밤 보름 낮이 어느새 짧다.

(『존외구신存外求神』, 2004)

4부

대담

잃어버린 시문학사의 빈틈

대 상 『가려뽑은 경남·부산의 시 1 : 두류산에서 낙동강에서』, 경남대학교출판부, 1997, 504쪽.

1

물음 1 지역 자치제를 실시한 후, 지역문학에 관한 논의가 더욱 활발해지고 있습니다. 그러나 그 논의는 지나치게 형식적 수준이거나 추상적 단계에 머무르는 한계를 드러내고 있습니다. 이런 상황에서 부산·경남의 지역문학을 정리한 시선집이 발간된 것은 여러 가지 의의를 갖는다고 볼 수 있습니다. 사실 이런 발간 작업 자체는 지역문학 논의에 하나의 방향성을 제시하는 것으로 보겠는데, 이러한 점에서 이번 대담은 특별한 의미를 부여할 수 있지 않을까 합니다.

선생님께서 이번에 엮으신 시선집 『두류산에서 낙동강에서』는 한국문학사에 대한 반성에서부터 출발하고 있습니다. '나라잃은시대', '광복', '경인동란' 등의 시대구분 용어뿐만 아니라 지역문학의 복원이라는 측면, 소외되거나 배제된 문학을 제대로 자리매김함으로써 한국문학사의 새로운 지형을 그리고자 하는 선생님의 독특한 시각을 엿볼 수 있습니다. 먼저 한국문학사의 문제점과 올바른 방향성을 말씀해 주시면 좋겠습니다.

박태일 먼저 제가 엮었던 소박한 책에 대하여 관심을 가져주시고, 이런 자리를 마련해 주셔서 고맙습니다. 비평을 이음매로 삼아 부산이라는 지역바탕 위에서 쉬 넘볼 수 없을 일과 독특한 자리매김을 이룩해 나가고 있는 『오늘의 문예비평』이야말로 지역문학을 몸소 실천하고 있는 좋은 본보기여서 그 느낌이 새삼스럽습니다. 질의자께서는 먼저 제가 지니고 있는 지역문학에 대한 관심과 관련시켜 우리문학사 연구의 문제점과 올바른 방향을 물으신 것으로 생각됩니다. 지역문학 담론의 발생 요인에 대해 짚어 봄으로써 그 큰 물음을 감당하도록 하겠습니다.

오늘날 드높아 가고 있는 지역에 대한 관심을 저는 한마디로 '지역구심주의'라는 말로 뭉뚱그려 보고자 합니다. 국가 단위의 행정, 문화 인식과 논리에서부터 벗어나 바람직한 지역 가치를 널리 찾아 섬기며, 그것을 지역 공동체의 나날살이 속으로 되돌리려는 노력을 무엇보다 앞세우는 경향을 일컫는 말이겠습니다. 이것은 지역 분리나 지역 이기를 꾀하는 부정적인 지역주의와는 다른 것입니다. 이러한 지역구심주의가 알게 모르게 우리 사회에서 커다란 흐름으로 자리 잡게 된 까닭은 지역자치가 행정, 제도 장치로 시작된 데에만 있는 것은 아닐 터입니다. 그것은 근현대 우리 사회가 겪어 온 사회·정치·경제·문화 경험에서 말미암은 자연스런 흐름이라고 생각합니다.

나라잃은 국치 기간 동안 왜로 제국주의자들은 우리에 대한 저들의 지배와 수탈을 영속시키기 위하여 '중앙'에 의한 '지방'의 통제를 강화하여 지역을 무너뜨렸을 뿐 아니라, 광복 뒤 우리 스스로 가부장적 정치권력과 계획경제 논리에 따라 지역을 획일화·규격화함으로써 그 일에 속도를 붙였습니다. 이런 바탕 위에서 발 빠르게 진행되어 온 도시화·정보화는 지역사회의 이동성과 이질성을 드높였고, 이제 하나의 지역은 더 이상 일정하고도 고유한 영역으로 남아 있을 수 없게 되었습니다. 보호받고 사랑받고 있다고 느끼며 진정한 행복에 대한 감각을 꿈꿀 수 있을 장소나 영역을 잃어버리게 된 일은 오늘날 우리 사회 구성원 모두가 지니고 있는 공통 현상이라 하겠습니다. 지역사회와 그 삶에 대한 반성과 새로운 전망에 대한 논의가 지역사회 안쪽에서부터 높아지게 되는 것은 필연적인 흐름이겠습니다. 따라서 오늘날 우리 사회에서 일어나고 있는 지역구심주의 물결은 단순히 옛 풍속이나 더듬고 찾아내는 민속

취향이나, 지역을 명분으로 삼아 또 다른 이익을 좇으려는 자본시장의 논리와는 다른 자리에 있는 것이고, 또 그러해야 마땅하다고 생각합니다. 문학 창작이나 그 연구 또한 이런 사정에서 멀지 않을 것입니다.

우리의 문학사 연구자들도 이름에 걸맞은 겨레문학사를 바란다면, 담론을 독점적으로 생산해 가며 문화 권력과 교육, 매체, 그리고 자본을 차지하고 있는 국가 중앙의 평가나 명성에 주눅이 들어 앵무새처럼 그것을 되풀이하고 말 일이 아닙니다. 다양한 겨레 구성원의 문학 성과와 경험을 속속들이 찾아 가리고, 새로운 자리를 개척해 나가는 역동적이고 시도적인 기획이 많아져야 될 터입니다. 오늘날 그 숱한 대학의 국어국문학과가 무기력해져 학습자의 욕구와 사회적 수요를 제대로 따르지 못하고, 사회 구성원이 꾸준히 관심을 가질 만한 새로운 담론 생산 주체로 거듭 나지 못하고 있는 까닭이 어디에 있는가를 곰곰 생각해 볼 일입니다. 그런 점에서 우리 근현대 문학사는 늘 새롭게 고치고 기워 새로운 전통을 쌓아 나가야 할 일이고, 그 가운데서도 지역구심주의 물결과 나란히 하는 지역문학에 대한 관심과 연구가 시급하다는 데에는 두 말을 필요로 하지 않을 듯싶습니다. 제가 엮은 책도 그러한 관심을 우리 지역에서 실천하고자 했던 작은 한 보기로 읽히기를 바랍니다. 이미 지역문학은 우리문학의 중요한 현장이자, 둘러 갈 수 없는 학문 대상으로 자리 잡았다고 생각합니다. 일이 어렵고 낯설 뿐 아니라, 남의 눈에 쉬 뜨이지 않을 일이라 해서 버려두고 말 일은 아닙니다. 저로서는 여러 지역의 대학에서부터 지역문학 강좌를 만들고 따져 드는 일이 하루바삐 이루어져야 한다고 생각합니다.

문학사 기술 용어 또한 마땅히 반성이 있어야 할 문제입니다. 물론 이 자리가 그것을 길게 짚어 나갈 곳은 아닙니다만, 이미 질문자께서 제가 쓰고 있는 시대구분 용어를 문제 삼으셨으니, 짧게라도 말씀드리는 것이 옳을 듯싶습니다. 역사 용어란 우리가 흔히 생각하는 바와 같이 만국공통의 보편 기호나 변함없을 초시간적 부호가 아닙니다. 역사용어란 과학 용어와 달리 자기 나라에 이롭고, 제 나라 잘 되는 길로 부려 쓰는 일방통행어입니다. 1910년 경술국치를 보기로 들어 보겠습니다. 왜적들로서는 저들이 우리나라를 침략해서 빼앗았으니, 그러한 침략 실상을 숨기고 저들의 침략이 정당한 것인 양 세상을 속이기 위해 일본과 한국이 사이좋게 하나로 합쳤다는 뜻으로 된 '일한합방'이라는 용어를 쓰는 것이 당연한 일이고, 우리로서는 경술년에 섬나라 오랑캐에게 나라를 빼앗기는 씻지 못할 치욕을 겪었으니, 경술국치가 되는 것은 마땅하고도 올바른 것입니다. 이른바 '일한합방'이라는 어처구니없는 말에다 한국을 앞에 세워 '한일합방'으로 친절하게 고친 이름을 내돌린다고 그 잘못이 바로잡힐 리가 없습니다. 오히려 한국이 앞장 서 일본과 나라를 합쳤다는 뜻이 되니 더욱 어처구니없다 하겠습니다. 첫 들머리가 이러니 그 다음 광복까지 이어지는 다른 역사용어뿐 아니라, 그 뒤를 이은 현대사 기술 용어는 더 물어볼 것도 없습니다. 이런 원칙을 모르고 앞선 시대에 잘못 붙여진 역사용어를 우리 문학사 기술에 그대로 되풀이하는 잘못을 저지르지 않았으면 합니다.

2

물음 2 지역문학의 개념과 그 범위를 어떻게 생각하고 계십니까? 사실 지역문학이란 용어가 갖는 개념은 무척 모호합니다. 지역문학의 반대개념이 있는지, 있다면 그것은 무엇인지, 더 나아가 지방문학이라는 개념과는 어떤 차이가 있는지에 대해서도 설명해 주십시오. 그리고 지역문학의 범위도 너무 애매한 것 같은데, 예를 들어 동일 인물이 부산 지역에서도, 서울 지역에서도 활동한 경우라든지, 태어난 지역과 문학 활동을 한 지역이 다른 경우라든지, 활동한 지역과 작품을 발표한 지역이 다른 경우 등에 대해서는 어떤 설명을 할 수 있겠습니까? 또한 지역에 치우치다 보면, 민족문학과 같은 보편성을 확보하는 데 한계를 가질 수도 있지 않겠습니까?

박태일 '지역문학'과 맞선 개념은 국가문학입니다. 제도권력 장치로서 가장 위쪽에 놓이는 국가적 발상과 규범에 의해 이끌리고, 하나로 묶이고, 거듭해 온 문학적 인식과 그 인습에 대한 반성 위에 지역문학이 자리합니다. 따라서 지역문학이란 정태 개념이 아니라 앞으로 만들어 나가고 이루어 나갈 형성 개념이며, 당위 개념이라 말씀 드릴 수 있겠습니다. 이와 달리 지방문학이란 중앙에 종속된 하위문학을 일컫는다 하겠습니다. 지방문학은 중앙에 대한 선망이나 열등감을 내면화해 나가거나, 그렇지 않으면 배타적인 지역 연고주의나 정실주의를 바탕으로 지역 주도권을 재생산하려는 부정적 경향이기 쉬웠습니다. 이제껏 우리가 보아 온 지역문학의 행태는 많은 쪽에서 지방문학 요소가 두드러졌던 점을 부정할 수 없을 듯싶습니다.

그러나 새로이 떠오르고 있는 지역문학은 그와 다른 방향에 자리하고 있습니다. 지역의 문학 전통과 인습을 찾아 가리고 나누어서 그 전통을 지역사회에 되돌리고자 함으로써, 나아가 겨레문학에 이바지하고자 하는 한결같은 방향을 좇아가는 문학입니다. 무엇보다 지역공동체 생활세계 속에서 실천하는 문학이라는 방향이 강조될 필요가 있겠습니다. 그리고 그 대상이나 범위를 잡아 나가는 일에서 저는 지역문학은 지연문학이라는 명제를 받아들이고 있습니다. 단순히 그 지역에서 태어났다는 자연적 생애가 문제가 될 것이 아니라, 그 지역에서 이루어온 삶과 문학이 얼마나 중요한 것이었던가 하는 질의 깊이와 강도가 중요한 판단 잣대가 되어야 한다고 생각합니다. 태어난 곳과 자란 곳이 그 지역이라 해서 지역문학으로 지닌바 중요도가 높다고 말할 수는 없습니다. 그 점은 필요조건도 충분조건도 아닌 셈입니다.

경상도에서 태어나지는 않았지만 경인동란기에 마산으로 피난 내려와 머물다 간 이원섭 시인의 경우는 마산지역에 끼친 영향이나 그 시인의 문학 생애에서 갖는 마산지역의 무게로 볼 때, 마땅히 마산 소지역 문학의 주요한 자산 가운데 하나로 보아 잘못이 없다 하겠습니다. 이렇듯 행정, 법적 연관이 아니라, 문화적 연관 속에서 지역과 맺고 있는 지연이 중요하게 다루어져야 하며, 그 중심에 지역을 위한다는 전제를 올려 세울 수 있다면, 지역문학의 범위와 대상에 관련한 여러 문제들이 자연스레 풀려지리라 생각합니다. 지역 토박이라고 좋은 지역 시인이 될 수 있는 것은 아닐 것입니다. 이런 생각 아래 오늘날 우리 지역 문학인들과 그 경향, 그 작품이 어떠한가라는 물음을 던져 본다면 지역문학으로서 지닐 바 값어치 또한 보다 분명한 모습을 드러내리라 생각합니다.

그러니 지역문학은 적극적으로 열려진 문학이어야 할 터입니다. 그 지역 사람의 삶 속으로 되돌리고 이어 나갈 값어치가 있다고 생각되는 작품은, 그 작품을 발표한 자리와 관계없이 중요 지역문학의 대상이 되어야 합니다. 저 북녘 사람 백석의 「고성가도」, 「통영」과 같은 기행시도 기꺼이 끌어들이지 못할 까닭이 없습니다. 태생이나 주거의 문제를 지역문학의 경계로 강조하다 보면, 자칫 지역문학을 발 빠르게 달라져 가는 문화 환경 속에서 지역 문화 주도층의 기득권 강화와 새로운 배분을 위한 명분 쌓기로 떨어뜨릴 위험이 도사리고 있습니다. 바람직한 지역문학은 거짓 지역 가치를 제도화하고, 소비적인 문화 권력을 구조화하는 문학이나 문인들의 행태에 대한 매서운 비판문학이며, 그들과 대거리해 나가는 실천문학이어야 할 것입니다.

그리고 지역문학을 강조하다 보면 민족문학과 같은 보편성을 확보하는 데 문제가 있을 수 있지 않겠는가라는 물음을 주셨습니다. 효율 있는 통치와 편의를 위해 지역을 망가뜨리고 항상적 권력과 자본을 좇아온 국가장치와, 그 국가의 대리자가 되거나, 구체적인 생활공간에서 발을 빼 하늘 높이 날아다니며 이른바 '보편적'이니 무어니 떠들어 댐으로써 그로부터 일정한 이익을 나눠 받아 온 관변문학이나 연고주의 문학이 지역문학일 수 없습니다. 바람직한 국가문학은 민족문학일 수 있으나, 바람직한 민족문학은 국가문학을 뛰어 넘는 자리에 놓입니다. 지역문학 또한 민족문학의 한 영역이며, 하위 분야일 수는 있어도 국가문학사의 한 부분이 되어서는 안 될 것입니다. 민족문학이 지역문학의 구체성에 도움 받지 못할 때, 당연히 국가문학에 이용되거나 억눌릴 수밖에 없을 것이라는 것이 이제까지 우리가 보아 온 문학사의 경험입니다. 게다가 민족문학의 보편성이라니요? 민족문학이야말로 다른 어떤 문학보다 구체적이고 개별적인 거대 지역문학의 또 다른 이름은 아닌지 오히려 되묻고 싶습니다.

3

물음 3 이 시선집이 갖는 가장 큰 의의는 잃어버린 시문학사의 빈틈을 메우는 데 있을 것입니다. 여기에는 문학사 기술의 대상을 어떤 작품으로 선정해야 하는가가 중요한 문제로 제기될 수 있습니다. 특히 그 작품의 미적 성취도나 시인의 문학적 기여도 등에 대해서는 많은 이론이 존재할 수 있을 것입니다. 이러한 점에서, 이 시선집에 수록된 모든 작품이나 시인이 그 대상으로서 타당성을 갖는가. 만약 가진다면, 그것의 기준은 무엇이며, 또한 그 기준의 근거는 무엇인지 밝혀 주십시오.

박태일 이 책을 엮으면서 대상 시인을 가려 뽑는 데에는 겉으로 두 가지 잣대를 적용했습니다. 먼저 이때까지 이루어져 온 지역시 담론이 마땅하고도 충분한 검증 없이 지역시사의 전통을 좁히거나, 문단사를 문학사로 끌어다 붙이는 잘못을 되풀이하는 정도에 머물고 있다는 반성 아래, 이 책은 그러한 자세나 시각에서 될 수 있는 대로 벗어나고자 했다는 점이 그 하나입니다. 그리하여 뒷날 다른 이가 제가 한 것과 같은 종류의 일을 하려 하거나, 연구에 들어서고자 할 때, 한 지침이 되거나, 지역 구성원들이 지역시의 전통에 대해 갖고 있는 편견이나 단견을 벗어던지게 하는 좋은 이음매가 되었으면 하는 기대를 저는 숨기지 않았습니다. 그리고 부산과 경남이 다른 행정 지역으로 나뉘기 앞선 때인 1962년까지 작품 발표라는 제도를 거친 경남·부산 지역 근현대 지역시인들로 시기를 묶는다는 점이 그 두 번째입니다. 일을 준비하는 과정에서 알게 모르게 주류 문학이나 문단에서 잊히고 지워졌던 많은 시인들이 가려졌고, 결과를 놓고 볼 때, 이번 일로 그들을 되알리는 계기를 마련한 셈입니다. 따라서 저로서는 대상 시인을 가려 뽑는 일 자체가 제가 태어나 살아온 경남·부산 지역 삶의 줄거리와 속내를 읽어 내는 즐거운 경험이기도 했습니다.

그리고 많은 이들을 가려 나갈 경우, 그들 사이에 작품의 미적 성취도나 시인의 문학적 이바지가 다를 터인데, 이 점을 어떻게 다루었느냐는 물음도 주셨습니다. 먼저 '미적 성취도'니 '문학적 기여도'라고 하는 것이 형성 개념이거나, 상대 개념이지 법칙이 아니라는 말로 답변을 대신하고자 합니다. 게다가 지역문학은 이미 굳어지고 규격화된 미학 규준이나 문학 바깥 쪽 명성과 같은 선입견이나 풍문으로부터 한발 물러서서, 또는 그것과 맞서 지역문학의 실상과 값어치를 찾아 나가려는 혁신문학이라는 점을 강조하고 싶습니다. 따라서 이 작품들을 속 좁게 교과용 책 속에서나 갇혀 있는 지식 나부랭이로 보지 않게 되기를 바랍니다. 진정한 문학의 값어치와 높이는 그것을 바람직스럽고 높은 삶의 양식으로 받아들이고 나날살이 속에서 실천해 나가는 평균독자의 상식과 앎 속에 든든하게 살아 있는 어떤 것일 거라는 믿음이 엉뚱하지만은 않을 듯싶습니다.

그렇다고 여기에 실린 많은 시인이 죄다 지역 시문학사뿐 아니라 민족문학사에서 중요도를 크게 지니는 이들이라는 뜻은 아닙니다. 이미 많은 부분 지나간 옛날로 묻혀 버린 이들을 힘이 닿는 대로 많이 찾아내고, 잇대어서 앞으로 올바른 '미적 성취도'와 '문학적 기여도'를 검증, 연구와 교육에 쓰일 수 있을 밑자리는 제 힘으로 다져 두어야겠다는 뜻이 앞섰다는 점을 말씀 드린 셈입니다. 사랑스런 눈길로 들여다본다면 이번 책 속에서만도 앞으로 지닌 바 값어치를 알리고, 살려 나가야 할 중요한 시인과 시 경향이 뜻밖에 많다는 것을 알 수 있을 터입니다. 따라서 알게 모르게 빠지게 된 분들이 있었음에도 이번 시인 선정에서 저는 어느 정도 만족스럽습니다.

4

물음 4 편자가 박태일 선생님 한 사람인데, 그렇다 보니 한 사람의 기준과 판단으로 많은 작품들이 재단되었을 가능성도 배제할 수 없을 듯합니다. 더구나 대상작들을 보면 많은 시인들의 작품이 망라되어 있어 자료주의에 빠질 위험성이 있고, 또한 이 많은 작품들을 선별하고 배열하는 데 있어 자의성을 드러낸다면, 시대별 선정을 통해 문학사적 맥락을 유지하고자 한 편자의 의도마저 위태로워질 가능성이 있다고 보는데, 이에 대해서는 어떻게 생각하십니까?

박태일 이런 범위와 규모에서 이루어진 시선집은 지역문학에서는 흔치 않은 일이라 대상 작품을 하나하나 일차 문헌에서 옮기려 했고, 작품은 원전주의를 따라 원 모습에다 손을 대지 않고, 뒷사람의 평가나 주석을 기다리기로 했습니다. 그리고 이미 나와 있는 평판에 눈을 돌리지 않으려고 애썼습니다. 그러다 보니 해당 시인의 작품 모두에 대한 읽기나 검토가 필연으로 뒤따르는 일이 되었습니다. 그 까닭에 얻어 보아야 할 문헌이 많이 늘어났고, 그것을 찾아내고 작품을 읽어 내려 가는 일만으로도 저에게는 큰 공부가 된 셈입니다. 실린 작품 수는 출판에 따르는 부담 탓에 본디 생각과 달리 시인 수를 늘이는 대신 작품 수를 많아도 세 편을 넘지 않도록 줄일 수밖에 없었습니다. 작품을 가려 뽑은 잣대는 책 들머리에서도 밝혔습니다만, 해당 시인의 경향을 잘 보여 준다고 여겨지는 작품, 시인이 지니고 있었던 작품의 높낮이를 잘 드러내 주는 작품, 지역문학으로 지닐 바 값어치가 있다고 믿어지는 작품에 눈을 둔다는 셋이었습니다. 제 스스로는 턱없이 모자라는 우리 문학 연구 환경을 새삼 느끼면서도, 여러 자료를 뒤적거리는 동안에 지역시의 굳건한 전통을 새삼 발견하여 큰 즐거움을 느꼈습니다.

그리고 작품 경향에서 보면 흔히 알려져 있는 모습보다 그 시인의 가려져 있었으나, 앞으로 더욱 뜻을 찾아 나가야 한다고 믿어지는 그런 쪽 작품을 뽑아 전체 균형을 맞추려고 하였습니다. 보기를 들어 향파 이주홍의 경우는 좌파 경향의 작품과 개인 서정시, 그리고 동시를 아울러 실어, 시인의 너비가 사뭇 넓게 잡혀 있는 탓에 읽는이들이 혼란을 겪을 수도 있도록 한 것이 그런 까닭이었습니다. 이원수나 김대봉, 홍두표 시인과 같은 경우도 비슷한 보기가 되겠습니다. 어쨌든 대상작품 하나하나가 빼어난 작품이거나 지역시사에 오래도록 남을 만한 값어치를 지닌 작품이라는 뜻은 아닙니다. 값어치라는 것은 앞으로 우리가 밝히고, 마련하고, 찾아 나갈 문제이고, 여기서는 그 작가의 높낮이를 골고루 드러내 지역 시문학사의 밑자리를 처음으로 잡아 그 다음 일로 나아가기 위한 디딤돌을 놓는다는 뜻이 컸다는 점을 다시 한 번 말씀드립니다. 지역문학 창작과 연구의 실질은 이런 일을 길라잡이로 삼아 쌓여 나가게 될 터입니다.

5

물음 5 시선집에는 자유시뿐만 아니라, 시조와 아동시 등까지 수록되어 있습니다. 물론 시조나 아동시와 같은 경우, 자료를 독립시켜 배열할 만큼 풍부하지 못하다는 한계가 있지만, 그렇더라도 이런 류의 시들을 아무런 설명 없이 함께 수록한 것은 장르적 문제를 유발할 수 있지 않겠습니까? 물론 머리글에서 '현대시라는 더 높은 자리에서는 함께 다루어져야 할 것이라는 생각을 지녔기 때문'이라고 밝히셨습니다만, 이에 대해 더 구체적이고 깊이 있는 논의가 필요할 것 같습니다. 한 가지 예를 든다면, 제가 생각하기에는 수록 작품 중 그 형식이나 내용적 측면 모두 전형적인 시조작품인 탁상수의 「秋夜長」을 현대시로 분류한다는 것은 상당한 무리가 있을 것 같은데요.

박태일 제가 생각하는 '현대시'는 근대성, 또는 현대성을 드러내는 시라는 뜻의 미학적 개념은 아닙니다. 오히려 그것들을 끌어안은 더 위쪽에서, 오늘날 시라는 담론으로 받아들여지고 있는 행위 자체를 뭉뚱그려 보고자 하는 큰 개념입니다. 중요한 점은 서양시의 경험이나 그들의 미학 프로그램을 우격다짐으로 끌어다 붙이는 일이 아니라, 더 큰 틀 위에서 앞선 시대의 전통, 곧 구술시와 필사 문자시 그 둘의 병행 전통에서 인쇄 문자시 전통으로 옮겨 온 점을 큰 고리로 시에 대한 관점을 마련해야 한다는 제 생각이 갈래 선정에서 드러나고 있는 셈입니다. 중세시대부터 누려 왔던 노래 전통이라는 까닭에 엄연히 오늘날에도 꾸준히 인쇄시로 거듭나 창작되어 읽히고 있는 시조를 '현대' '시'에서 뺄 까닭이 없고, 동시가 아동을 주 대상으로 삼은 유통 회로를 보여 주는 세대문학의 성격이 강한 양식이라 해서, '시'에서 뺄 까닭이 없다 하겠습니다. 왜냐하면 그것을 우리 스스로 시라는 문학관습 속에 하나로 받아들이고 있기 때문입니다. 욕심 같아서야 국권회복기 애국지사나 의병장의 한시까지 넣고 싶었습니다만, 그 일은 제 힘을 벗어나는 일이라 1920년대 안자산의 시조부터 출발로 잡을 수밖에 없었습니다.

그리고 시의 외연을 좁혀 다룸으로써, 학문 경계를 두텁게 하고 있는 인습을 벗어나고자 한 뜻도 기꺼이 시조와 동시를 이른바 '현대시'라는 이름으로 묶도록 부추겼습니다. 현대 시조는 변두리 갈래로서 이른바 '현대 자유시'와 나뉘는 것으로 잡아, 대학에서조차 주요 학습, 연구 영역으로 들지 못하고 있는 것은 어제 오늘 일이 아닙니다. 노래 가사로서 시조와 읽히는 시조는 그 성격이 크게 다릅니다. 오늘날 인쇄시각문화 전통 위에서 읽히는 시조는 훌륭한 '현대시' 갈래입니다. 게다가 동시는 본격문학에서 다룰 것이 아니라는 잘못된 생각이 알게 모르게 퍼져 있습니다. 그러다 보니 기껏해야 교육대학에서나 다룰 영역으로 굳어지게 된 셈입니다. 앞으로 대학의 국어국문학과에서는 마땅히 동시를 주요한 창작, 연구, 교육 영역으로 다루어야 한다고 저는 생각합니다. 연구자의 무능력이나 무지, 또는 잘못된 연구 인습 탓에 시조가 현대시 바깥으로 밀려나거나, 격 낮게 매겨지는 편견에서 이제는 벗어나야 할 때라 생각합니다. 그러한 편견이 든든한 우리 시문학의 영역과 환경, 그 실상을 많은 쪽에서 그르친 점이 사실입니다. 문학을 맡고 있는 교수자나 연구자가 앞 시대에 배우지 않았고, 지금도 모르고 있다고 해서, 그것이 학문 대상이 될 수 없다는 그러한 생각이야말로, 대학의 문학연구를 제 울타리를 높이 쌓고 해 대는 깔짝 재주의 말장난으로 만들어 버린 주범이었습니다. 새롭게 영역을 개발하고, 문제를 헤쳐 나가는 모험적인 태도가 시문학 연구에도 필요한 때라 여겨집니다. 오늘날 크게 힘을 떨치고 있는 담론연구니 문화연구니 하는 방법 자체가 우리에게 요구하는 바도 이런 것일 터입니다. 중요한 점은 몇 되지 않는 전문독자의 시에 대한 공교롭고도 번화한 '지식' 체계가 아니라, '보통' 사람의 문학능력과 그들 마음속에 드넓게 시라고 내면화하고 있는 마음자리일 터입니다. '미적 주관성'이니 '모더니즘'이니, '환유'니 하면서 현실 정합성을 따지지 않고 교실에서 떠들어 본들, 학문 공동체의 제도적 정당성을 뒷받침하기 위한 현학이나 새로이 제 담장 더 높이 쌓는 데에서 얼마나 멀리 떨어져 있는 일인지 생각해 볼 나머지는 많다 하겠습니다. 학문이라는 제도적 틀을 빌어 세상을 바르게 이해하고 문학 실상을 제대로 배우겠다는 뜻을 지닌 이라면 모름지기 시라고 인지해 온 여러 양식과 움직임을 두루 끌어들이는 적극적 노력이 꼭 따라야 할 일입니다.

탁상수 시인은 일찍이 통영에서 일어났던 시조 동인지 『참새』의 주요 동인 가운데 한 사람으로서, 같은 동인이었던 황산 고두동 시인만큼 널리 알려지지는 않았으나, 『참새』 동인들의 높낮이를 대표할 만한 작품을 남긴 사람입니다. 우리의 시조가 노래 부르는 구술시에서 읽는 문자시로 옮겨 가는 과정부터 어느 지역보다 앞서 활발한 시조활동이 있었고, 그러한 전통 아래 널리 알려진 이은상과 김상옥으로, 다시 『율』 동인으로 이어지는 경남·부산 현대시조문학사의 유별나고도 뛰어난 앞길이 닦일 수 있었다 하겠습니다. 옛 투의 벗 그리는 생각과 느낌을 담아내고 있음에도, 이 작품은 탁상수의 경향을 잘 보여 주는 작품인 탓에 실리게 된 것입니다.

6

물음 6 이번 시선집을 발간하게 된 동기가 여러 가지 있겠습니다. 그 중 하나가 최근 몇몇 이와 유사한 자선집의 발간에 대한 비판이 크게 작용한 것처럼 보입니다. 그런데 최소한 거기에 수록된 작품들은 자선의 형식인 만큼 작품성은 훨씬 뛰어나다고 봅니다. 그런데도 이 시선집을 발간한 것은 그러한 자선집이 갖는 어떠한 결함을 극복하고자 한 의도가 강하게 작용했을 것입니다. 그것의 극복 방안이 무엇이었는지, 그리고 그 방안이 실효성을 거두었다고 보는지에 대해 말씀해 주십시오.

박태일 이 책을 엮도록 이끈 몇 가지 요인 가운데는 지역 시문학사의 전통에 무지하여 범위나 대상을 어처구니없이 좁혀 잡거나, 왜곡시키고 있는 글들과 선집이 예사로 나돌고 있는 가까운 시기 우리지역 시문학사의 잘못된 연구 경향이나 태도도 물론 들어 있습니다. 앞선 질문, 곧 엮은이가 저 한 사람이어서 자의성이 크게 들어섰을 가능성은 없는가 하는 데 대해서 충분히 답변을 드리지 못하였습니다만, 이번 물음과도 이어져 있다고 생각되어, 묶어서 말씀 드리겠습니다. 이미 질의자께서도 알고 계시다시피 시선집이란 창작집 간행과는 또 다른 자리에서 매우 중요한 뜻을 지닙니다. 왜냐하면 일차 발표한 작품들을 다시 가려내는 일 스스로가 분명하게 문화권력을 부려 쓰는 일이기 때문입니다. 또한 선집 행위는 문학 교과서를 내는 일과 비슷하게 문학관습의 제도적 정당성을 재생산해 내는 일이기도 합니다. 각별한 노력과 능력이 뒷받침되어야 할 일입니다. 아무나 대들어 벌일 일도, 자료를 많이 모았다고 될 일도, 책 낼 돈을 마련했다고 쉬 뛰어들 일도 아닌 점만은 분명합니다. 우리 근대문학도 백 년을 훨씬 넘었기 때문에 이제는 새롭게 선집의 정치학을 따져 볼 때가 되었다고 저는 생각하고 있습니다.

중요한 점은 제가 엮은 선집이 자료주의에 빠지고 있는가, 자의적 배열에 떨어지고 있는가, 엮은이의 의도가 무엇 무엇이었던가 하는 물음에 대한 저의 답변은 아닐 것입니다. 이런 선집 일은 앞으로도 여러 수준과 방식, 그리고 영역에서 되풀이 마련해야 할 일이고, 마련될 일이라는 믿음을 새삼 짚어 두고자 합니다. 물론 이 선집을 엮으면서 여러 가지 사항을 고려했습니다. 가까이는 지역에서 나온 특정 관변 문인단체의 시선집이 지역시문학사의 실상과 전통에는 아랑곳없이 그 단체 회원이 손수 골라낸 작품들을 엮어 놓고 지역 '대표' 선집이라 부끄러움 없이 내돌리는 데 대한 놀라움도 한 몫 거들었을 듯싶습니다. 아마도 뒷날 누군가가 제가 한 일과 비슷한 일을 하고자 할 양이면, 제가 엮은 이 책이 마땅하건 못 마땅하건 참조 대상이 될 것입니다. 그리고 아마 이 책이 영리를 목표로 삼는 일반 출판사에서 나오게 되었더라면 작가 수나 작품 수에서 많이 줄어들었을 게 뻔한 까닭에 그 점도 고려 사항에 넣어야 할 것 같습니다.

덧붙이고 싶은 점은 작품이 지녔다고 여겨지는 값어치, 곧 '작품성'과 관련한 문제입니다. 어느 대상을 말씀하시고 계신지는 알 수 없으나, '최근 이와 유사한 자선집' 경우에는 시인 스스로 자기 작품을 골라낸 까닭에 작품성이 '훨씬' 더 뛰어나다고 하신 말씀에 저는 생각을 같이할 수 없습니다. 되풀이하는 말입니다만, 작품성이란 어디에 초점을 두어 작품을 보느냐에 따라 달라질 수 있고, 그러한 점이 문학이 지니고 있는 중요한 특장인 것은 잘 알려져 있는 사실입니다. 오랜 세월 여러 문학관이 이어져 내려오면서 길항을 거듭하고 있는 것이 그 점을 잘 보증해 주고 있습니다. 작품성이란 고정되거나 확정된 것이 아닐 뿐더러, 작가뿐 아니라 당대 미적 규범이나 향유자들의 문학관습이나 독서능력에 영향을 받는 극히 유연한 관점이나 기획 가운데 하나일 따름입니다.

저로서는 오히려 제가 가려 뽑는 가운데서 그 시인이 의도하거나 흔히 알려져 있는 작가 명성과는 달리 앞으로 개발해야 할 양상이나, 연구거리가 될 만하다고 여겨지는 부분을 의도적으로 작품 선정에 개입시키려 했습니다. 그러한 작품 선정의 전략을 두루 말로 옮길 수는 없지만, 보기를 들어 김윤, 이숭자 시인의 경우는 재외 교민의 이민시라는 쪽에서 터무니로 삼을 수 있을 작품을 골랐고, 서정봉 시인의 경우는 광복지사로서 그의 삶을 널리 알려 줄 수 있을 계기를 마련하기 위해 일부러 「옥중음」을 골라내 앞으로 옥중시 연구에서 빠뜨림 없이 다루어질 뿐 아니라, 그의 삶과 문학이 제값을 받기를 바라는 뜻을 알게 모르게 드러내기도 했습니다. 물론 그러한 점이 뒷사람의 읽기나 평가에 영향을 미칠지 그렇지 않을지는 다른 자리에서 다루어져야 될 문제로 여겨집니다.

7

물음 7 박태일 선생님은 누구보다도 지리학에 관심을 갖고 시작업을 하고 있는 분으로 알려져 있습니다. 선생님의 지리학적 상상력은 세상을 직시하고, 이해하고, 비판하는 시적 전략으로, 우리가 살고 있는 이 세상의 곳곳을 찾아다니면서 '인간'의 문제를 다양하고 깊이 있게 변주해 내고 있습니다. 인간주의 지리학humanistic geography이라든지, 장소사랑topophilia 등의 표현을 통해 짐작할 수 있듯이, 그 동안의 적지 않은 연구 활동에서 공간성의 문제에 깊이 천착해 오셨고, 이번 시선집도 그러한 작업의 일환으로 보여집니다. 그러나 이번 시선집은, 그 지역을 생활공간으로 살아가는 시인의 현장성과, 그곳에 대해 회고나 유추로써 형상화하는 것은 상당한 차이가 있을 뿐만 아니라, 어쩌면 근본적인 차별성을 지니고 있다는 점을 놓치고 있어서 다소 아쉬움이 남습니다. 최근의 지리학적 연구성과를 우리 문학과 연계시키려는 선생님의 시각, 즉 문학지리학 내지 문화지리학과 아울러서 이러한 문제점을, 가능하다면 구체적 시인을 대별하면서 말씀해 주십시오.

박태일 저는 삶의 문제는 장소 문제라 믿는 사람 가운데 한 사람입니다. 따라서 제 시에서도 지리학적 상상력이라 할 부분들을 두드러지게 드러내고 있습니다. 그러나 그러한 장소에 대한 관심이 하루아침에 생겨난 것은 아닐 것입니다. 제가 일찍부터 공간의 문제를 학문 대상으로 삼았다는 사실은 질의자께서 말씀해 주신 부분 그대로입니다. 그런데 공간의 문제에서 장소의 문제로 눈길을 옮겨 세운 일은 추상에서 구체의 문제로, 담론세계에서 생활세계로 내려서는 것과 같은 뜻을 지닌다 하겠습니다. 시를 이해하는 일에서 장소 문제를 중요시하는 것은 시를 개인의 내면 행위로, 고도한 미적 언어로 이해하려는 눈길로부터 발을 빼, 공공의 문제로, 공간정치적 관점에서 보려는 태도와 맞닿아 있는 것이기도 합니다. 그렇다고 소박한 모방론 쪽에서 시의 장소 문제를 보고 있는 것은 아닙니다.

물어 주신 점은 장소 경험에 있어서 바라보며 거쳐 가는 눈길에 갇혀 있는 시인이나 그것을 추억하는 이와, 장소를 생활공간으로 삼아가고 있는 시인 사이에는 근본 차별이 있을 터인데, 그것을 모른 체하고 지역을 멀리서 회고하거나 추억에 젖어 드는 회고시류까지 아울러 실은 것은 진정한 장소 경험에서 벗어난 것이 아닌가, 왜 그런 시들까지 실었는가 하는 물음으로 이해하면 될 일이라 여깁니다.

시인의 장소 경험이라는 쪽에서는 그곳을 생활공간으로 살아가고 있는 이인가, 그렇지 않은가 하는 행정적, 법적 주거 문제가 중요하지 않을 수도 있다는 말로 물음에 답하고자 합니다. 장소감 또는 장소 이미지란 그곳을 진정한 삶의 감각, 곧 보호 받고 있고 사랑 받고 있다고 여겨지는 친밀 장소로 사랑하고, 꿈꾸고 있는가 하는 점이 더욱 중요할 것입니다. 말하자면 추억이 없는 장소는 장소가 아닙니다. 기간으로 보아 부산에서 오래 살았다 해서 부산이 친밀 장소가 되는 것은 아닙니다. 어떤 일의 주인이 되기 위한 됨됨이란 그 일을 제 것으로 알고 힘쓰며, 그 일이 잘 되는 길을 위해 기꺼이 자신의 손해를 받아들이는 태도에서부터 시작한다고 볼 수 있습니다. 장소에 대해서도 마찬가지 태도를 요구한다 하겠습니다. 부산은 부산 거주민들의 것이 아니고, 창원은 창원 토박이들의 것이 아닙니다. 오히려 부산과 창원을 진정한 삶의 감각을 지닌 장소로 가꾸고 꾸미기 위해 노력하는 이들의 것이라 할 것입니다. 그런 사람들에 의해 장소는 다른 공동체 구성원에게도 즐거이 꿈에 젖을 수 있을 자리로 나날이 새로워질 수 있다 하겠습니다. 그리고 누구보다 장소의 꿈을 가장 잘 드러내고 우리에게 새삼스럽게 장소감을 심어 주는 이들이 시인이며, 지역시가 나아갈 새롭고도 중요한 방향이 장소시라는 믿음을 저는 가지고 있습니다. 바람직한 장소시란 바로 지역 구성원을 하나의 문화 공동체로 묶어 주고, 바람직한 생활세계의 변화를 이끌어 내고자 하는 전략으로 이해할 필요가 있습니다.

그렇다면 특정 장소를 회고하거나 깃들어 살거나 하는 관점의 문제가 작품의 높낮이나 체험의 깊이와 무관하다는 점을 알 수 있을 것입니다. 장소를 건너다보는 눈길이나 장소 안에 몸담아 나날살이를 겪는 듯한 몸놀림을 보이는 시나 그 둘은 얼마든지 시의 전략으로 시인이 선택하고, 마련할 수 있는 장치일 뿐입니다. 장소시라는 쪽에서 이 시선집을 바라보면 많은 시들이 경남 부산 지역의 특정 대상이나 장소를 노래하며 그리고 있는 시로 채워져 있어 의도적이라는 느낌을 주기에 모자람이 없을 것입니다. 구체적인 시인을 들어 가면서 말씀 드리기에는 충분한 자리가 아니라고 여겨집니다만, 제 선집 속에서는 귀향시의 짜임을 지닌 이유경, 박철석 시인의 작품과 붙박이의 눈길을 보여 주고 있는 박민, 박현서 시인의 장소시를 서로 견주어 보시면 일이 그리 간단하지 않다는 것을 느낄 수 있을 듯싶습니다. 오늘 특정 장소에 몸담아 산다는 사실이 바로 그곳에 대한 좋은 장소시를 쓰는 일과는 거리가 있음을 알게 될 것입니다. 제가 앞에서 지역문학은 지연문학이라는 명제를 받들고 있다고 말씀 드린 까닭도 이 점과 무관하지 않습니다.

어쨌든 하나의 시 유형으로서 장소시란 읽는이를 텍스트에 힘 있게 묶어 두려는 속성을 지니는 것이기에 언뜻 소박한 모방론에 마음자리를 둔 일차독서에서는 낯설고 오리무중일 경우가 많을 수 있습니다. 그러나 그것이 이차독서로 독자를 시 속으로 끌어들일 만한 유인요소를 지니고 있다면, 멀리 보아 강력한 울림과 공감 영역을 차지할 수 있다고 믿습니다. 오늘날 시의 중심 향유 방식인 인쇄시 전통 속에서 시가 개인주의에 떨어지지 않고, 더불어 함께할 수 있는 구체적인 경험 자리, 실천 자리가 되기 위해 지녀야 할 큰 미덕 가운데 하나가 장소시 전통이라 저는 생각하고 있습니다. 근대 자본주의의 생산과 효율 논리로 말미암아 저질러진 생태 위기 문제에 중요한 대항담론으로 마련되고 있는 생태시의 많은 부분이 장소시라는 틀 위에서 이루어지고 있는 점이 좋은 보기가 되겠습니다. 따라서 우리 지역의 시인들뿐 아니라 오늘날 시인들은 무엇보다 1950년대 우리말과 일본말 사이에서 오락가락하다 만 이른바 '튀기 모더니즘시'를 거쳐, 1960년대 '현대시' 동인의 가장 부정적인 측면만을 끌어안고 끈질기게 요즈음까지 몽매를 거듭하고 있는 '몽롱 모더니즘시'와 같은 세계에서 불끈 떨치고 일어서서 지역 구성원의 바람직한 문화심리 공간, 두루 같이할 장소의 꿈과 앞날을 아로새기는 일에 공을 들일 필요가 있다는 제 생각은 아직까지 달라지지 않았습니다.

8

물음 8 안확, 김소운, 이극로, 최현배, 조연현 등은 시인으로서보다는 국학자, 수필가, 국어학자, 평론가로 이미 잘 알려진 분들인데, 이 분들의 시작업이 과연 한국시사에서 조명받을 만한 것인지, 일종의 여기餘技를 지나치게 확대해석하는 것은 아닙니까? 이 분들의 시 작품들이 수록될 경우, 혹은 거의 문학 활동이 없었던 인물들의 시를 수록했을 경우, 생길 수 있는 문제는 없을까요? 그렇게 작품을 선정하게 된 동기가 무엇이며, 그 결과는 어떠하리라고 보십니까?

박태일 이 선집에는 잊혀 있다 이번에 새로이 찾아 올린 시인 경우 말고도, 흔히 시인으로 알려져 있기보다는 다른 영역에서 널리 알려진 사람도 많이 실려 있습니다. 그 경우는 크게 둘로 나뉘겠는데, 첫째 시가 아닌 다른 영역, 곧 학문이나 사회활동 영역에서 널리 알려진 이들이 그 한 무리입니다. 안확, 박차정, 최현배, 이극로, 손풍산, 홍두표와 같은 이들이 이에 든다 하겠습니다. 둘째, 같은 문학 영역 안에서도 시인으로서보다는 다른 갈래 작가로 더욱 알려진 사람이 또 한 무리를 이룹니다. 김소운, 조연현, 오영수, 조진대, 최근덕 들이 그들입니다.

그런데 여기서 앞세워 두어야 할 생각은 오늘날 우리가 안다고 믿고 있고, 그렇게 알려져 있는 옛 사람의 모습이 그가 지녔던 또는 지녔을 법한 가장 값어치 있는 부분, 중요한 모습이 아닐 수도 있다는 사실입니다. 이 점은 우리가 이미 알고 있다고 믿고 있는 앎에서부터 잘못된 까닭에 그런 경우도 있겠고, 비록 자잘한 것이나 앞선 세대의 삶의 값어치를 엿볼 수 있는 흔적이라는 믿음에 따라 얼마든지 다른 평가 대상이 될 수 있다는 사실을 인정하도록 우리를 이끌어 들입니다. 각별히 그가 값있는 삶을 살다 간 사람일 경우는 크고 작음, 많고 적음에 걸림이 없이 그 삶을 밝히고, 알려 주는 주요한 유물이나 넋을 얻을 수 있다면 마땅히 소중하게 다루어져야 할 것입니다.

물론 첫째 경우든 둘째 경우든 이들을 '확대해석'하거나 재미를 자극하기 위한 까닭에 책에다 작품을 올린 것은 아닙니다. 우리시가 내면화해 있는 드넓은 모습을 알려 줄 뿐 아니라, 그 시인이나 작가의 문학을 보다 깊이 있게 볼 수 있게 하는 터무니로써 작용하게 되기를 바랐던 까닭입니다. 따라서 읽는 이들은 이 선집을 빌려 전문문학의 회로 속에 갇혀 좁직하게 오그라들어 있는 시의 모습에서 뛰쳐나와 더 넉넉한 눈길로 우리시의 자리를 느낄 수 있었으면 좋겠습니다. 우리가 '무엇'을 그 '어떤' 것으로 알고 있다는 것은 큰 문젯거리가 아닐 수도 있습니다. 왜냐하면 그 '무엇'은 그 스스로도 달라져 갈 뿐 아니라, 그 '무엇'을 '어떻게' 보고자 하는 이의 눈길에 따라 위

아래, 크작음은 어느 때나 쉬 달라질 수 있기 때문입니다. 시의 독서를 두고 말한다면, 중요한 독자나 연구가, 비평가들은 그러한 변화와 모험을 즐거이 받아들이고, 더 나아가 그 일을 떠맡고자 하는 이 속에 있는 법입니다. 다시 말해 작품을 '여기'로 쓴 듯이 보이거나, '전문' 시인 자격으로 쓴 것으로 여겨지거나 정작 중요한 점은 그것을 뜻이 있고, 값어치가 있다고 믿고 사랑하는 사람의 믿음의 강도와 그것을 다른 이에게 납득시키기 위해 기울이는 노력과 장치의 효율에 있을 따름입니다.

보기를 들어 말씀 드리자면, 안확과 같은 분도 한마디로 국학자라 이름 불리고 말 분이 아닙니다. 오히려 나라잃은시기 종합적이며 대표적인 계몽 지식인으로 꼽을 만한 분입니다. 게다가 마산, 창원 지역에서 벌였던 교육활동과 광복항쟁은 지역문화사란 쪽에서 선불리 보아 넘길 수 없는 값어치를 지닙니다. 그가 쓴 『시조시학』은 중요한 책으로, 노래 부르는 시조와 읽는 시조의 변화, 교체 과정에 놓인 현대시조의 고민을 두루 감당하고자 한 독특하면서도 대표적인 시조학 업적으로 바르게 값 매겨져야 되리라 생각합니다. 널리 알려지지는 않았지만 창작시조만도 양으로 따져 110편을 넘게 발표한 시조시인이었다는 점도 덧붙이고 싶습니다.

이극로의 경우는 앞으로 그를 보는 눈길이 바뀌기를 바라며 실었습니다. 그의 시가 세련되지 못하고, 이른바 문단 등용이라는 제도를 거치지 않았다 해서, 그를 단순히 국어학자로 묶어 놓고 말 분은 아닙니다. 학자라기보다는 실천가였고, 항왜 민족주의자였습니다. 특히 그의 문학 가운데서 기행문학과 한시, 그리고 토박이말을 뛰어나게 부려 쓴 대종교 찬송노래인 한얼노래 스물여섯 편은 광복항쟁 자리에서 쓰인 중요한 노래시로서 다루어져야 할 것이라는 생각을 저는 가지고 있습니다. 광복공간에 있었던 한글시론의 앞선 구체적인 성과를 우리는 이미 이극로 선생의 찬송노래에서 엿볼 수 있는 셈입니다. 그리고 최현배는 몇 편의 시조밖에 남기지 않았으니, '여기'로 지었다 한들 할 말이 없겠습니다. 그러나 제가 최현배의 시조를 굳이 실었던 뜻은 그 작품이 나라잃은시기 중요하고도 뜻있는 전통으로 씌어졌던, 좋은 옥중시 가운데 한 편이라는 데 있습니다. 이른바 조선어학회박해폭거로 겪은 고초와 경험이 꾸밈없이 녹아 있는 이 시를 빌려 이름뿐인 한글학자가 아니라 언어민족주의자로서 지닌 바 그의 사람됨을 읽는이들이 엿볼 수 있기를 바랍니다.

9

물음 9 지역문학이 살아야지 우리문학사가 제자리를 잡을 수 있다는 선생님의 기본적인 문학사적 시각을 염두에 두고 볼 때, 이번 작업 자체는, 역설적이지만 중앙문단을 인정한다는 데 대한 부러움이나 선망의 표현으로 읽힐 수도 있다고 봅니다. 이러한 비판적 시각에 대해 선생님은 어떤 논리를 펼

치시겠습니까?

박태일 다양한 경제 사회 자본과 문화 자본, 넘볼 수 없는 문학시장을 지니고 있는 '중앙 문단'은 엄연히 현실로 존재하고, 그 곳이 천만 인구가 살고 있는 서울·경기 문단인 것은 의심할 수 없는 사실입니다. 따라서 그 사실만으로도 부러움을 지닐 만합니다. 그러나 우리가 막연히 어림하고 있는 그 중앙 문단이라는 것이 어떤 실체로 이루어져 있는가 하는 점을 다시 한 번 곰곰이 따져 볼 필요가 있습니다. 단순하게 보자면, 몇 개의 대학 문학담당 학과의 문화·사회 자본, 편집·출판권과 대중매체의 천덕꾸러기(?) 문학 영역, 이름마다 한국을 버젓이 내세운 문인 단체의 믿음직스럽지 못한 대표성과 같은 것들로 이루어져 있습니다. 그러니 중앙 문단이란 구체적인 실체로 통합되지도, 통일되지도 않은 채 썩 '위험'하게 떠돌고 있는 힘의 '관계'일 뿐이거나, 상징 조작이라는 사실을 곧 깨닫게 될 터입니다. 상징이란 그것을 상징으로 받아들이는 사람에게만 뜻을 지니는 것입니다. 서울·경기 문단이 일찍부터 중앙 문단이었던 것은 사실이지만, 서울·경기 문학을 어찌 중앙 문학이라고 말할 수 있겠습니까? 일류의 작가나 일류의 문학이야말로 그 스스로가 '중앙' 의 자리임은 오랜 문학사가 잘 깨우쳐 주고 있습니다.

따라서 지역문학의 바람직한 방향이란 '중앙' 문단을 뒤따르는 일이 아니라, 지역공동체 속에서 지역문학이 '중앙' 문학으로 설 수 있도록 하려는 다양한 노력에서부터 비롯해야 한다고 생각합니다. 행정관청 가까이에서 문화 거간꾼으로 설치거나, 사회 지위를 문학 지위로 증폭시켜 거짓 명성을 꾀하는 관료 문단과 맞서며, 지역민의 문학능력을 키우기 위해 애쓸 뿐 아니라, 지역 속에서 실천하는 문학이야말로 바른 지역문학이라 할 만합니다. 바른 지역문학은 중앙 문단에 대한 대항문학이며, 지역공동체에 대한 실천문학임과 아울러, 지난날의 소모적인 제도와 인습에서 벗어나려는 혁신문학이어야 한다는 믿음은 달라지지 않았습니다. 어느 정도 사변에 머물 표현이 될 수 있겠습니다만, 그러한 지역문학의 전통이 지역끼리, 또는 겨레 문학사와 길항 작용을 하면서 제자리를 찾아 나갈 때, 지역의 개별성과 보편성이 하나로 살아 움직이는 구체적인 역장으로서 지역문학의 자리는 더욱 굳건해지리라 생각합니다.

10

물음 10 마지막으로 이번 시선집을 엮으면서 선생님 나름으로 여러 가지 문제점을 발견하시고 반성을 하셨으리라 생각됩니다. 이 부분에 대해 말씀해 주시고, 아울러 앞으로 간행될 후속 작품집의 체제나 방향성, 그리고 수록될 작품들의 전반적 특성이나 주목할 만한 시인들에 대해서 미리 말씀해 주실 수 있겠습니까? 덧붙여 이러한 작업이 우리 시단이나 학계에 어떠한 전망을 던질 수 있을 것으로 보는지, 선생님의 기탄없는 자평을 부탁드립니다.

박태일 이번 선집 다음에 해야 할 일로 저는 2000년을 앞뒤로 한 시기에 『가려 뽑은 경남의 시』 2와 『가려 뽑은 부산의 시』 2를 생각하고 있으며, 더 나아가서는 이번 선집과 그 두 권을 다시 간추려 한 권으로 줄여 묶는 일까지 생각하고 있습니다. 지나간 시기의 지역문학 작품을 갈무리하고, 앞서 나가는 새로운 문학 경향을 널리 지역 일반 속으로 내면화시켜, 전통을 이어 주고 새로운 전통을 만들어 나가는 일은 지역시 연구자로서 누군가 해야 할 마땅한 의무라 여겨집니다. 다만 앞으로 할 그 일들은 자료 선택이나 정보 양이 더욱 많아지고, 그만큼 뽑는 이의 선별안이 중요해져 더 꼼꼼한 노력이 필요할 것입니다. 그러한 일이 우리 학계나 시단에 던질 효용이나 전망을 물으셨습니다만, 저로서는 소박한 희망 사항만을 말씀 드릴 수밖에 없겠습니다. 먼저 생생히 살아 있는 지역문학의 교육, 홍보용으로 널리 쓰일 수 있다는 현실적인 점 말고도, 새롭고도 값있는 연구 영역과 대상으로 지역시에 대한 관심이 자리 잡아 우리 시사 연구의 한 모험적인 방향을 열어 나갈 수 있기를 바랍니다. 아울러 다른 지역과도 그런 경험을 나눌 수 있는 기회 또한 잦아지기를 희망합니다. 그런 점에서 마땅한 지역문학의 발전과 그 연구, 실천에 뜻을 모아 움직이며 이미 두 권의 학회지를 내고 있는 '경남지역문학회'와 같은 모임에 우리 지역 젊은 연구가뿐 아니라, 뜻있는 분들이 관심을 가져 줄 것을 기대하고 있습니다.

그리고 이저런 겉치레 말을 버린다면 한 시인으로서 이번 일은 저에게, 오늘 이 자리의 저와 마찬가지로 두류산 정기와 낙동강 물빛을 느끼며 '문학' 탓에 영욕을 거듭했을 경남·부산 지역의 앞선 시인들에게 뒤선 시인으로서 품어 왔던 경의를 드러내는 한 방식이었다고 말씀드리겠습니다. 이미 그 후손은 찾을 수도 없고, 이름마저 지워져 있던 시인들을 찾고, 그 작품을 읽을 때마다 그러한 생각은 더해 갔습니다. 잊히고 사라지고 작아져 가장자리로 밀려날 수밖에 없는 것들에게서 값어치를 찾아내고 그들에 공감하려는 노력이야말로 문학이 다른 어느 영역보다 많이 기울어야 할 값진 품성이라는 제 소박한 생각에는 아직까지 달라짐이 없습니다. 대담을 하는 과정에서 지역문학에 대해 지니고 있었던 생각을 다시 간추려 볼 수도 있었고, 모자란 점도 스스로 깨닫게 되었습니다. 도움 큰 자리였습니다. 긴 시간 고맙습니다.

(『오늘의 문예비평』, 1997)

지역문학의 오늘과 내일

지역문학의 개념과 자생력 확보 방법

사회자 『서정과상상』 역시 여느 문예지들처럼 근대극복과 탈근대에 초점을 맞추고 있습니다. 현실에 대한 문학적 대응방식으로 '서정의 귀환', 또는 '서정의 회복'을 내세우고 있습니다. 문학을 통해 우리 사회에 상존하고 있는 다양한 억압에 대해 저항하고 비판하고 그것을 극복하고자 합니다. 그리고 새로운 세계를 꿈꾸어 그러한 세상을 이루고자 하는 것이 『서정과상상』이 추구하는 문화운동이라고 말할 수 있습니다.

이러한 운동을 이제 막 시작하는 『서정과상상』의 이념적 토대 위에서 지역문학을 살펴보는 시간을 갖도록 하겠습니다.

오늘 좌담회를 위해 경남대학교 박태일 교수님과, 대전대학교 박명용 교수님, 그리고 목포대학교 허형만 교수님이 참석해 주셨습니다. 세 분께서는 우리나라 지역문학 연구와 활성화를 위해 오랫동안 노력을 경주하신 분들입니다.

우선 '지역문학', 또는 '지역문인'의 개념에 대해 이해하고 대담에 들어가는 것이 순서일 것 같습니다. 먼저 박태일 선생님부터 말씀을 해 주십시오.

박태일 귀한 자리에 불러 주셔서 고맙습니다. 『서정과상상』의 새 출발을 축하드립니다.

통시적으로 살필 때 우리 근대 문학사 속에서 지역문학을 일컫는 말에는 몇 차례 변모가 있었습니다. 1920년대 '향토문학'이라는 말이 맨 처음 쓰인 것이 아닌가 생각합니다. 이때는 새로운 서울 도시 환경 속의 신문학과 다른, 지역의 민속문학·전통문학이라는 뜻이 강하게 드러납니다. 지역 전통과 풍토 속에서 활동하고 있는 지역의 토착문학이겠습니다. 중앙/지방 사이의 대립각이 중심이 아니었다 하겠습니다. 그 뒤 오래도록 '지방문학'이라는 말이 일반적인 용어였습니다. 거듭 강화된 국가주의의 기획과 운영 속에서 나라잃은시기건 광복된 뒤건 이 점은 경우가 다르지 않았습니다. 중앙패권주의에 의한 지역의 식민화와 획일화라는 문제가 핵심이었던 시기였습니다. 그러다 1990년대 후반부터 '지역문학'이라는 용어로 굳어졌다 하겠습니다. 사회, 행정, 산업, 문화 변화와 더불어 일어난 지역구심주의라 할 만한 경향과 나란히 나타난 현상입니다. 말하자면 자지역을 중심으로 타지역과 수평적 연대를 겨냥하는 중

립적 용어가 지역문학인 셈입니다. 따라서 저는 '지역문학'을 제 지역 잘 되는 길로 나아가는 데 도움이 되는 문학이라 넓게 잡고, '지역문인'이란 바로 그러한 지역문학을 실천하는 문인이라 규정하고자 합니다. 그러니 지역문인을 다룰 때 흔히 범하기 쉬운 잘못, 곧 지역 태생주의에서 더 나아가 지역 연고주의 입장에서 지역문인을 바라보는 열린 태도가 필요합니다.

문제는 오늘날 지역문학은 그 방향에 있어서 앞선 시기 경험 가운데서 두 가지 부정적인 요소가 한결같이 중심에 남아 있는 까닭에 그 발전에 걸림돌이 되고 있는 일입니다. '지방적 인식'과 '향토적 인식'이 그것입니다. 지방적 인식이란 중앙패권주의에 대한 열등감이 표출된 바로, 서울을 올려다보고 서울과 견주어 나타나게 되는 편차에만 일방적으로 부끄러움을 갖게 되는 태도입니다. 이와 달리 향토적 인식이란 오히려 지역 안쪽에서 중앙에 맞서서 지니게 된 바, 지역의 배타적 가치를 과장하고 담장을 둘러쳐 버리는 인습입니다. 이 둘 다 지역패배주의의 양면일 따름입니다. 한결같이 중앙에 끈을 대어 지역 패권을 항상적으로 누리고자 하는 지역 위임이나 거꾸로 지역 개별성을 과대평가하는 지역 우월이 그 모습인 셈입니다.

오늘날 지역문학 현장에서는 이러한 지역패배주의에서 벗어나 어떻게 명실이 하나인 지역문학을 이룩할 것인가가 큰 화두입니다. 중앙 패권에 종속되지 않으면서, 지역 개별성과 구체성을 어떻게 얻어 지역 잘 사는 길로 이바지할 것인가를 고심하는 바람직한 지역문학이 뿌리내리고 그 일에 몰두하는 지역문인이 지역마다 많아지기를 바랍니다.

박명용 박태일 선생님과 거의 같은 견해입니다. 이 문제는 먼저 '지역'에 대한 개념 정리가 되면 '지역문학' '지역문인'에 대한 정의가 내려지리라 생각됩니다. 이미 한글사전에도 나와 있습니다마는 '지역'이란 어느 공간이건 일정한 땅의 구역이나 구획된 토지를 지칭하는 말로, 공간구조상 일정하게 나누어진 구역을 말하는 것이죠. 따라서 지역은 중앙의 대립개념인 '지방'과는 엄연히 다른 개념인 것입니다. 그래서 '지역'이라 함은 서울이나 지방 또는 국가까지도 구분 없이 동일하게 '일정한 구역'을 의미한다고 하겠습니다. 그렇다면 '지역문학'이나 '지역문인'은 '일정한 구역' 내에서의 '문학'과 '문인'이 될 수 있겠죠. 이를 테면 '광주 지역' '서울 지역' '대전 지역' '부산 지역' 등으로 일정한 구역을 지칭하고, 서울의 '강남 지역', 광주의 '동구 지역', 충북의 '옥천 지역' 등으로도 지칭할 수 있는 것이죠. 그래서 '지역문인'은 '일정한 구역' 내에서 활동하고 있는 문인을 말한다고 할 수 있겠습니다. 이럼에도 일부에서는 아직도 '지역'을 '중앙'과 대립 개념인 '지방'으로 착각하여, 즉 종속개념인 '지방'으로 사용하는 것을 종종 볼 수 있습니다. 꼭 이를 구분해야 할 필요가 있다면 '서울'과 '지방'으로 써야 되겠고, '지역'은 서울이나 지방이나 똑같이 쓸 수 있는 일정한 공간의 개념으로 써야 될 줄 압니다. 그래서 우리는 중앙에 종속개념인 '지방'보다는 '지역'이라는 말을 써야 되지 않을까 생각합니다.

허형만 저는 '지역문학' 또는 '지역문인'이란 용어 자체가 별로 반갑지 않습니다. 서울이나 광주나 다 매한가지 '지역' 아닙니까. 서울도 '송파문학' '강남문학' 식으로 말하지 '송파 지역문학' '강남 지역문학'이라고 부르지 않지요. 국가 권력이 중앙에 집중되어 있다고 문학도 그러해야 한다는 논리는 아마 지구상에 우리나라밖에 없을 겁니다. 1988년에 발간된 『시와 역사인식』이라는 제 평론집 안의 글 「로컬리즘과 인식의 세계」는 바로 이 점을 명백히 하고 있습니다. 즉, 문인은 어디에서든 자기가 숨 쉬고 있는 땅에 뿌리를 내리며 꽃 피우고 열매를 맺는다는 말입니다. 그런 측면에서 우리 '지역문학' 우리 '지역문인'으로 이해하면 어떨까요.

사회자 지역에서 발행되는 문예지들이 대부분 시전문지가 많습니다. 시는 삶의 문제와 긴밀한 연관을 가지고 시 생산이 이루어지고 있고, 소설가들의 작품에도 리얼리티가 있다고 봅니다. 그러나 서울 지역의 경우 판매량은 많을지 모르나 지역 리얼리티가 떨어지는 경향이 있다고 보여집니다. 지금은 서울에서 발행되는 문예출판물들이 상업적인 유통구조 속에서 어느 정도 유통되고 있으나 장기적으로 보았을 때는 문학적 전망이 있는 것은 아니라고 봅니다. 점차 식상해질 것입니다. 또한 그들은 타지역문학을 흡수하려 들 것입니다. 이에 지역적 자생력을 기르는 것이 어느 때보다 중요하다는 생각이 듭니다. 어떤 방안이 필요하다고 생각하십니까?

박명용 내가 보기에는 오래전부터 서울 지역문예지들이 타 지역 문학에 직·간접으로 손을 대고 있습니다. 심지어 광고까지도 손을 대고 있는 실정입니다. 이러니 지역문학은 점차 왜소해질 수밖에 없죠. 따라서 지역문학의 자생력을 기르기 위한 방안은 참 어려운 문제입니다마는 몇 가지를 생각해 볼 수 있습니다. 무엇보다도 먼저 지역문예지가 기획부터 철저한 '지역성' 중심으로 되어져야 하리라 생각합니다. 서울의 문예지가 어떠한 이슈를 들고 나오면 지역문예지가 그것을 그대로 답습하는 것이 아니라, 그 지역의 특수성을 내세워야 된다는 이야기입니다. 그것은 도시성이나 농촌성을 막론하고 그 지역문학만이 담당할 수 있는 지역성을 내포한 내용을 말합니다. 또 널리 알려진 사실입니다만 질 낮은 작품의 취급입니다. 되지도 않는 작품을 신인상이라는 명목으로 등단시킨 후 이를 발표해 주는 경우는 지역문예지 자생에 큰 장애가 된다는 사실입니다. 옥석을 철저히 구분해야 되리라 생각합니다. 다음은, 원고료 문제입니다. 지금도 보면, 서울 지역문예지보다 그 외 지역문예지들이 원고료를 더 잘 지급하고 있습니다. 이것은 역설이죠. 이런 것은 고무적인 일로 많은 문인들이 알고 있어요. 또 그래야만 좋은 글이 나오니까요. 여기에 덧붙일 것은 아직도 많은 문인들이 서울 지역문예지만 좋다고 바라보는 경향이 있어요. 그렇기 때문에 이런 인식을 하루아침에 바꿀 수는 없지만 점차 바뀌도록 지역문예지가 앞장서야 되리라 생각합니다. 그리고 지역문예지에 당면한 것은 경제적 문제가 있어요. 그래서 이를 타개하기 위해서는 앞으로 문학도 철저한 문화예술 경영 개념 도입이 필요하다는 생각입니다. 후원회 또는 창작모임 같은 것을 시행해 보는 것도 생각해 볼 필요가 있고, 특히 메세나 운동을 적극적으로 펼치는 것을 생각해 볼 수 있습니다. 메세나의 주 목표는 상업적 의도가 배재되어 있다고 해도 사실상 기업의 가치를 높이는 데는 문학이 그 임무를 충분히 떠맡을 수 있기 때문입니다.

허형만 지역문예지들이 살아남는 길, 제가 알기로는 거대자본으로 만들어지는 몇몇 잡지(그래서 그 힘으로 문단 권력, 문학적 우월성을 행사한다고 들었지만)를 빼고는 서울 지역에서 발간되는 잡지들도 매우 힘들어하는 걸로 압니다. 그러다 보니 자연 서울 외 지역으로 손을 뻗칠 수밖에요. 따라서 서울이 아닌 타 지역에서 발간되는 문예지들이 서울 지역문예지들과의 보이지 않는 싸움에서 이기는 길은 지역 메세나 운동 차원에서 뜻있는 기업가들과의 유대와 협조가 이루어졌으면 좋겠습니다. 또한 지역의 대표적인 서점과 언론사를 최대한 활용하거나 문예지 특유의 장점을 개발해서 애독자 그룹(예컨대 독서회, 글쓰기회 등)을 확장시킴으로써 지역민들의 관심과 사랑을 배가시킬 수도 있구요.

박태일 이 문제는 지역문학 작품의 리얼리티 확보 문제와 지역문학 작품의 출판·유통의 성공이나 자생력 확보 문제로 나누어 보아야 하겠습니다.

먼저 지역문학의 리얼리티는 '지역성'이라는 말로 바꿔볼 수 있을 것입니다. 대전제는 모든 문학이 철학이나 사회과학과 달리 구체적인 삶의 현장을 구체적으로 그리는 가장 뛰어난 담론 형태라는 점입니다. 그런 까닭에 모든 좋은 문학은 죄 지역문학, 또는 특정 지역의 장소에 뿌리내린 장소문학이라 해도 무리가 아닐 듯싶습니다. 이런 까닭에 지역 잘 되는 길로 나아가는 문학, 곧 그 창작 주체가 지역 태생 작가이든 다른 지역 작가든 관계없이 지역의 경험 가운데서 널리 함께 할 수 있을, 뜻있는 지역가치를 담아내고 형상화하는 문학 창작이 중요하다 하겠습니다. 지역의 개별성과 특수성을 어떻게 일반 문학사회 독자의 뜻있는 향유 경험으로 되돌려 놓을 것인가라는 다양한 문제 인식과 방법 개발이 필요한 것이라 하겠습니다. 지역문학 작품의 성공적이고 바람직한 지역성 확보는 고스란히 한국 문학의 성공이라 하겠습니다.

다음은 출판과 유통 문제입니다. 오늘날 지역문학은 그 이름과 실제에서 엄청난 거리를 가지고 있습니다. 행정적, 법적 지역자치 경험이 20년을 내다보고 있는 이 시점에 한국의 경제, 사회, 문화, 산업 기타 모든 부분에서 서울·경기 지역의 패권은 더욱 굳어지고 독점적 지위는 더욱 커졌습니다. 통탄할 만한 반어인 셈인데, 이런 가운데서 문학 출판에서 서울·경기 지역의 독점적 지위 또한 가위 블랙홀과 같은 형국입니다. 지역의 문학 출판이 자생력을 기르는 일은 거의 불가능하다 하겠습니다. 필진 관리와 자본, 그리고 정보력에서 현저하게 모자라는 지역문학 출판 주체들로서는 무엇보다 편집진의 신선한 기획력 말고는 기대할 것이 없는 상황입니다. 지역 문학 출판이 지역 바깥으로 널리 유통될 수 있도록 좋은 기획력을 확보하고 거대 출판자본의 빈 틈새를 예리하게 파고드는 수밖에 없겠습니다. 출판 뒤의 홍보와 출판사 이미지 관리 또한 체계적으로 하기 어려운 지역 출판의 영세성은 하루 이틀에 해결될 문제가 아닌 셈입니다.

결국 지역문학의 지역성 확보와 출판 유통의 자생력 확보는 좋은 작품과 필진의 발굴·후원이라는 한 가지로 얽혀드는군요. 현실독자든 잠재독자든 좋은 지역문학의 실제독자는 모든 지역 사람들입니다. 다른 지역 작가나 독자도 과감하게 지역문학을 위한 일이라면 끌어들이는 열린 출판기획력이 더욱 필요해지는 이즈음입니다.

지역잡지의 역할과 정체성

사회자 지역잡지가 서울에서 만들어 내는 잡지와 변별성이 없다면 잡지를 출간할 필요가 없을 것입니다. 그 지역의 특정한 사항을 실었을 때 그 지역의 정체성이 나타나는 것이며, 그러한 역할을 지역잡지가 맡아야 합니다. 보다 구체적으로 지역잡지의 역할과 정체성에 대해 말씀해 주십시오.

박태일 지역잡지, 특히 문학을 매개로 삼은 잡지의 역할이란 바로 지역문학의 역할과 맞물려 있습니다. 몇 가지 나누어서 이야기해 볼까요. 먼저 바람직한 지역가치 생산과 확산을 위한 담론 창발의 역할입니다. 한결같이 지켜나가야 할 근본 역할이라 하겠습니다. 이것은 두 방향으로 나누어 생각해 볼 수 있습니다. 지역 재현적 역할과 지역 조절적 역할입니다. 지역 재현적 역할은 지역의 현황과 상태에 대한 정확한 진단, 지역 여러 계층의 다양한 의견과 관심을 담아내는 일을 뜻합니다. 지역 조절적 역할이란 지역성 생성의 앞자리에서 지역 구성원들을 이끌어 나가는 선도적인 역할을 뜻합니다. 이 둘은 서로 맞물려 있는 것입니다. 하지만 여러 이해관계가 서로 얽혀 있는 지역 문학사회와 지역문단 환경 아래서 이 둘은 서로 균형을 잡고, 절충해야 할 문제라기보다는 문제 인식과 문제 해결이라는 쪽에서 같이 보아야 할 듯합니다.

이런 점에서 지역잡지의 정체성이란 자명해 지는군요. 바로 지역 개방과 지역성 창출의 일선에 서려는 자세가 아닌가 싶습니다. 오늘날 지역이란 오랜 중앙의 식민지로서 피폐하기 이를 데 없습니다. 더 큰 문제는 중앙으로부터 온 폐해라기보다 그것을 끌어들여 지역 안쪽에서 항상적으로 지역 지배권을 확보하고 확대해 나가고 있는 계층이나 조직, 또는 집단이 문제입니다. 게다가 지역이라도 그 이해관계가 실로 민감하고 다채롭습니다. 그러니 지역문학의 문제는 고스란히 지역의 문제입니다. 따라서 연고망이 두텁고 감정적 이해관계의 영향력이 직접적인 지역 안에서 지역문학잡지는 문학을 이음매로 삼은 지역 형성의 도구로서 전투에 나서는 듯한 자세가 필요하리라 생각합니다. 물론 전술적인 측면에서는 여러 경로가 열려 있겠습니다. 직접적인 감정 충돌을 감내하더라도 바람직한 지역 가치 생산과 지역 형성을 위한 도구로서 잡지의 진정성을 지키려는 한결같은 자세가 최소한 지역잡지의 정체성을 지니게 해 줄 것이라는 원론적인 믿음만을 말씀드리고 싶습니다.

박명용 지역에서 발행된 문예지의 정체성을 알아보기 위해서는 창간사를 훑어보면 대충 드러납니다. 그러나 대부분의 문예지가 얼마나 정체성을 가졌는지는 독자가 먼저 판단하지 않을까요. 각 지역에서 발행되는 중요 창간사를 보면 청주의 D문예지는 "시의 내밀성"을 내걸었고, 대전의 E지는 "한국문학의 이론"의 정립을 위한 "논쟁의 문화"를, S지는 21세기에 걸맞은 "새로운 시정신"을 내세웠으며, M지는 "조화와 상생의 문학"을, 전북의 M지는 "이 혼란의 시대에" 전통의 비판과 문학의 비전 제시, P지는 진실의 "인간적 저 깊은 곳의 표현", 부산의 S지는 "중앙문학/지방문화에 대한 항체가" 되어 건강한 문화와 토양을 위해, 마산의 D지는 디지털시대에 있어 "디카시Dica Pome의 실험과 모색", 제주의 D지는 "자연과 문명과 인간이 조화를 이루는 세상" 등을 내걸고 있습니다. 모두가 나름대로 문예지의 정체성을 갖고자 했습니다마는 과연 얼마나 정체성을 찾고 유지하고 있는가에 대해서는 이 역시 독자가 먼저 알지 않을까요. 문예지의 역할이 비슷비슷한 내용을 단순히 발표해 주는 '발표의 장'에 그치고 있어서는 문학 발전에 아무런 도움이 되지 않는다는 생각입니다.

허형만 우선 잡지들이 어떻게 해야 독자들 속으로 파고 들 수 있을 것인가에 대해 진지하게 고민해야 할 겁니다. 너무 학술적이지는 않는가, 담론 중심으로 너무 현학적이지는 않는가, 등등 말입니다. 사실 제가 보기에는 우리나라 문예지들이 언제부턴가 너무 이론화되고 고급 두뇌연 하더란 말입니다. 읽기 편하면서도 감동적이고 그래서 저마다 그 문예지 한 권씩 손에 들고 다니면서 읽고, 때 되면 또 기다려지고, 그런 문예지 만들면 질이 낮다고 욕할까요.

사회자 잡지의 문학 권력화를 견제하기 위한 방법으로는 어떤 것이 있는지요? 예를 들어 필자 선정, 잡지사 간의 필자 교류를 하다 보면 작품성보다는 편집위원회의 구미에 맞는 필자들을 선정하는 경우가 있습니다. 또한 신인상 제도를 가지고 문화권력을 휘두르는 경우도 있습니다. 이를 방지하기 위해서는 어떤 장치가 필요하겠습니까?

허형만 매 계절 대부분의 문예지를 보면 그 이름이 그 이름인 경우가 참 많습니다. 그런가 하면 어떤 문예지는 (이건 극히 일부입니다만) 학연이나 지연, 친분, 자기 잡지 출신, 또는 발행인이나 편집자와 함께 놀지 않으면 아예 사람 취급도 안 하는 거 같기도 하구요. 글쎄요. 잡지사의 문화권력 행사를 방지하기 위한 장치가 있기는 하는 건가요.

박명용 문학의 권력화는 한국 근대문학 탄생 이후부터 있어 왔습니다마는 최근 20년 동안이 가장 심하지 않았을까요. 이런 현상은 앞으로 더욱 심해지리라 생각됩니다. 이것도 사회현상의 일부이니까 아예 없어지지는 않겠지만, 각 문예지가 두고 있는 편집위원을 연령, 성향, 지연, 학연 등을 종합적으로 고려하여 다양성 있게 위촉하면 다소 '편중성'에서 벗어나리라고 봅니다. 신인상 역시 심사위원들을 위와 같은 기준을 적용하고, 각종 문학상 심사에는 문예지 관계자, 신인상 심사위원에 빈번히 참여한 자 등을 제외시키는 방법도 있겠죠. 나 같은 경우, 아무런 연고도 없는 광주예술상 또는 타 지역의 신춘문예 심사 등에 참여해 보면 문학성에 우선을 둘 수밖에 없었습니다. 사실, 문학권력이란 것이 발표지면 확보, 문학상 선정, 단체장 선거, 기타 각종 수혜대상 선정 등에 막강한 힘을 행사하고 있는 것을 말하는데 문학상만 보더라도 심사위원이 누구냐에 따라 결정된다는 것은 주지의 사실이 아닙니까. 아무리 좋은 작품을 써도 문학 권력에 들어가지 않으면 소용이 없어요.

박태일 잡지도 바탕은 자본입니다. 자본이 그 자본 증식을 위해 잡지를 이용하겠다는 태도는 지극히 자연스러운 모습입니다. 나무랄 수만은 없는 일입니다. 말하자면 문학잡지든 다른 것이든 매체는 나름의 지향하는 바 매체 권력을 지니려 하고, 그것을 행사하려 합니다. 문제는 그것이 지역문학 발전과 지역 형성이라는 중요한 가치를 도외시하고 자본의 증식, 특정 이념 전파나 왜곡, 또는 특수 집단의 명리를 키우는 쪽으로만 오용하는 일이겠습니다. 그럴 경우 매체가 지니고 있는 것이란 기껏 권력 조금 가진 이가 권력 신나게 휘두르는, 볼썽사나운 모습일 따름입니다.

모든 권력은 속성상 그것을 휘두를 대상을 운명적으로 필요로 합니다. 그러니 그 권력이 먹힐 곳을 기웃거릴 수밖에 없고 그들의 자발적 복종을 빌려 힘을 유지하는 것 아니겠습니까. 문학 권력에도 여러 층위, 여러 높낮이가 있다는 뜻입니다. 모든 매체 발행자나 편집진은 자신의 매체 권력이 겨냥하는 계층이나 집단을 분명히 설정해 나갈 필요가 있습니다. 비웃음을 받을 매체들이 버젓이 존재하는 환경도 이런 점에 까닭이 있습니다. 그 물에 그 나물이듯 끼리끼리 누리고 따르는, 매체를 중심으로 한 자위극들이 여기저기서 벌어지게 됩니다. 공간적으로는 넓은 현실독자에게, 시간적으로는 멀리 많은 내포독자를 향해 바람직한 권위로 동의할 수 있을 잠재 권력을 갖추는 일에 노력을 아끼지 말아야 합니다.

이런 점에서 편집회의의 선명성과 실질 권한은 중요할 것입니다. 필자 선정에서 편집위원의 문학사적 이해의 깊이나 양식이 중요할 것은 누구나 짐작할 수 있는 일입니다. 그러나 좋은 편집위원이나 기획위원을 찾기가 힘들고, 찾았다 한들 그들의 역량에만 언제까지고 기댈 수도 없는 형편입니다. 지역 매체별 필자 교환이라는 방법도 한계가 있으리라 생각합니다. 그런 것보다는 차라리 문학매체의 작품 인증제도를 확 바꾸어 보는 것도 한 방법일 수 있습니다. 아예 기존의 추천이니, 당선이니 하는 해묵고도 우스꽝스러운 한국적인 인습과는 무관하게 일정량의 작품은 널리 공모하고, 가능성 있는 작가를 발굴하여 지속적으로 관리, 격려하는 방법이 있습니다.

좋은 작가, 또는 재능을 키워내는 게 지역문학을 위해 바람직하다고 여겨지는 작가의 경우는 단기간, 일회적인 작품 발표에 머물지 않고, 2 ~ 3년 기간에 걸쳐 일정한 발표 기회를 미리 보장하고 그 결과에 대해 냉정하게 중간 점검을 포함하여 포폄하는 자리를 통해 작가와 매체가 같이 변화해 나가는 기획도 생각해 볼 수 있습니다. 물론 출판 운영자 쪽에서는 직접적인 이익 창출에 대한 보증이 없어 선별이나 선택에 어려움이 있겠습니다. 그런 문제도 글쓴이와 알맞은 계약 조건을 제시하는 방식으로 풀어 나가면 되리라 생각합니다.

좋은 문학잡지의 핵심은 좋은 문학작품에 있다는 불변할 대전제 위에서 학연, 지연, 파벌, 개인적 친소관계 같은 것들로부터 자유롭게 바람직한 문학 권력(?) 행사를 기꺼이 할 수 있도록 도와주고 길을 제시하는 운영자와 편집위원들이 많아지기를 희망합니다.

사회자 우리나라 지역문예지들이 10년을 전후로 많이 창간되어 명멸을 거듭하고 있습니다. 어느 정도 시간이 지나면 알곡과 쭉정이가 점차 가려질 것으로 전망합니다. 그러나 수백 종에 이르는 문예지들이 문예지를 통해 무엇을 말하고, 어떻게 소비와 유통이 되는지 참으로 궁금합니다. 특히 지역에서 발행되는 문예지들은 지역중심주의가 아닌 지역성을 바탕으로 발행되어야 한다고 생각합니다. 이른바 '비판적 지역주의'라고 나 할까요? 이에 대해 말씀해 주십시오.

박명용　앞에서도 언급했습니다마는 지역문예지가 공간개념인 '지역중심주의'로 나간다면 현재의 서울 지역중심주의와 무슨 차이가 있겠습니까. 이런 면에서 지역문학은 지역문학중심이 바탕이 되는 것이 아니라 어디까지나 지역성이 바탕이 되어야지요. 지금까지 세계문학이나 한국문학을 보더라도 뛰어난 문학은 '지역중심'이 아니라 '지역성'을 내용으로 하였습니다. 세계화란 용어가 애매모호합니다마는 '문학의 세계화'를 위해서도 그것이 국가건, 지역이건 간에 지역의 지닌 삶의 본바탕이 중심이 되어야 한다는 생각입니다.

박태일　오늘날 문학의 취향은 매우 다양해졌습니다. 그에 걸맞게 숱한 단체와 구성원들의 발표장, 친교장으로서 많은 문학매체들이 떠오르고 있는 형국입니다. 생태, 생명 가치의 시대에 가장 반생태적인 종이 낭비가 극에 달한 느낌입니다. 그 편차도 매우 다양해졌습니다. 그런데 먼저 이러한 매체 남발의 현상 자체를 바라보는 시각을 좀 더 넓게 보아야 하겠습니다. 결국 이러한 매체나 매체 게재자들이야말로 아직까지 남아 있는, 또는 계속 문학사회 구성원으로서 문학작품을 지속적으로 소비하지는 않는다 하더라도 최소한 문학의 사회적 필요성은 계속 증명할 사람들인 까닭입니다.

그러니 쭉정이와 알곡이 따로 있다는 인식보다는 하나하나를 쭉정이가 아니라 알곡이 되기 위한 노력을 다하는 모습으로 보아줄 필요가 있습니다. 오늘날 지난 시기 몇몇 알곡으로 일컬어졌고 스스로 정전 생산의 중심이라고 오연했던 매체들이 결국은 자본의 시녀거나, 그것을 위한 필자 관리/문학 의제 선점에 영악하게 매달린 편집권력이었을 뿐이라는 사실이 확연히 드러난 이즈음입니다. 우리 문학사회의 다양한 계층, 다양한 취향을 수용할 주도 매체의 역량이나 안목이 문제가 된다면 그들 매체의 자장 바깥에 놓여 있는 군소 매체의 취향도 인정할 필요가 있습니다.

문제는 그들 사이 바람직한 경기규칙에 따른 차별화와 긴장된 서열화를 이끌 만한 상위 매체들조차 더 이상 자신의 진정성이나 매체의 권위를 내세울 만한 변화, 역동적인 전기를 마련하지 못하고 있다는 사실입니다. 다채롭게 변화하는 사회 안에서 기껏 고립된 섬처럼 떠서 많지도 않은 문학독자를 갈기갈기 찢어 먹고 있을 따름입니다. 이른바 중심 매체들과 주변 매체들, 거대 출판 자본의 지지를 받고 있는 중앙 매체와 지역 매체, 상위 매체와 하위 매체 사이의 차별화, 영향력 확대를 위한 노력이 끊임없이 이루어져야 한다고 생각합니다. 예술문화 부문의 국가적, 지역적 행정 지원이라는 '국가동원' 방식에 기대어 매체의 수월성을 향한 긴장을 잃어버린 매체들이 범람하고 있는 이즈음 행태는 분명히 문제란 뜻입니다. 지역문학매체가 살아가는 가장 빠른 길은 지역 행정이나 사회의 지원에 기댈 수밖에 없겠는데, 문학이 지원 대상으로만 남게 되면 결국 지원 주체로부터 자유로울 수 없다는 것은 불변의 진리입니다. 오늘날 숱한 지역매체들이 그만그만한 문학 취향 소집단의 자위적 발표 욕구를 녹이고 사회적 인정을 얻는 피난처로 남아 있는 까닭입니다.

사회자가 말씀하신 지역주의를 다른 지역을 배타적으로 바라보는 자지역중심주의를 뜻한다면 그 극복 방법으로써 바람직한 지역성 창출에 앞서는 문학잡지라는 이상은 참으로 길을 잘 잡은 것입니다. 그런데 지역이란 여러 이해와 모순이 겹과 켜로 얽혀 있는 실체라는 점을 다시 한 번 떠올릴 필요가 있습니다. 지역 안에서, 언론 권력과 문화 독점, 행정 독재와 같은 장치로부터 벗어나 바람직한 지역성을 창출하기 위해서는 비판정신은 필수적입니다. 아마 '비판적 지역주의'라는 사회자의 용어는 이런 점과 관련되리라 생각합니다. 멀든 가깝든 갈등이 세상을 달라지게 만드는 것인지, 화합이 그렇게 하는 것인지 매체 스스로 고심이 깊어야 하리라 생각합니다. 저는 '화이부동'이라는 오래고 오랜 전고 덕목을 따르지 않을 수 없습니다.

지역과 지역문학 안에서 다층다기한 여러 이해관계를 드러내고 공론화하는 기능뿐 아니라, 새로운 지역 담론을 생산하고 재생산하는 맨 앞자리에 서 있는 지역문학잡지의 모습을 이상적인 모습으로나마 그려봅니다.

허형만 안타깝게도 각 지역에서 발행되는 많은 문예지들이 서울에서 발행되는 잡지와 별반 차이가 없어 보입니다. 다시 말해 뚜렷한 로컬리즘을 갖지 못한다는 뜻입니다. 몇몇 잡지는 서울의 잡지보다 기획이 돋보인 것이 사실입니다만, 대부분 적당히 편집하여 작품을 싣고 있는 실정이지요. 또한 서울의 문예지들이 지역의 문제를 이슈화시키지는 않을 것입니다. 그렇기 때문에 지역의 잡지들이 지역성을 담아내어야 합니다.

사회자 어떤 문예지는 출신문인들을 볼모로 삼기도 합니다. 작품발표기회를 주면서 무슨 특혜를 주는 것 마냥 행세를 합니다. 만약 등단문예지를 일탈하면 괘씸죄를 적용하고 불이익을 줍니다. 그러기 때문에 잡지를 펴내는 출판사에서 작품집을 출판하지 않을 수 없습니다. 더불어 잡지사 발행인이 문학단체장으로 나서는 경우도 종종 있습니다. 잡지사에서 배출한 수많은 문인들이 잡지 발행인을 단체장으로 뽑는 것은 식은 죽 먹기입니다. 그렇다면 그런 문단구조로 이루어진 지역문단이 공정하게 운영이 될지 삼척동자에게 물어봐도 뻔한 대답입니다. 이처럼 크게 왜곡되고 깊이 곪은 지역문단 또는 지역문학을 치유할 방법은 무엇이겠습니까?

허형만 문학은 역시 혼자서 작품을 쓰는 일입니다. 문학 외적인 일 때문에 문학 본질이 훼손되어서는 안됩니다. 문학이라는 것이 '자유'로운 정신을 그 바탕에 두고 있는 것이기에 누구에게 구속된다거나 종속된다는 것은 작가에게는 치욕적인 일입니다. 작가는 모든 것으로부터 제약받지 않고 자유로워야 합니다. 문학활동 역시 자유로워야 합니다.

박명용 어느 지역이건 이러한 수치스러운 일이 가장 큰 문제로 대두되고 있습니다. 경제, 명예, 권력을 자행하기 위해 엉터리 문예지를 창간하여 수준 이하도 되지 않는 것들을 신인상이라 하여 준다거나 서울 지역에서 발행되는 4, 5류 잡지에 징실로 신인상을 받게 하여 단체장에 선출되고, 또 이를 관리하기 위해 온갖 상을 주기나 해괴한 상을 만들어 나누어 준 다음 회장을 몇 번이나 하는 경우도 있어요. '문인의 장'이 되어야 할 문단이 이렇고 보니 뜻있는 문인들은 그런 문단을 아예 외면하고 있어요. 여기에 더욱 한심스러운 일들은 이러한 엉터리 신인상 제도에 한마디도 하지 않는 소위 원로들과 평론가들의 작태입니다. 더구나 이런 부류들의 연습장 같은 자비 출판 작품집(?)에 해괴망측한 글을 써 버젓이 붙여 준다는 사실입니다. 그래서 우스갯소리로 "문인들을 매년 심사하여 단체에 재가입시켜야 한다"는 말까지 나오고 있는 실정입니다. 이 같은 문단을 정화하기 위해서는 원론적 이야기는 접어 두고 뜻있는 문학인들만이라도 문학성이 깊은 작품을 생산하여 독자들에게 다가가 이들과의 차별성을 두는 간접방법이 하나의 치유 방법이 되지 않을까 생각합니다.

문학과 문화운동의 관계

사회자 한때는 문학과 문화의 대결구도가 논의된 적이 있었습니다만, 문학도 문화라는 사실입니다. 오늘날은 문학적인 문화를 필요로 하고 있습니다. '문학과 생명', '문학과 문화'라든지 그런 방향으로 넓혀 가야 할 것입니다. 문학과 지역도 마찬가지라고 생각합니다. 다시 말해 문학이 문화운동을 통해 위상을 넓혀 가야 한다고 생각합니다. 선생님의 생각은 어떻습니까?

박태일 이제까지 정통적이고 전통적인 생각은 문학의 중심은 작가며, 작품에 있다는 것이었습니다. 그런데 문학 소비가 곧 생산이 되는 다극화시대, 쌍방향적 디지털 문화는 그것을 독자사회로까지 넓혀 놓았습니다. 따라서 이러한 변화가 가지고 있는 긍정적인 환경 변화를 받아들이고 그에 따라 매체나 문학인의 관심이 맞물려 드는 것은 지극히 바람직합니다. 이를 틈타 독자사회의 일방적인 작품 구매 쪽에만 매몰되어 버린다면 한국 문학의 다양성이나 발전을 위해서도 큰 잘못을 저지르는 일이 되겠지요. 독자들의 계층이나 취향, 세대 또한 다양하고 다채롭습니다. 그러니 독자사회를 앞세우는 입장이 단순히 돈벌이로만 귀결되지 않는다는 것을 금방 알 수 있는 일입니다.

중요한 점은 이러한 문학 소통에서 무게가 독자 쪽으로 많이 이동되었다고 해서, 독자를 위한 문학을 겨냥해서는 아니 된다는 점입니다. 좋은 작품을 독자들이 쉽게 찾고 향유할 수 있도록 배려하는 친절한 태도가 필요하다는 쪽에 생각을 모아야 하겠습니다. 따라서 문학잡지가 해야 할 첫 일은 좋은 작품을 발표하도록 이끄는 것이고, 둘째는 그것을 독자들에게 손쉽게 다가갈 수 있도록 다채롭고도 뜻있는 방식을 개발해야 한다는 것입니다. 문학이 실천활동과 관련되는 부분은 이 자리입니다.

문학인이나 문학매체에서 이 과정을 죄 맡을 수 없다면 대학이나 시민단체, 문화단체들과 연대 가능성을 찾아보는 일이 좋겠습니다. 그런 과정 자체가 문학의 사회적 필요성을 드높이는 일이 될 것입니다. 문학성의 높낮이란 취향의 문제고 취향은 곧 사회 학습, 문화 학습의 문제입니다. 좋은 문학, 좋은 작품을 소비할 수 있는 좋은 문학 취향을 키우기 위해 지역문학잡지의 역할이 점점 커지고 있습니다. 지역 대학이 한결같이 지역의 구체적인 문학 현장으로 내려갈 역량도 역동성도 잃어버렸고, 지역의 문인단체 또한 행정 기관의 위임행사나 버릇처럼 떠맡으면서 '당신들의 천국'이나 겨냥하는 소모적인 집단 수음문학, 사교문학을 즐기고 있는 현실입니다. 지역문학 매체는 실천활동을 위한 구체적인 대상과 장소를 지니고 있습니다. 문화실천이라는 쪽에서 보면 지역매체가 좋은 조건 위에 있다고 할 수 있습니다.

그러나 거듭하거니와 그것이 지역문학이든 일반문학이든 모든 문학의 창작과 향유 활동의 처음과 끝은 작품입니다. 좋은 작품 창작이라는 기본에 충실할 때 나머지 실천 부분의 몫도 커질 수 있습니다. 자칫 작가나 매체가 문학 난봉꾼이나 아전, 또는 문단 어깨(?)로 떨어지지 않게 하는 최소한의 양식이 이 점일 것입니다.

박명용 사회자의 질문에 공감합니다. 문학은 이제 문학 그 자체에 국한된 것이 아니라, 다양한 문화에 이미 들어가 있다고 생각합니다. '문학과 정치', '문학과 생명', '문학과 경제' 등 이러한 것들은 이미 문학정신을 받아들이고 있다는 증거입니다. 가령, 대전만 해도 도시환경상 과학문화, 군사문화, 교통문화 등을 마치 유행어처럼 쓰고 있습니다마는 사실 이를 구체화 시키기 위해서는 '문학과 과학' '문학과 군사' 등으로 문학이 각 문화에 접맥되어 모든 문화의 향도가 되어야 한다는 생각입니다. 이는 머지않아 실현되어 문학이 활성화되리라고 믿습니다. 그래서 나는 오래전부터 '문학과 과학' '문학과 군사'

등을 강조하고 있습니다.

지역문학의 성과와 기여방법

사회자 박태일 선생님께서는 누구보다도 지역문학에 큰 관심과 노력을 투자하셨고 지금도 계속 에너지를 쏟고 계십니다. '경남·부산 지역문학회'는 어떤 일을 하는 곳이며 그 동안의 성과를 말씀해 주십시오. 그리고 그것이 다른 지역의 문학 연구에 어떻게 적용되기를 바라시는지 한 말씀 해 주십시오.

박태일 경남·부산 지역문학회는 1997년에 발족했습니다. 경남·부산 지역문학 전통의 발굴과 연구, 홍보, 실천 활동을 목표로 삼은 학회입니다. 인적 구성을 보면 제가 일하고 있는 경남대학교 대학원 현대문학 영역을 중심으로 경남·부산 지역 대학의 뜻을 같이 하는 젊은 연구자들입니다. 외형적으로는 그 동안 학회지 『지역문학연구』 12집을 내고 지역문학총서를 아홉 권 발간하였으며, 몇 차례 지역 작가 현양 사업에 힘을 싣는 일을 했습니다. 내용 쪽으로는 활동 기간 동안 비어 있거나 잊혀져 있었던 적지 않은 지역문학 사료와 작가, 새로운 정보를 발굴하고 공개했고, 경남·부산 지역문학 전통에 대한 새로운 내용을 확대하거나 시각을 교정하여 많은 성과를 거두었다고 자평하고 싶습니다. 그 과정에서 지역 안쪽에 바람직한 지역성 창출을 위해 몇 차례 논란을 이끌어 낸 것도 기억할 만하군요. 학회 자체적으로는 1960년대 이전의 주요 지역매체와 작가의 기본 자료 확보, 특히 어린이문학과 계급문학, 그리고 주변작가의 문헌사료들을 확보하고 활용할 수 있는 역량을 갖추었다는 점이 큰 성과입니다. 그 과정에서 경남·부산 지역사회에 긍정적이든 부정적이든 지역 담론 형성에 끼친 바 적극적인 역할을 기억해 두고 싶습니다. 그리고 개인적으로 보자면 무엇보다 지역문학 연구라는 영역을 경남·부산 지역 안쪽뿐 아니라, 지역 바깥쪽까지 우리 근대문학 연구의 한 방법으로 자리 잡게 하는 일에 힘을 보탤 수 있었다는 보람입니다. 처음 경남·부산 지역문학 연구를 하고자 했을 때 참여하려고 했던 젊은 연구자들이 자신의 지도교수나 둘레로부터 받은 빈정거림과 암묵적 비난을 생각하면 지금은 상전벽해라 할 만합니다. 문제는 지역문학 연구에 대한 당위성은 받아들이면서도 뛰어들어 뜻을 같이할 연구 주체들이 점점 줄어든다는 사실입니다. 그것은 전반적인 대학의 인문학 전통 축소와 길을 같이하는 것이겠습니다만, 적극적인 활동을 하는 데 결정적인 걸림돌입니다.

다른 지역과 나눌 만한 경험이라면, 무엇보다 경남·부산 지역문학회 활동을 하는 과정에 각별히 제주, 경북, 호남 지역 연구자들의 도움과 수평 연대가 심심찮게 이루어졌습니다. 그 지역 연구자들에게 많은 고마움을 느끼고 있습니다. 그리고 이런 경험은 앞으로 한국지역문학학회와 같은 학술단체의 발족을 내다보게 하는 좋은 뿌리로 작용할 것입니다. 지역문학 연구가 우리나라 모든 지역에서 일어날 수 있다면 같이 나누고 고심해야 할 일거리가 많다고 말씀 드릴 수 있습니다. 그리고 크게 내세울 만한 업적들이 그 사이 여러 지역에서 이루어진 것을 볼 수 있습니다.

지역문학 연구는 너도나도 나설 일거리는 아니지만 해당 지역에서 문학연구를 하는 이들이라면 모름지기 기본적으로 갖추어야 할 학문 자세와 관련되는 일이라는 말씀을 덧붙이고 싶습니다. 지역은 무엇보다 구체적인 실체라기보다 지역담론으로 이루어지는 담론공동체입니다. 그리고 그 담론 생산을 책임질 첫자리에 지역 대학의 연구자들이 놓입니다. 지역문학의 발전은 바로 작가나 작품뿐 이니라 문학행정으로까지 나아가는 지역문학 연구로 시작한다는 믿음을 더욱 가다듬을 때입니다.

사회자 박명용 선생님께서도 '충청문학'에 대해 많은 관심을 가지고 충청문학을 자주 살피신 것으로 압니다. 선생님께서 충청문학에 대해 어떤 관심을 가지셨는지요? 그리고 충청문학에 대해 하고 싶은 말씀은?

박명용 사실, 충청 지역에 대한 문학이 성과에 비해 낮게

평가되고 있어요. 그래서 80년대 초부터 이 지역 문인들의 이론과 작품을 통해 충청문학의 정체성이 무엇인가에 관심을 두기 시작하였습니다. 그 동안 충북, 충남, 대전 등 충청 지역 문인들에 대하여 『작고문인연구』, 『전기』, 『시선집』, 『대전문학과 그 현장』(상·하), 『대전문학사』, 『문단사』 등 여러 권을 썼어요. 충청 지역에는 지역과 문학적 관련이 직접은 없습니다마는 한용운, 신석초, 윤곤강, 심훈, 신채호, 김형원, 신동엽, 김관식, 정지용, 권구현, 오장환 등 숱한 문인들이 있었고, 박재륜, 정훈, 한성기, 신동문, 박용래 등이 직접 이 지역과 밀접한 관련을 맺고 있었는데 이들에 대한 관심이 적어요. 더구나 자료가 오래전에 밝혀진 것밖에는 거의 없고, 그래서 후학이나 후배 문인들을 위해서 시작한 것이 여기까지 온 것입니다. 충청문학 전체를 이야기하기에는 벅차고, 어쨌든 이 지역에는 젊고 유능한 문인들이 많이 있습니다. 이들만이라도 곁눈질하지 말고 오로지 문학으로 모든 것을 판가름 내면 좋겠다는 생각입니다.

사회자 허형만 선생님 역시 목포 지역을 중심으로 많은 제자들을 길러 내면서 '목포현대시연구소'를 통해 목포 지역문학 발전에 기여하고 계십니다. 그 동안 제자들을 길러 낸 이야기와 목포현대시연구소가 하는 일, 그리고 앞으로의 계획을 말씀해 주십시오.

허형만 예, 제가 목포 지역에서 활동하기는 1982년부터입니다. 처음엔 알게 모르게 텃세도 좀 받았지요. 그러나 80년대 중반 저희 목포대학교 국문과 출신이 조선일보 신춘문예와 중앙일보 신춘문예에 소설과 시조가 각각 당선되자 목포문단의 상황이 달라지기 시작했습니다. 우리 국문과 출신이 꾸준히 신춘문예와 좋은 문예지의 신인상으로 등단하기를 릴레이식으로 끊이지 않자 목포를 비롯 무안, 함평, 영암, 강진 등 서남해 지역 일반인을 상대로 목포대학교에서 평생교육원을 운영함으로써 지역민들의 문학적 욕구를 충족시키기 시작했습니다.

초창기에는 시, 소설, 수필을 전공 교수들이 강의했지만 11년 전부터는 '현대시'만 운영되어 지금 그 출신들이 『살아있는 시』 동인 활동을 하고 있는데요, 내년이면 동인지 지령 10호를 맞습니다.

차제로 제가 운영하고 있는 '목포현대시연구소' 말씀인데요, 지역문학의 활성화와 시사랑운동 그리고 시창작 지도 및 학문적 지원을 위해 2004년 7월 1일 개소식을 갖고 그해 가을 학기부터 이듬해까지 두 차례에 걸쳐 15주간의 커리큘럼으로 '시인학교'를 운영했더랬습니다. 그런데 하다 보니까 지역문학을 위한 저의 순수성을 주변에서 많이 훼손시키더라구요. 그래 시인학교는 그만두고 지금은 뜻있는 사람들을 상대로 초청특강 형식으로 운영하고 있습니다. 매회 강의실이 꽉 차요. 지금까지 정진규, 오탁번, 임승빈 시인을 비롯해서 수필가, 철학가 등 장르에 구분 없이 좋은 문학을 하기 위한 시간을 마련하고 있답니다. 물론 그 중에는 등단하신 분들도 많구요. 물론 앞으로도 그렇게 운영하겠습니다.

문인단체에 대한 비판과 타개책

사회자 지역에서 발행되는 단체의 기관지 또는 동인지를 보면 한숨이 저절로 나옵니다. 지역성이 드러나기는 고사하고, 고답적인 양식에다 낡아빠진 내용으로 가득 차 있습니다. 또한 단체에서 하는 일도 기관지 발행, 백일장, 시화전, 시낭송회 등 제반 문학행사를 연례적으로 하는데 그러나 이러한 것들이 매너리즘에 빠져 고루하고 지겨워 비생산적인 행사라는 생각이 듭니다. 이에 대한 타개책을 말씀해 주십시오.

박태일 국가 차원의 문인단체가 이렇게 오래도록, 그것도 많은 회원 수를 자랑하면서 제도화되어 있는 나라가 이 대한민국 말고 또 어디에 있는가 궁금합니다. 물론 사회주의 국가 쪽은 제쳐두고. 우리의 근대사 경험으로 말미암아 문학 안쪽이든 바깥쪽이든 집단적 이익 보장과 대응이 가장 유리하다는 판단에 따른 오랜 인습이라 하더라도 이제는 바뀔 때가 되었다고 생각합니다만, 아마 쉽게 바뀔 것 같지는 않습니다.

이런 점에서 보자면 이즈음 숱한 군소 단체에서 나오는 숱한 기관지나 매체들을 바라보는 눈길을 좀 더 따뜻하게 가져갈 필요도 있습니다. 어차피 1940년대 나라잃은시대 말기 조선총독부에 의한 이른바 '국민정신총동원' 기획을 닮은 문학단체나 그들의 인정제도 안에서 굴종적이든 자발적이든 끼어 있다는 점이 마땅치 않거나 끼어들 마땅한 길이 없다면 자기들끼리 문학 취향을 가꾸고 나누는 일은 매우 바람직합니다. 그러니 그들의 작품 수준이나 문학성을 엄격하게 들이대기보다는 취향문화라는 쪽에서 넓게 이해할 필요가 있습니다. 시를 발표하면 시인이라는 너그러운 눈길로 보는 것도 한 방법입니다.

어차피 일반 시민들은 수준 높은 작품을 쓰는 문학쟁이나 이름뿐인 문학쟁이나 다 대단찮거나, 하다못해 시정잡배보다 무엇이 다를 것이냐는 반문을 은연중에 하고 있을지 모를 일입니다. 또한 별로 관심도 없습니다. 끼리끼리 모여 저들 잘나고 저들 빼기는 길로만 가는 문학인이니 그들의 작품에 직접적인 연고가 없다면 어찌 힘을 들여 사 볼 엄두가 나겠습니까. 문제는 문학쟁이들이 나라나 지역의 곳간에서 일반 시민들의 세금을 야금야금 끌어다 먹고 배를 두드리고자 하는 일입니다.

오늘날 여러 지역 문학 단체나 문학 취향 계층이 만들어지고 그들에 의해 많은 행사가 이루어지고 있습니다. 이들은 해도 그만, 하지 않아도 그만인 행사를 거듭하거나 보통 시민들도 죄 할 수 있을 행사를 거듭하면서 최선의 문학행사를 한양 나돌고 있습니다. 모든 취향 계층이나 단체의 행사들이 문학제도를 존속시키고 문학이 세상에 필요한 문화로 남아 있게 하는 학습장이 됨으로 그것이나마 더 자주 더 많이 마련되어야 한다고 자조적인 생각을 갖습니다만 안타까운 일입니다.

어쨌든 그것의 옥석을 가릴 수 있을 쪽에서 옥의 모습을 손수 보여주고 옥석을 내치는 각고의 노력이 필요하겠습니다. 어차피 교양 문학이거나 상업 문학은 사람들 모이고 재미있는 곳에 돈이든 명예든 따른다는 사실을 뼈저리게 알고 있습니다. 문학 취향의 생산성이라는 문제로 놓고 볼 때 돈과 명예로부터 보다 자유롭고자 하는 쪽이, 그것을 문제로 인식하는 쪽이 일반 사회로 향하건 문학사회 안으로 향하건 긴장과 갈등의 빌미를 이끌어낼 수밖에 없습니다.

문학 매체 쪽에서 보자면 뜻밖에 그 일은 간단할 수 있습니다. 그러한 '저질의' '낡아빠진' '문학행사'를 하는 쪽을 향해 본때 있게 문제를 제기해 공론을 일으키는 것입니다. 한 십 년 안 볼 듯이 얼굴 붉히는 일까지 이어지겠지만, 그러면 최소한 지역사회 안쪽에 문학이 살아 있다는 점은 지속적으로 학습시킬 수 있습니다. 그런 가운데서 지역사회에 지역문학에 대한 학습의 기회도 함께 많아지고 문학 역량 또한 자랄 것입니다.

박명용 이 문제는 먼저 단체나 동인회에 책임이 있으나 내가 보기에는 지자체가 이를 부추기는 형국입니다. 지자제 실시 이후 가장 두드러진 것이 무조건 이들에게 일괄적으로 진흥기금을 배분하기 때문에 거의가 의례적으로 행사를 치러 지역문학은 매너리즘에 빠졌고, 독자들은 이를 철저히 외면하고 있습니다. 그래서 지자체는 단체나 동인회의 활동을 순수 전문가들에 심사토록 하여 진흥기금 지원 여부를 결정하도록 하여 경쟁력을 키울 때 보다 향상된 문학행사가 되리라 믿습니다. 솔직히 지금으로써는 예산낭비일 뿐입니다.

사회자 어느 지역이든 문학단체들과의 갈등과 반목이 있는 것 같습니다. 물론 문학 본질 자체가 중요하지만 문학사회의 화합 역시 중요하다고 생각합니다. 이를테면 우리나라의 대표적인 문학단체인 문인협회와 작가회의의 갈등 원인은 무엇이고, 교류와 연대 그리고 상생의 방법은 무엇입니까?

박명용 우리나라의 각 문학단체는 사실, 상대단체를 서로가 인정하지 않고 있는 분위기입니다. 문학의 이념, 성향, 인연 등으로 모인 문인 단체이고 보니 상호 유대는커녕 모든 면에서 상대를 인정하지 않고 반목하고 있습니다. 이 점 역시 관계 당국의 눈짓이 큰 역할을 하고 있다고 봅니다. A당이 집권할 때는 우선적으로 B단체, C당이 집권하면 우선적으로 D단체를 우선시 하는 병폐가 이를 증명하고 있지 않습니까. 만일 그런

편향된 의식이 없고 공정하다면 A단체와 B단체 사이의 갈등이 그리 크지 않을 것이라는 생각입니다. 한때는, 우리나라 시단을 대표하는 양대 단체가 어느 뜻 깊은 행사를 합동으로 치러 많은 문인들은 물론 타 장르에서조차 박수를 보냈으나 최근에는 또 제 각각 행사를 치루고 있어 안타깝게 하고 있는데 이 역시 문단의 헤게모니 다툼 때문이 아닌가 싶습니다. 그래서 문학단체들은 우선 상대를 인정하면서 문학을 한다면 문학의 다양성이란 의미에서도 부합되고 상생의 방법이 되지 않을까요. 가령 종교에서 불교와 천주교의 교류와 연대가 이를 증명하고 있지 않습니까. 이런 것을 배워야 하죠. 그리고 예산을 다루는 관계 당국에서도 편향적 의식에서 과감히 벗어나 공명정대하게 일을 처리할 때 이런 부조화는 극소화 되리라는 생각입니다.

박태일 어느 지역이든 문학 취향을 서로 즐기는 단체들이 있게 마련입니다. 극단적으로 말하면 지역마다 자생적인 문학단체들이 숱하게 만들어져서 아예 문학단체 공화국이 되었으면 좋겠습니다. 그 안에는 바람직하든 그렇지 않든 문학을 중심으로 다양한 이해관계를 서로 나누며 얽히고설키리라 생각합니다. 그런데 우리 경우는 그것이 유례가 없이 국가적 기획에 의해 비대해진 채 독과점적인 상태에 있다는 것이 문제입니다. 그것의 직접적인 뿌리는 1945년 이전으로 내려가니 이런 자리에서 따져들 내용은 아니라 생각합니다. 다만 현재의 우리 문학사회는 국가적 기획에 따른 중앙 단체와 그에 맞서 이제는 새로운 국가적 기획 아래 주도권을 쥐고 있는 단체 사이, 정치적으로 이른바 2당 체제의 어정쩡한 권력 분점이 문제입니다. 무엇보다 창조적인 자발성이 살아 있어야 할 문학사회에서도 지난 시기 근대화, 산업화 시대의 인습인 규모의 문단, 패거리 문단이 한결같이 큰소리를 치고 있는 셈입니다.

모든 단체는 그 발생 시기의 차별화 전략, 선명성 경쟁과 같은 티내기를 통해 자신의 존재 근거를 분명히 하려고 합니다. 따라서 우리의 험했던 역사적 경험 과정에서 문인단체의 발생과 전개는 나름의 역사적 정합성을 지닌 점도 있습니다. 그렇지만 시대가 달라지면 그 방법과 전략도 바뀌게 마련인데, 그 인습이 너무 오래도록 계속되고 있다는 점이 문제라는 뜻입니다. 저야 어느 거대 단체에도 들어 있지 않고 그들의 깊은 속내를 들여다볼 문화 권력을 갖추고 있지 않으니 그들 사이에 어떤 갈등이 어떤 양상으로 놓여 있는지, 그리고 단체 상호 교류와 연대 방법에 대한 것들을 따져들 힘이 없습니다. 다만 확실한 점은 모든 조직이든 단체든 사람들이 무리 지어 움직일 때는 무슨 이익을 얻고자 하는 것입니다. 오늘날 문학단체들이 화려한 명분은 제쳐두고 그 실제에서 얻고자 하는 이익이나 얻고 있는 이익이 무엇인가를 냉정하게 좇아가 보면 그 답이 쉬 나올 수도 있으리라 생각합니다.

질문과 관련한 마무리로 문인이 문학과 조직 사이에 놓여 있을 때 늘 새기고 헤아려야 할 점을 들어 보겠습니다. 첫째, 작품이 조직에 앞선다. 둘째, 조직 안의 명성보다 작품의 개성이 값지다. 셋째, 힘 있는 조직은 조직의 문학을 강조하기보다 조직 바깥의 문학을 돌아볼 줄 알아야 한다. 이런 세 가지 정도가 되겠군요.

지역문화 주체로서 지역문예지의 역할

사회자 조선시대에는 각 지역에 고유한 문화가 많이 있었습니다. 일제강점기를 거치면서 근대화되고 자본주의화 되면서 지방문화가 중앙으로 빨려 들어가기 시작했습니다. 지역의 능력 있는 작가들도 서울로 빨려가곤 했습니다. 자본주의와 근대를 극복한다는 것은 문화나 권력이나 지식이 분산되어 문화나 권력이나 지식을 생산하는 일이 각 지역에서 주체적으로 이루어지는 일이라고 생각합니다. 지역의 문화적인 주체를 건설해야 합니다. 이런 측면에서 지역문예지들의 역할이 매우 중요하다고 생각합니다. 허형만 선생님의 견해는?

허형만 각 지역에 전통 있는 축제와 민속놀이가 있듯이 문학 역시 그 지역의 역사와 풍토에 맞는 전통이 있어야 합니다.

지역문예지가 주축이 되어서 독특한 문학풍토를 이룬다거나 그 지역출신 작가를 기르는 문학축제를 개최한다거나, 백일장을 실시하는 것도 의미 있는 일이라고 생각합니다.

박명용 문화를 비롯하여 정치, 사회, 경제 각 분야의 서울 집중화는 결국 서울과 지방이라는 간극을 크게 벌려 놓았습니다. 앞서 말씀드렸습니다마는 이 현상은 서울을 상위개념으로, 지방을 서울의 종속개념으로 인정하도록 만든 원인이 되었다고 생각합니다. 그러나 이제는 국내는 물론 국외까지도 1일 생활권이 되었고, 더구나 지역자치제가 실시됨으로써 서울 중심에서 과감히 탈피하여 각 지역이 주체적으로 모든 분야를 형성해 나가고 있지 않습니까. 이런 면에서 지역문예지들도 서울 지역문예지들을 의식하지 말고 각 지역이 지역성을 내세워 주체를 이룰 때 지역문학이 서울 지역문학과 같은 반열 내지는 우위에 서게 되지 않을까 생각합니다. 이것은 시대의 흐름에 따라 필연적인 것이기도 하여 지역문예지들의 역할은 막중합니다.

박태일 지역에서 지역의 바람직한 문화 주체를 형성하기 위한 일은 두 가지 문제와 맞닥뜨려 있습니다. 첫째, 지역 바깥으로는 국가주의 기획에 오래 길들여진 채 매체의 편집권과 문학제도 관리권을 독점적으로 꾀하고 있는 서울·경기 지역의 지배권에 어떻게 길항하면서 지역 잘 되는 길을 찾을 것인가 하는 문제입니다. 둘째, 지역 안쪽으로는 다양한 연고와 이해관계가 구체적인 층위로 얽혀 있는 지역 사회 안쪽이나 다른 문화 주체를 향해 얼마나 냉정하게 직접적인 비판적/반성적 거리를 뗄 수 있는가 하는 문제입니다. 그 어느 쪽도 지역문인 한두 사람이나 특정 단체가 감당하기에는 어렵습니다. 따라서 지역문학에 관한 한 지역문예지의 역할은 바로 이 두 문제에 대한 끊임없는 질문과 답변을 이론과 창작에서 아울러 내놓을 수 있는 공론장이 되는 것입니다. 지역의 바람직한 문화 주체는 그런 가운데서 형성되고 훈련되고 대를 물릴 것이라 생각합니다. 지역이라는 실체 자체가 끊임없이 만들어져 가는 형성 개념인 것과 마찬가지로 바람직한 지역의 문화 주체 또한 그 속에서 진화할 터입니다.

지역문단의 고질병에 대한 극복방안

사회자 서울을 제외한 지방문단을 말할 때 양적 팽창과 질적 저하를 이야기할 수 있습니다. 여기에는 잡지사의 상업적 논리로 인해 무분별하게 함량미달의 문인들을 대량생산한 데에 기인합니다. 한때는 유명문인으로 문학적 성과를 이룬 작가들이 이른바 주변잡지의 신인상 심사를 아무런 죄의식 없이 하고 있기도 합니다. 그 결과 자본과 작가가 거래를 하게 됩니다. 그러다 보니 사방에 시인이나 작가가 넘쳐나고 있습니다. 이러한, 지역문단뿐만 아니라 한국문학의 고질병을 극복할 방법은 있는지요?

박태일 오늘날 사회는 다양한 취향과 이해관계가 얽혀 있습니다. 거기다 그것을 향유할 수 있는 방법들이 매우 편리하고 값싼 형태로 제공되고 있습니다. 그래서 지난 시기의 고급문화니 대중문화니 하는 나눔 자체는 수직적인 위계의 문제라기보다 수평적인 취향의 차이에서 나타나는 문제일 따름입니다. 그런 점에서 특정 취향을 가진 이들이 다른 취향을 가진 쪽을 놓고 자신의 잣대로 평가하는 일은 문제에 바로 다가서는 일이 아닐지 모릅니다. 물론 자신의 취향에 따라 다른 취향 문화에 대한 호오는 밝힐 수 있겠지만. 따라서 문학사회 안에서 시인이니 작가의 양적 팽창도 이런 관점에서 보자면 문제로만 보기보다는 더욱 격려 받아 마땅한 부분도 있습니다. 작품을 쓰면 너도 나도 다 작가가 될 수 있다는 드넓은 사회적 인식 전환을 빌려, 문학이라는 문화관습에 더욱 많은 이들이 즐겨 나서 취향을 닦을 수 있는 문화 민주주의의 길이 열린다면 문인들이 반대할 까닭이 없습니다. 아마 새로운 문학의 가능성은 그런 가운데서 나올지도 모르는 일입니다. 문학제도나 문학 자체를 향해 작품을 쓰는 전문문학, 일반 대중매체나 대중 독자를 향해 작품을 쓰는 대중문학, 그리고 가까운 지인들의 인정을 향해 작품을 즐기는 교양문학, 이 세 취향은 높낮이 문제가 핵심이라기보다 얼마나 열정적으로 임하는가가 눈입니다. 우리 사회의 많은 문학독자들은 이 세 취향의 문학을 다양하게 맛보고 누릴 권리가 있습니다.

그런 까닭에 좋은 비평가의 역할이 이 자리에서 새삼스럽게 중요해지는군요. 온라인의 쌍방향적 정보처리 방식은 문학의 소통 방식 가운데서 중계자인 비평가의 역할을 많이 약화시켜 버렸습니다. 그러나 일이 그러하다고 주저앉아 있을 일이 아니라, 다양한 문학의 취향을 향해 보다 넓고 높은 시각에서 성실하고 진지하게 좋은 작품을 찾아내고 격려하는 고객만족(?) 비평에 힘을 쏟을 때입니다. 아직까지 내부 집단인 비평가마저도 읽어 주지 않고, 읽더라도 무슨 말인지 소통이 어려운 말 무더기나 질러 놓고 다니는 비평, 출판자본의 전속가수처럼 그들의 담론 주도권에만 이바지하는 글이나 낭독하고 있는 머슴 비평을 거듭하고 있는 것은 아닌지 살펴 헤아려야 할 때입니다. 비평정신의 첫 출발이 거리 띄우기, 부정하는 정신이라는 점부터 새로 깨달을 필요가 있습니다.

허형만 작가는 좋은 작품으로 말해야 합니다. 작품의 질이 떨어진다면 아무런 말을 할 수 없을 것입니다. 또한 신인상을 심사할 때도 작가의 정신적 건전성을 지켜야 합니다. 무분별하게 아무나 신인으로 뽑을 수는 없는 일이기 때문입니다. 만약에 신인을 대량생산한 작가가 열심히 작품을 생산한들 무슨 소용이 있겠습니까. 이미 그 정신은 독자들을 속이고 있기 때문에 그의 작품은 거짓된 작품이 된 것입니다.

박명용 이 문제는 어느 지역뿐만이 아니라 서울을 비롯한 전 지역이 똑같은 현상이 아닐까요. 현재 한국문협에 등록된 문인이 9천 명에 달하고 여기에 등록하지 않은 문인 약 3천 명을 포함하면 1만 2천 명의 문인이 있는데 현재와 같은 상태라면 앞으로 매년 4, 5백 명씩의 문인이 탄생할 것으로 보여집니다. 이러한 문인의 증가 요인은 함량미달인 사람들을 정실이나 이해관계에 따라 마구잡이로 등단시키고 있기 때문입니다. 여기에 이름이 올려진 심사위원들을 보면 대체적으로 한때나마 명성을 얻었던 원로들인데 심지어는 작품을 보지도 않고 발행자나 편집자의 요청에 따라 이름만 빌려 주는 사람들도 있다고 해요. 오히려 50, 60대 중견들이 작품을 제대로 보려고 해요. 그래서 각 문예지에서는 심사위원에 자주 오르내리는 원로보다 가급적 양심적 중견들에게 심사를 맡기는 게 더 좋지 않을까 생각합니다. 그리고 각 문예지에서는 정실로 등단한 사람이나 함량미달의 작품은 발표지면에서 철저히 제외시키는 것도 이 같은 고질병을 치유하는 데 한 방편이 되겠죠.

중심에 대한 저항

사회자 지역문예지들이 중앙의 독점에서 벗어나는 데는 치중하였지만 중심에 저항하며 우리 문학을 새롭게 세우는 것과 현대성의 성취에는 그 역사도 짧지만 아직 이르지 못했다고 생각됩니다. 어떤 묘안이 있겠습니까?

박명용 지방문학이 중앙문학에서 벗어나고자 노력한 역사는 짧습니다. 제가 알기로는 대략 1990년대부터가 아닌가 싶습니다. 이렇게 짧은 기간에 지방문학이 지역문학의 개념으로 발돋움하여 이룬 성과는 많은 난관에도 불구하고 역사에 비해 상당하다는 생각입니다. 지역문학이 새로운 정체성 확보에는 아직 미흡한 점이 많으나 오늘 우리들의 담론이 하나씩 실천해진다면 지역문예지들은 더욱 단단히 자리를 굳히게 되리라 믿고 싶습니다.

박태일 사실 예술문화라는 쪽은 언제나 개별성이 중요하기 때문에 중심/중앙이라는 것도 그 안쪽으로 따지고 들어가 보면 뜻밖에 별 실체가 없거나, 멀리 내다보면 있어도 허망할 경우가 많습니다. 서로 사이좋게 이익을 나누어 먹으면서 합종연횡의 신사협정을 맺고 있는 형국이라 할까요. 이른바 중심/중앙이 권력을 확인하는 것은 자기 권력 경계 안쪽의 하부 문인이나 지역에서 지방적 인식에 갇혀 중심/중앙을 마냥 올려다보는 문인들의 자발적인 예속화를 누릴 때입니다. 타자의 굴종을 직간접으로 은밀하게 기획하고 먹으면서 불가사리처럼 권력은 힘을 키우게 되는 것입니다. 문학 또한 거기서 멀지 않습니다.

지역문예지의 성공은 지역이라는 구체적인 장소 위에서 다른 지역으로 넓혀갈 수 있을 개별성과 독자성을 만들어 가는 방향에서 나올 확률이 높습니다. 그리고 그 묘안이란 중앙/지방, 중심/주변의 수직적 이원론에 바탕을 둔 근대적 기획에서 벗어나 지역/지역의 수평적 이원론을 형성하고 키워갈 수 있을 탈근대적 시선과 방향을 고심할 때 마련될 것이라는 당위론을 잊지 않는 길일 터입니다.

사회자 끝까지 성실하게 설문에 응해 주셔서 감사합니다. 선생님께서 따로 하고 싶으신 말씀이 있으시면 첨언해 주시면 감사하겠습니다.

박명용 지역문예지들의 고민은 경제에 이어 필진 구하기가 상당히 어렵다는 이야기들이 많습니다. 그래서 지역문예지들은 각 지역문예지들과 상호 협력하여 필진들을 연계시켜 주는 방법을 모색해 보는 것도 좋을 것 같습니다. 그리고 지역문예지들의 위상을 높이기 위해서도 정기구독 대체를 제외하고는 적은 액수라도 꼭 원고료를 지급해야 하리라고 생각합니다. 이럴 때 필자들로부터 좋은 글이 나오고, 그것이 곧 지역문예지들의 위상을 높여 주는 일이기 때문입니다. 마지막으로 지역문예지는 지역에 묻혀 있는 좋은 문인들의 글을 적극 발굴하여 소개할 때 지역문예지의 역할뿐 아니라 또 하나의 지역문예지를 극복하게 될 것이기 때문입니다.

박태일 『서정과상상』에 당부할 말입니다.

지역은 단순히 중앙의 타자가 아니라, 지역 내부의 타자들과 긴장 관계에 있을 때만 진정한 주체로 거듭날 수 있습니다. 그 과정에서 바람직한 지역문학과 지역가치가 만들어지리라 생각합니다. 여러 가지 어려움이 많을 터이지만 서울·경기 지역에서 송신된 주도 담론의 2차 케이블 방송이나 거듭하거나 지역의 골목대장이 되지 않도록 늘 신중하고도 적극적으로 한국 당대 지역문학의 중요 축으로 자리하시기 바랍니다. 저로서는 매체의 제목인 '서정'을 삶과 문학에 대한 순정한 열정으로, '상상'을 창조적 담론으로 읽고 싶습니다. 지역에 뚜렷하게 터를 두고 지역 안팎으로 열정적으로 우리 시대 창조적 삶과 문학을 이끌어 가는 즐거운 마당이 된다면 얼마나 좋겠습니까. 노회한 거대 출판자본이나 문학사회를 중등학교 교무회의장으로 만들어 버린 문인단체들의 인습에 끌려 들어가지 마시고, 문학을 사랑하는 여러 지역의 독자들을 향해 오래 각고하고 오래 행복하시기를 바랍니다. 발전을 빌어 드립니다.

(『서정과상상』, 2007)

박태일 • •

1954년 경상남도 합천에서 나 부산대학교 국어국문학과에서 박사 학위까지 마쳤다. 1980년 중앙일보 신춘문예 시부문에 「미성년의 강」이 당선되어 시단에 나섰다. 그 사이에 낸 시집으로 『그리운 주막』(1984), 『가을 악견산』(1989), 『약쑥 개쑥』(1995), 『풀나라』(2002)가 있다. 연구서로는 『한국 근대시의 공간과 장소』(2000), 『한국 근대문학의 실증과 방법』(2004), 『한국 지역문학의 논리』(2004), 『부산·경남 지역문학 연구 1』(2004)을 냈으며, 『가려뽑은 경남·부산의 시 ① : 두류산에서 낙동강에서』(1997) 『크리스마스 시집』(1999), 『김상훈 시 전집』(2003), 『예술문화와 지역가치』(2004), 『정진업 전집 ① 시』(2005), 『허민 전집』(2009)을 엮기도 했다. 산문집으로는 몽골 기행문 『몽골에서 보낸 네 철』(2010)과 『새벽빛에 서다』(2010)를 냈다. 김달진문학상, 이주홍문학상, 부산시인협회상을 받았고, 현재 경남대학교 국어국문학과 교수로 일하고 있다.